[梁]沈約撰

點校本
二十四史
修訂本

宋書

第三册
卷二三至卷三四

中華書局

2018 年 5 月北京第 1 版　　2021 年 10 月北京第 2 次印刷

ISBN 978-7-101-10701-2

宋書卷二十三

志第十三

天文一

言天者有三家，一曰宣夜，二曰蓋天，三曰渾天，而天之正體，經無前説，馬書、班志，又闕其文。漢靈帝議郎蔡邕於朔方上書曰：「論天體者三家，宣夜之學，絶無師法。周髀術數具存，考驗天狀，多所違失。惟渾天僅得其情，今史官所用候臺銅儀，則其法也。立八尺圓體，而具天地之形，以正黄道，占察發斂，以行日月，以步五緯，精微深妙，百世不易之道也。官有其器而無本書〔一〕，前志亦闕而不論，本欲寢伏儀下，思惟微意，按度成數，以著篇章。罪惡無狀，投畀有北〔二〕，灰滅雨絶，勢路無由。宜問羣臣，下及巖穴，知渾天之意者，使述其義。」時閹官用事，邕議不行。

漢末吳人陸績善天文，始推渾天意。王蕃者，廬江人，吳時爲中常侍，善數術，傳劉洪乾象曆。依乾象法而制渾儀，立論考度曰：

前儒舊説，天地之體，狀如鳥卵，天包地外，猶殼之裹黄也。周旋無端，其形渾渾然，故曰渾天也。周天三百六十五度五百八十九分度之百四十五，半露地上，半在地下。其二端謂之南極、北極。北極出地三十六度，南極入地亦三十六度，兩極相去一百八十二度半强。繞北極徑七十二度，常見不隱，謂之上規；繞南極七十二度，常隱不見，謂之下規。赤道帶天之紘，去兩極各九十一度少强。

黄道，日之所行也。半在赤道外，半在赤道内，與赤道東交於角五少弱〔三〕，西交於奎十四少强。其出赤道外極遠者，去赤道二十四度，斗二十一度是也。其入赤道内極遠者〔四〕，亦二十四度，井二十五度是也。

日南至在斗二十一度，去極百一十五度少强，是也日最南〔五〕，去極最遠，故景最長。黄道斗二十一度，出辰入申，故日亦出辰入申。日晝行地上百四十六度强，故日短；夜行地下二百一十九度少弱，故夜長。自南至之後，日去極稍近，故景稍短。日晝行地上度稍多，故日稍長；夜行地下度稍少，故夜稍短。日所在度稍北，故日稍北，以至於夏至，日在井二十五度，去極六十七度少强，是日最北，去極最近，景最短。

黃道井二十五度，出寅入戌，故日亦出寅入戌。日晝行地上二百一十九度少弱，故日長；夜行地下百四十六度强，故夜短。自夏至之後，日去極稍遠，故景稍長。日晝行地上度稍少，故日稍短；夜行地下度稍多，故夜稍長。日所在度稍南，故日出入稍南，以至於南至而復初焉。斗二十一，井二十五，南北相覺四十八度。

春分日，在奎十四少强，秋分日，在角五少弱，此黃赤二道之交中也。去極俱九十一度少强，南北處斗二十一井二十五之中，故景居二至長短之中。奎十四，角五，出卯入酉，故日亦出卯入酉。日晝行地上，夜行地下，俱百八十二度半强〔六〕。故日見之漏五十刻，不見之漏五十刻，謂之晝夜同。夫天之晝夜，以日出入爲分，人之晝夜，以昏明爲限。日未出二刻半而明，日已入二刻半而昏〔七〕，故損夜五刻以益晝，是以春秋分之漏晝五十五刻。

三光之行，不必有常，術家以筭求之，各有同異，故諸家曆法參差不齊。洛書甄燿度、春秋考異郵皆云周天一百七萬一千里，一度爲二千九百三十二里七十一步二尺七寸四分四百八十七分分之三百六十二。陸績云：「天東西南北徑三十五萬七千里。」此言周三徑一也。考之徑一不啻周三，率周百四十二而徑四十五，則天徑三十三萬九千四百一里一百二十二步三尺二寸一分七十一分分之九〔八〕。

周禮：「日至之景，尺有五寸，謂之地中。」鄭衆說：「土圭之長，尺有五寸。以夏至之日，立八尺之表，其景與土圭等，謂之地中，今潁川陽城地也。」鄭玄云：「凡日景於地千里而差一寸，景尺有五寸者，南戴日下萬五千里也。」以此推之，日當去其下地八萬里矣。日邪射陽城，則天徑之半也。天體圓如彈丸，地處天之半，而陽城爲中，則日春秋冬夏，昏明晝夜，去陽城皆等，無盈縮矣。故知從日邪射陽城爲天徑之半也。

以句股法言之，傍萬五千里，句也；立八萬里，股也；從日邪射陽城，弦也。以句股求弦法入之，得八萬一千三百九十四里三十步五尺三寸六分，天徑之半，而地上去天之數也。倍之，得十六萬二千七百八十八里六十一步四尺七寸二分，天徑之數也。以周率乘之，徑率約之，得五十一萬三千六百八十七里六十八步一尺八寸二分〔九〕，周天之數也。減甄耀度、考異郵五十五萬七千三百一十二里有奇。一度凡千四百六里百二十四步六寸四分十萬七千五百六十五分分之萬九千三十九〔一〇〕，減舊度千五百二十五里二百五十六步三尺三寸二十一萬五千一百三十分分之十六萬七百三十分。

黄赤二道，相與交錯，其間相去二十四度。以兩儀推之，二道俱三百六十五度有奇，是以知天體員如彈丸。而陸績造渾象，其形如鳥卵，然則黃道應長於赤道矣。績云「天東西南北徑三十五萬七千里」。然則績亦以天形正員也。而渾象爲鳥卵，則爲自相違背。

古舊渾象以二分爲一度，凡周七尺三寸半分。張衡更制，以四分爲一度，凡周一丈四尺六寸一分〔一一〕。蕃以古制局小，星辰稠概，衡器傷大，難可轉移。更制渾象，以三分爲一度，凡周天一丈九寸五分四分分之三也。

御史中丞何承天論渾象體曰：「詳尋前說，因觀渾儀，研求其意，有以悟天形正員，而水周其下。言四方者，東暘谷〔一二〕，日之所出，西至濛汜，日之所入。莊子又云：『北溟之魚，化而爲鳥，將徙於南溟。』斯亦古之遺記，四方皆水證也。四方皆水，謂之四海。凡五行相生，水生於金〔一三〕，是故百川發源，皆自山出，由高趣下，歸注於海〔一四〕。日爲陽精，光耀炎熾，一夜入水，所經燋竭，百川歸注，足於補復，故旱不爲減，浸不爲益。徑天之數，蕃說近之。」

太中大夫徐爰曰：「渾儀之制，未詳厥始。王蕃言『虞書稱「在琁璣玉衡，以齊七政」』。則今渾天儀日月五星是也。鄭玄說「動運爲機，持正爲衡，皆以玉爲之。視其行度，觀受禪是非也」。渾儀，羲和氏之舊器，歷代相傳，謂之機衡，其所由來，有原統矣。而斯器設在候臺，史官禁密，學者寡得聞見，穿鑿之徒，不解機衡之意，見有七政之言，因以爲北斗七星，搆造虛文，託之讖緯，史遷、班固，猶尚惑之。鄭玄有贍雅高遠之才，沈靜精妙之思，超然獨見，改正其說，聖人復出，不易斯言矣』。蕃之所云如此。夫候審七曜，當以運行爲體，設器擬象，焉得定其盈縮，推斯而言，未爲通論。設使唐、虞之世，已有渾儀，涉歷三代，以爲定准，後世聿遵，孰敢非革。而三天之儀，紛然莫辯，至揚雄方難蓋通渾。張衡爲太史令，乃鑄銅制範，衡傳云：『其作渾天儀，考步陰陽，最爲詳密。』故知自衡以前，未有斯儀矣。蕃又云：『渾天遭秦之亂，師徒喪絕，而失其文，惟渾天儀尚在候臺。』案既非舜之琁玉，又不載今儀所造，以緯書爲穿鑿，鄭玄爲博實，偏信無據，未可承用。夫琁玉，貴美之名，機衡，詳細之目〔二五〕，所以先儒以爲北斗七星，天綱運轉，聖人仰觀俯察，以審時變焉。」

史臣案：設器象，定其恒度，合之則吉，失之則凶，以之占察，有何不可。渾文廢絕，故有宣、蓋之論，其術並疎，故後人莫述。揚雄法言云：「或人問渾天於雄。雄曰：『落下閎營之，鮮于妄人度之，耿中丞象之，幾幾乎莫之違也。』」若問天形定體，渾儀疎密，則雄應以渾義答之，而舉此三人以對者，則知此三人制造渾儀，以圖晷緯。問者蓋渾儀之疎密，非問渾儀之淺深也。以此而推，則西漢長安已有其器矣。將由喪亂亡失，故衡復鑄之乎？王蕃又記古渾儀尺度并張衡改制之文，則知斯器非衡始造明矣。衡所造渾儀，傳至魏、晉，中華覆敗，沈没戎虜，績、蕃舊器，亦不復存。晉安帝義熙十四年，高祖平長安，得衡舊器，儀狀雖舉，不綴經星七曜。

文帝元嘉十三年，詔太史令錢樂之更鑄渾儀，徑六尺八分少，周一丈八尺二寸六分少，地在天内，立黄赤二道，南北二極規二十八宿，北斗極星，五分爲一度，置日月五星於黄道之上，置立漏刻，以水轉儀，昏明中星，與天相應。十七年，又作小渾天，徑二尺二寸，周六尺六寸，以分爲一度，安二十八宿中外宫，以白黑珠及黄三色爲三家星〔一六〕，日月五星，悉居黄道。

蓋天之術，云出周公旦訪之殷商，蓋假託之説也。其書號曰周髀。髀者表也。周天之數也。其術云：「天如覆蓋，地如覆盆，地中高而四隤，日月隨天轉運，隱地之高，以爲晝夜也。天地相去凡八萬里，天地之中，高於外衡六萬里，地上之高，高於天之外衡二萬里也。」或問蓋天於揚雄。揚雄曰：「蓋哉！蓋哉！」難其八事。鄭玄又難其二事。爲蓋天之學者，不能通也。劉向五紀説，夏曆以爲列宿日月皆西移，列宿疾而日次之，月最遲〔一七〕。故日與列宿昏俱入西方〔一八〕；後九十一日，是宿在北方；又九十一日，是宿在東方；九十一日，在南方。此明日行遲於列宿也。月生三日，日入而月見西方；至十五日，日入而月見東方；將晦，日未出，乃見東方。以此明月行之遲於日，而皆西行也。向難之以鴻範傳曰：「晦而月見西方，謂之朓。朓，疾也。朔而月見東方，謂之側匿。側匿，遲不敢進也。星辰西行，史官謂之逆行。」此三說，夏曆皆違之，迹其意，好異者之所作也。

晉成帝咸康中，會稽虞喜造安天論，以爲「天高窮於無窮，地深測於不測。地有居靜之體，天有常安之形。論其大體，當相覆冒，方則俱方，圓則俱圓，無方圓不同之義也〔一九〕」。喜族祖河間太守聳又立穹天論云：「天形穹隆，當如雞子幕，其際周接四海之表，浮乎元氣之上。」而吴太常姚信造昕天論曰：「嘗覽漢書云：冬至日在牽牛，去極遠；夏至日在東井，去極近。欲以推日之長短，信以太極處二十八宿之中央，雖有遠近，不能相倍。」今昕天之說，以爲「冬至極低，而天運近南，故日去人遠，而斗去人近，北天氣至，故冰寒也。夏至極起，而天運近北，斗去人遠，日去人近，南天氣至，故炎熱也。極之立時，日行地中淺〔二〇〕，故夜短，天去地高，故晝長也。極之低時，日行地中深，故夜長，天去地下淺〔二一〕，故晝短也。然則天行寒依於渾，夏依於蓋也」。按此說應作「軒昂」之「軒」，而作「昕」，所未詳也。凡三說皆好異之談，失之遠矣。

凡天文經星，常宿中外宮，前史已詳。今惟記魏文帝黄初以來星變爲天文志，以續司馬彪云。

魏文帝黃初三年九月甲辰，客星見太微左掖門內。占曰：「客星出太微，國有兵喪。」十月，孫權叛命，帝自南征，前驅臨江，破其將呂範等。是後累有征役。七年五月，文帝崩。

黃初四年三月癸卯〔二二〕，月犯心大星。十二月丙子，月又犯心大星。占曰：「心爲天王，王者惡之。」七年五月，文帝崩。

黃初四年六月甲申，太白晝見。五年十一月辛卯〔二三〕，太白又晝見。案劉向五紀論曰：「太白少陰，弱，不得專行，故以巳未爲界，不得經天而行。經天則晝見，其占爲兵，爲喪，爲不臣，爲更王。强國弱，小國强。」是時孫權受魏爵號，而稱兵距守。七年五月，文帝崩。八月，吳遂圍江夏，寇襄陽，魏江夏太守文聘固守得全。大將軍司馬懿救襄陽，斬吳將張霸。

黃初四年十一月，月暈北斗。占曰：「有大喪，赦天下。」七年五月，文帝崩，明帝即位，大赦天下。

黃初五年十月，歲星入太微，逆從積百三十九日乃出。占曰：「五星入太微，從右入三十日以上〔二四〕，人主有大憂。」一曰：「有赦至。」七年五月，文帝崩，明帝即位，大赦天下。

黄初六年五月十六日壬戌，熒惑入太微，至二十六日壬申，與歲星相及，俱犯右執法，至二十七日癸酉，乃出。占曰：「從右入三十日以上，人主有大憂。」又曰：「月五星犯左右執法，大臣有憂」〔二五〕。一曰：「執法者誅。金火尤甚。」十一月，皇子東武陽王鑒薨〔二六〕。七年正月，驃騎將軍曹洪免爲庶人。四月，征南大將軍夏侯尚薨。五月，文帝崩。蜀記稱：「明帝問黄權曰：『天下鼎立，何地爲正？』對曰：『當驗天文。往熒惑守心，而文皇帝崩，吳、蜀無事，此其徵也。』」案三國史並無熒惑守心之文，宜是入太微。

黄初六年十月乙未，有星孛于少微，歷軒轅。案占，孛、彗異狀，其殃一也。爲兵喪除舊布新之象，餘災不盡，爲旱凶飢暴疾。長大見久災深，短小見速災淺。是時帝軍廣陵，辛丑，親御甲冑，跨馬觀兵。明年五月，文帝崩。

魏明帝太和四年十一月壬戌〔二七〕，太白犯歲星。占曰：「太白犯五星，有大兵。犯列宿，爲小兵。」五年三月，諸葛亮以大衆寇天水，遣大將軍司馬懿距退之〔二八〕。

太和五年五月〔二九〕，熒惑犯房。占曰：「房四星，股肱臣將相位也。月五星犯守之，將相有憂。」七月，車騎將軍張郃追諸葛亮，爲其所害。十二月，太尉華歆薨。

太和五年十一月乙酉，月犯軒轅大星。占曰：「女主憂。」十二月甲辰，月犯鎮星。占曰：「女主當之。」六年三月乙亥，月又犯軒轅大星。青龍二年十月乙丑〔三〇〕，月又犯鎮星。三年正月，太后郭氏崩。

太和六年十一月丙寅，太白晝見南斗，遂歷八十餘日恒見。占曰：「吳有兵。」明年，孫權遣張彌等將兵萬人，錫授公孫淵爲燕王。淵斬彌等，虜其衆。

太和六年十一月丙寅，有星孛于翼，近太微上將星。占曰：「爲兵喪。」甘氏曰：「孛彗所當之國，是受其殃。」翼又楚分，孫權封略也。明年，權有遼東之敗。權又自向合肥新城，遣全琮征六安，皆不克而去〔三一〕。又明年，諸葛亮入秦川，據渭南，司馬懿距之。孫權遣陸議、諸葛瑾等屯江夏口，孫韶、張承等向廣陵淮陽，權以大衆圍新城以應亮。於是帝自東征，權及諸將乃退。太和六年十一月，陳王植薨〔三二〕。青龍元年夏，北海王蕤薨。三年正月，太后郭氏崩。

明帝青龍二年二月己未，太白犯熒惑。占曰：「大兵起，有大戰。」是年四月，諸葛亮據渭南，吳亦起兵應之，魏東西奔命。九月，亮卒，軍退，將帥分爭，爲魏所破。案占，太白所犯在南，南國敗，在北，北國敗，此宜在熒惑南也。

青龍二年三月辛卯，月犯輿鬼。輿鬼主斬殺。占曰：「民多病，國有憂，又有大臣憂。」是年夏，大疫，冬，又大病，至三年春乃止。正月，太后郭氏崩。四年五月，司徒董昭薨。

青龍二年五月丁亥，太白晝見，積三十餘日。以晷度推之，非秦、魏，則楚也。是時諸葛亮據渭南，司馬懿與相持。孫權寇合肥，又遣陸議、孫韶等入淮、沔，帝親東征。蜀本秦地，則爲秦、晉及楚兵悉起應占〔三三〕。

青龍二年七月己巳，月犯楗閉。占曰：「天子崩，又爲火災。」三年七月，崇華殿災。景初三年正月，明帝崩。

青龍二年十月戊寅，月犯太白。占曰：「人君死，又爲兵。」景初元年七月，公孫淵叛。二年正月，遣司馬懿討之。三年正月，明帝崩。

蜀後主建興十二年，諸葛亮帥大衆伐魏，屯于渭南，有長星赤而芒角，自東北，西南流投亮營，三投再還，往大還小。占曰：「兩軍相當，有大流星來走軍上及墜軍中者，皆破敗之徵也。」九月，亮卒于軍，焚營而退〔三四〕。羣帥交惡，多相誅殘。

魏明帝青龍三年六月丁未〔三五〕，鎮星犯井鉞。四年閏四月乙巳〔三六〕，復犯。戊戌，太白又犯。占曰：「凡月五星犯井鉞，悉爲兵起。」一曰：「斧鉞用，大臣誅。」景初元年〔三七〕，公孫淵叛，司馬懿討滅之。

青龍三年七月己丑，鎮星犯東井。四年三月癸卯，在參，又還犯之。占曰：「填星入井，大人憂。」行近距，爲行陰，其占：「大水，五穀不成。」景初元年夏，大水，傷五穀。九月，皇后毛氏崩。三年正月，明帝崩。

青龍三年十月壬申，太白晝見在尾，歷二百餘日恒見。占曰：「尾爲燕，燕臣强，有兵。」青龍四年三月己巳，太白與月俱加丙，晝見。月犯太白〔三八〕。景初元年七月辛卯，太白又晝見，積二百八十餘日。占悉同上。是時公孫淵自立爲燕王，署置百官，發兵距守，遣司馬懿討滅之。

青龍三年十二月戊辰，月犯鉤鈐。占曰：「王者憂。」景初三年正月，明帝崩。

青龍四年五月壬寅，太白犯畢左股第一星。占曰：「畢爲邊兵，又主刑罰。」九月，涼州塞外胡阿畢師侵犯諸國，西域校尉張就討之，斬首捕虜萬許人。

青龍四年七月甲寅，太白犯軒轅大星。占曰：「女主憂。」景初元年，皇后毛氏崩。

青龍四年十月甲申，有星孛于大辰，長三尺。乙酉，又孛于東方。十一月己亥，彗星見，犯宦者、天紀星。占曰：「大辰爲天王，天下有喪。」劉向五紀論曰：「春秋星孛于東方，不言宿者，不加宿也。」宦者在天市爲中外有兵，天紀爲地震。孛彗主兵喪。景初元年六月，地震。九月，吳將朱然圍江夏，荊州刺史胡質擊走之。皇后毛氏崩。二年正月，討公孫淵。三年正月，明帝崩。

魏明帝景初元年二月乙酉，月犯房第二星。占曰：「將相有憂。」七月，司徒陳矯薨。二年四月，司徒韓暨薨。

景初元年十月丁未，月犯熒惑。占曰：「貴人死。」二年四月，司徒韓暨薨。八月，公孫淵滅。

景初二年二月癸丑〔三九〕，月犯心距星，又犯中央大星。五月己亥，又犯心距星及中央大星。閏月癸丑，月又犯心中央大星。按占，「大星爲天王，前爲太子，後爲皇子〔四〇〕。犯大星，王者惡之。犯前星，太子有憂。犯後星，庶子有憂。」三年正月，帝崩，太子立，卒見廢爲齊王。正始四年，秦王詢薨。

景初二年八月彗星見張，長三尺，逆西行，四十一日滅。占曰：「爲兵喪。張，周分野，洛邑惡之。」其十月，斬公孫淵〔四一〕。明年正月，明帝崩。

景初二年十月甲午，月犯箕。占曰：「軍將死。」正始元年四月，車騎將軍黄權薨。

景初二年，司馬懿圍公孫淵於襄平。八月丙寅夜，有大流星長數十丈，色白有芒鬣，從首山北流墜襄平城東南。占曰：「圍城而有流星來走城上及墜城中者破。」又曰：「星墜，當其下有戰場。」又曰：「凡星所墜，國易姓。」九月，淵突圍，走至星墜所被斬，屠城阬其衆。

景初二年十月癸巳，客星見危，逆行在離宮北、騰蛇南。甲辰，犯宗星。己酉滅。占曰：「客星所出有兵喪。虛危爲宗廟，又爲墳墓。客星近離宮，則宮中將有大喪，就先君於宗廟，皆王者崩殞之象也。」三年正月，明帝崩。正始二年五月，吳將朱然圍樊城，司馬懿率衆距卻之。

魏齊王正始元年四月戊午，月犯昴東頭第一星〔四二〕。其年十月庚寅，月又犯昴北頭第四星。占曰：「犯昴，胡不安。」二年六月，鮮卑阿妙兒等寇西方，燉煌太守王延斬之，并二千餘級。三年，又斬鮮卑大帥及千餘級。

正始元年十月乙酉，彗星見西方，在尾，長三丈，拂牽牛，犯太白。十一月甲子，進犯羽林。占曰：「尾爲燕，又爲吳，牛亦吳越之分。太白爲上將，羽林中軍兵。吳越有兵喪，中軍兵動。」二年五月，吳將全琮寇芍陂，朱然圍樊城，諸葛瑾入沮中。吳太子登卒。六月，司馬懿討諸葛恪於皖，恪焚積聚，棄城走。三年，太尉滿寵薨。

正始二年九月癸酉，月犯輿鬼西北星。西北星主金。三年二月丁未，又犯西南星。西南星主布帛。占曰：「有錢令。」一曰：「大臣憂。」三年三月，太尉滿寵薨。四年正月，帝加元服，賜羣臣錢各有差。

正始四年十月、十一月，月再犯井鉞。是月，司馬懿討諸葛恪，恪棄城走。五年三月，曹爽征蜀。

正始五年十一月癸巳，鎮星犯亢距星。占曰：「諸侯有失國者。」嘉平元年，曹爽兄弟誅。

正始六年八月戊午，彗星見七星，長二尺，色白，進至張，積二十三日滅。七年十一月癸亥，又見軫，長一尺，積百五十六日滅。九年三月，又見昴，長六尺，色青白，芒西南指。七月，又見翼，長二尺，進至軫，積四十二日滅。按占，「七星、張，周分野，翼、軫爲楚，昴爲趙、魏，彗所以除舊布新，主兵喪也。」嘉平元年，司馬懿誅曹爽兄弟及其黨與，皆夷族，京師嚴兵，實始翦魏。三年，誅楚王彪，又襲王淩於淮南。淮南，東楚也。幽魏諸王于鄴。

正始七年七月丁丑，月犯左角。占曰：「天下有兵，將軍死。」九年正月辛亥，月犯亢南星。占曰：「兵起。」一曰：「軍將死。」七月乙亥，熒惑犯畢距星。占曰：「有邊兵。」一曰：「刑罰用。」嘉平元年，曹爽等誅。三年，王淩等又誅。

正始九年七月癸丑〔四三〕，鎮星犯楗閉。占曰：「王者不宜出宮下殿。」明年，車駕謁陵，司馬懿奏誅曹爽等，天子野宿，於是失勢。

魏齊王嘉平元年六月壬戌，太白犯東井距星。二年三月己未，又犯。占曰：「國失政，大臣爲亂。」四月辛巳，太白犯輿鬼。占曰：「大臣誅。」一曰：「兵起。」三年五月〔四四〕，王淩與楚王彪有謀，皆伏誅。人主遂卑。

吴主孫權赤烏十三年五月，日北至，熒惑逆行入南斗。七月，犯魁第二星而東。漢晉春秋云逆行。按占，熒惑入南斗，三月，吴王死。一曰：「熒惑逆行，其地有死君。」太元二年權薨，是其應也。故國志書於吴而不書於魏也。是時王淩謀立楚王彪，謂斗中有星，當有暴貴者〔四五〕，以問知星人浩詳。詳疑有故，欲説其意，不言吴有死喪，而言淮南楚分，吴、楚同占，當有王者興，故淩計遂定。

魏齊王嘉平二年十月丙申，月犯輿鬼。占曰：「國有憂。」一曰：「大臣憂。」三年四月戊寅，月犯東井。占曰：「軍將死。」一曰：「國有憂。」五月，王淩、楚王彪等誅。七月，皇后甄氏崩。

嘉平三年五月甲寅，月犯亢距星〔四六〕。占曰：「將軍死。」一曰：「爲兵。」是月，王淩誅。四年三月，吴將朱然、朱異爲寇，鎮東將軍諸葛誕破走之。

嘉平三年七月己巳，月犯輿鬼。九月乙巳，又犯。四年十一月丁未，又犯鬼積尸。五年七月丙午，月又犯鬼西北星。占曰：「國有憂。」正元元年，李豐等誅，皇后張氏廢。九月，帝廢爲齊王。

齊王嘉平三年十一月癸未〔四七〕，熒惑犯亢南星。占曰：「大臣有亂。」正元元年二月，李豐等謀亂誅。

嘉平三年十一月癸未，有星孛于營室，西行積九十日滅。占曰：「有兵喪。室爲後宮，後宮且有亂。」四年二月丁酉，彗星見西方，在胃，長五六丈，色白，芒南指貫參，積二十日滅。五年十一月，彗星又見軫，長五丈，在太微左執法西，東南指，積百九十日滅。按占，「胃，兗州之分，參白虎主兵，太微天子廷，執法爲執政，孛彗爲兵，除舊布新之象。」正元元年二月，李豐、豐弟兗州刺史翼、后父光禄大夫張緝等謀亂，皆誅，皇后亦廢。九月，帝廢爲齊王，高貴公代立。

嘉平五年六月庚辰，月犯箕。占曰：「軍將死。」正元元年正月，鎮東將軍毌丘儉反，兵敗死。

嘉平五年六月戊午，太白犯角。占曰：「羣臣謀不成。」正元元年，李豐等謀泄，悉誅。

嘉平五年七月，月犯井鉞。正元元年二月，李豐等誅。蜀將姜維攻隴西，車騎將軍郭淮討破之。

嘉平五年十一月癸酉，月犯東井距星。占曰：「軍將死。」至六年正月，鎮東將軍豫州刺史毌丘儉、前將軍揚州刺史文欽反，被誅。

魏高貴公正元元年十一月，有白氣出斗側，廣數丈，長竟天。王肅曰：「蚩尤之旗也。東南其有亂乎！」二年正月，毌丘儉等據淮南以叛，大將軍司馬師討平之。案占，蚩尤旗見，王者征伐四方。自後又征淮南，西平巴蜀。是歲，吴王孫亮五鳳元年，斗牛，吴越分。案占，有兵喪，除舊布新之象也。太平三年，孫綝盛兵圍宮，廢亮爲會稽王，孫休代立，是其應也。故國志又書於吴。由是淮南江東同揚州地，故于時變見吴、楚之分。則魏之淮南，多與吴同灾，是以毌丘儉以孛爲己應，遂起兵而敗，又其應也。後三年，即魏甘露二年，諸葛誕又反淮南，吴遣朱異救之。及城陷，誕衆吴兵死没各數萬人，猶前長星之應也。

高貴公正元二年二月戊午，熒惑犯東井北轅西頭第一星。占曰：「羣臣有家坐罪者。」甘露三年，諸葛誕族滅〔四八〕。

吴孫亮太平元年九月壬辰，太白犯南斗，吴志所書也。占曰：「太白犯斗，國有兵，大臣有反者。」其明年，諸葛誕反。又明年，孫綝廢亮〔四九〕，吴、魏並有兵事也。

魏高貴公甘露元年七月乙卯，熒惑犯井鉞〔五〇〕。壬戌，月又犯鉞星。二年八月壬子，歲星犯井鉞。九月庚寅，歲星又逆行乘鉞星。三年，諸葛誕夷滅。

甘露元年八月辛亥，月犯箕。占曰：「軍將死。」九月丁巳，月犯東井。占曰：「軍將死。」三年，諸葛誕誅。

甘露二年六月己酉，月犯心中央大星。景元元年五月，高貴公敗。

甘露二年十月丙寅，太白犯亢距星。占曰：「廷臣爲亂，人君憂。」景元元年，有成濟之變。

甘露二年十一月，彗星見角，色白。占曰：「彗見兩角間，色白者，軍起不戰，邦有大喪。」景元元年，高貴公帥左右兵襲晉文王，未交戰，爲成濟所害。

甘露三年三月庚子，太白犯東井。占曰：「國失政，大臣爲亂。」是夜，歲星又犯東井。占曰：「兵起。」至景元元年，高貴公敗。

甘露三年八月壬辰，歲星犯輿鬼質星。占曰：「斧質用，大臣誅。」甘露四年四月甲申，歲星又犯輿鬼東南星。占曰：「鬼東南星主兵。木入鬼，大臣誅。」景元元年，高貴公敗，殺尚書王經。

甘露四年十月丁丑，客星見太微中，轉東南行，歷軫宿，積七日滅。占曰：「客星出太微，有兵喪。」景元元年，高貴公被害。

魏陳留王景元元年二月，月犯建星。案占，「月五星犯建星，大臣相譖」。是後鍾會、鄧艾破蜀，會譖艾，遂皆夷滅。

景元二年四月，熒惑入太微，犯右執法。占曰：「人主有大憂。」又曰：「大臣憂。」後四年，鄧艾、鍾會皆夷滅。五年，帝遜位。

景元三年十一月壬寅，彗星見亢，色白，長五丈〔五一〕，轉北行，積四十五日滅。占爲兵喪。一曰：「彗見亢，天子失德。」四年，鍾會、鄧艾伐蜀克之。會、艾反亂皆誅，魏遜天下。

景元四年六月，大流星二，並如斗，見西方，分流南北，光照隆隆有聲。案占，流星爲貴使，大者使大。是年，鍾、鄧克蜀，二星蓋二帥之象。二帥相背，又分流南北之應。鍾會既叛，三軍憤怒，隆隆有聲，兵將怒之徵也。

景元四年十月，歲星守房。占曰：「將相有憂。」一曰：「有大赦。」明年正月，太尉鄧艾、司徒鍾會並誅滅，特赦益土。咸熙二年秋，又大赦。

陳留王咸熙二年五月，彗星見王良，長丈餘，色白，東南指，積十二日滅。占曰：「王良，天子御駟，彗星掃之，禪代之表，除舊布新之象。白色爲喪。王良在東壁宿〔五二〕，又并州之分也。」八月，晉文王薨。十二月，帝遜位于晉。

晉武帝泰始四年正月丙戌，彗星見軫，青白色，西北行，又轉東行〔五三〕。占曰：「爲兵喪。軫又楚分也。」三月，皇太后王氏崩。十月，吴將施績寇江夏，萬彧寇襄陽，後將軍田璋、荆州刺史胡烈等破却之。

泰始四年七月，星隕如雨，皆西流。占曰：「星隕爲民叛，西流，吴民歸晉之象也。」二年，吴夏口督孫秀率部曲二千餘人來降。

泰始五年九月，有星孛于紫宫，占如上。紫宫，天子内宫。十年，武元楊皇后崩。

泰始十年十二月，有星孛于軫。占曰：「天下兵起。」軫又楚分也。」咸寧二年六月，星孛于氐。占曰：「天子失德易政。」氐又兖州分。」七月，星孛大角。大角爲帝坐。八月，星孛太微，至翼、北斗、三台。占曰：「太微天子廷，大人惡之。」一曰：「有徙王。」翼又楚分也。」「北斗主殺罰，三台爲三公。」三年，星孛于胃。胃，徐州分。四月，星孛女御。女御爲後宫。五月，又孛于東方。七月，星孛紫宫。占曰：「天下易主。」五年三月，星孛于柳。占曰：「外臣陵主。柳又三河分也。大角、太微、紫宫、女御，並爲王者。」明年吴亡，是其應也。孛主兵喪，征吴之役，三河、徐、兖之兵悉出，交戰於吴、楚之地。吴丞相都督以下，梟戮十數，偏裨行陣之徒，馘斬萬計，皆其徵也。春秋星孛北方〔五四〕，則齊、魯、晉、鄭、陳、宋、莒之君，並受殺亂之禍。星孛東方，則楚滅陳，三家、田氏分篡齊、晉。漢文帝末，星孛西方，後吴、楚七國誅滅。案泰始末至太康初，災異數見，而晉氏隆盛，吴實滅，天變在吴可知矣。昔漢三年，星孛大角，項籍以亡，漢氏無事，此項氏主命故也〔五五〕。吴、晉之時，天下橫分，大角孛而吳亡，是與項氏同事。後學皆以咸寧災爲晉室，非也。

晉武帝咸寧四年四月，蚩尤旗見。案星傳，蚩尤旗類彗，而後曲象旗。漢武帝時見，長竟天。獻帝時又見，長十餘丈，皆長星也。魏高貴時則爲白氣。案校衆記，是歲無長星，宜又是異氣。後二年，傾三方伐吳，是其應。至武帝崩，天下兵又起，遂亡諸夏。

咸寧四年九月，太白當見不見。占曰：「是謂失舍，不有破軍，必有死王之墓。又有亡國。」是時羊祜表求伐吳，上許之。五年十一月，兵出，太白始夕見西方。太康元年三月，大破吳軍，孫晧面縛請死，吳國遂亡。

晉武帝太康二年八月，有星孛于張。占曰：「爲兵喪。」周分野，災在洛邑。十一月，星孛軒轅。占曰：「後宮當之。」四年三月戊申，星孛于西南。四年三月癸丑，齊王攸薨。四月戊寅，任城王陵薨。五月己亥，琅邪王伷薨〔五六〕。十一月戊午，新都王該薨。

太康八年三月，熒惑守心。占曰：「王者惡之。」太熙元年四月己酉〔五七〕，武帝崩。

太康八年九月，星孛于南斗，長數十丈，十餘日滅。占曰：「斗主爵祿，國有大憂。」一曰：「孛于斗，王者疾病，臣誅其父，天下易政，大亂兵起。」太熙元年四月，客星在紫宮。占曰：「爲兵喪。」太康末，武帝耽宴遊，多疾病。是月己酉，帝崩。永平元年，賈后誅楊駿及其黨與，皆夷三族。楊太后亦見殺。是年，又誅汝南王亮、太保衞瓘、楚王瑋，王室兵喪之應。

校勘記

〔一〕官有其器而無本書　「其」字原闕，據晉書卷一一天文志上補。

〔二〕投畀有北　「畀」，原作「年」，據南監本、北監本、汲本、殿本、局本改。

〔三〕與赤道東交於角五少弱　「少」字原闕，據南監本、殿本、局本、晉書卷一一天文志上補。

〔四〕其入赤道内極遠者　「遠」字原闕，據南監本、晉書卷一一天文志上補。

〔五〕是也日最南　依文義當作「是日日最南」。

〔六〕俱百八十二度半强　「二」字原闕，據局本、晉書卷一一天文志上、開元占經卷一補。

〔七〕日已入二刻半而昏　「已」，原作「未」，據北監本、汲本、殿本、局本改。

〔八〕徑三十三萬九千四百一里一百二十二步三尺二寸一分七十一分分之九　原作「徑三十二萬九千四百一里一百二十二步二尺二寸一分七十一分分之十」，錢大昕考異卷二三：「以周百四十二、徑四十五之率求之，當云『徑三十三萬九千四百一里一百二十二步三尺二寸一分七十一分分之九』也。此文尚有差誤。」今據改。

〔九〕得五十一萬三千六百八十七里六十八步一尺八寸二分　「三千」，原作「二千」，據晉書卷一一天文志上、開元占經卷一改。

〔一〇〕萬九千三十九　晉書卷一一天文志上、開元占經卷一並作「萬九千四十九」。

〔一一〕凡周一丈四尺六寸一分　「一分」二字原闕，據晉書卷一一天文志上補。按上文云「古舊渾象以二分爲一度，凡周七尺三寸半分」，今張衡改制，以四分爲一度，則應是周一丈四尺六寸一分。

〔一二〕東暘谷　隋書卷一九天文志上、開元占經卷一並作「東曰暘谷」。「暘谷」，原作「陽谷」，據南監本、汲本、殿本、局本、隋書天文志上改。按尚書堯典：「分命羲仲，宅嵎夷，曰暘谷。」孔傳：「暘，明也。日出於谷而天下明，故稱暘谷。」

〔一三〕凡五行相生水生於金　「水生」二字原闕，據隋書卷一九天文志上、開元占經卷一補。

〔一四〕歸注於海　「注於」，原作「於注」，據隋書卷一九天文志上、開元占經卷一乙正。

〔一五〕詳細之目　「詳」，原作一字空格，據南監本、北監本、汲本、殿本、局本補。

〔一六〕以白黑珠及黃三色爲三家星　初學記卷二七引沈約宋書作「以白真珠及青黃三色珠爲三象星」，御覽卷八〇二引沈約宋書作「以白真珠及青黃三色珠爲三家星」。

〔一七〕月最遲　「最」，原作「宿」，據局本改。五禮通考卷一八一亦作「最」。璇璣遺述卷三：「自東而西，如舟競渡，止爭遲疾，無有退者，月最遲，亦行三百五十餘度。」

〔一八〕故日與列宿昏俱入西方　「宿」，原作「星」，據汲本、局本改。

〔一九〕無方圓不同之義也　「無方圓」三字原闕，據晉書卷一一天文志上、隋書卷一九天文志上補。

〔一〇〕極之立時日行地中淺　「立」，御覽卷二引昕天論作「高」，與下文所云「極之低時，日行地中深」對應成文，疑「立」當作「高」。

〔一一〕天去地下淺　隋書卷一九天文志上、御覽卷二引昕天論並作「天去地下」，與上文「天去地高」對應成文，疑「淺」字衍。

〔一二〕黄初四年三月癸卯　「三月」，原作「二月」，據局本、三國志卷二魏書文帝紀、晉書卷一一天文志上改。按是年二月庚申朔，無癸卯，三月己丑朔，十五日癸卯。劉次沅考證：「計算表明，三月十五癸卯，月犯心大星。」

〔一三〕五年十一月辛卯　「十一月辛卯」，三國志卷二魏書文帝紀、晉書卷一三天文志下作「十月乙卯」。按是年十月庚戌朔，初六日乙卯，十一月庚辰朔，十二日辛卯，未知孰是。

〔一四〕從右入三十日以上　「右」，原作「後」，據南監本、局本改。

〔一五〕又曰月五星犯左右執法大臣有憂　「曰」，原作「日」，據晉書卷一三天文志下改。按犯執法者，當爲月及五星，日無與焉，諸志中所載皆甚明，是「日」乃「曰」之形訛。月與五星之犯執法，如下文所載之太和五年五月占曰「房四星，股肱臣將相位也。月五星犯守之，將相有憂」，是其例。

〔一六〕皇子東武陽王鑒薨　「東武陽王」，原作「東陽武王」，據局本、三國志卷二魏書文帝紀、文獻通考卷二八七象緯考十乙正。

〔二七〕魏明帝太和四年十一月壬戌　按是年十一月乙亥朔，無壬戌。劉次沅考證：「計算表明，十一月十二丙戌金星犯木星，『丙戌』誤爲『壬戌』。」

〔二八〕遣大將軍司馬懿距退之　「之」字原闕，據永樂大典卷七八五七引補。

〔二九〕太和五年五月　「五月」之「五」字原闕，據晉書卷一三天文志下、開元占經卷三一引宋書天文志、文獻通考卷二八七象緯考十補。劉次沅考證：「計算表明，五月，火星在太微南，不合。七月初五乙亥火星犯房北第二星，且爲前後三年中唯一一次。晉志『五月』並不正確，此處應爲『七月』。」

〔三〇〕青龍二年十月乙丑　「十月」，原作「十一月」，據三國志卷三魏書明帝紀、晉書卷一二天文志中、文獻通考卷二八七象緯考十改。按是年十一月壬午朔，無乙丑，十月壬子朔，乙丑爲月之十四日。劉次沅考證：「十月十四乙丑，月犯土星。『十月』誤爲『十一月』。」

〔三一〕皆不克而去　「而去」，原作「不吾」，三朝本同，南監本、北監本、汲本、殿本、局本作「下吴」。今據開元占經卷八九引宋書天文志改。

〔三二〕太和六年十一月陳王植薨　「十一月」，原作「十二月」。按曹植卒日，三國志卷三魏書明帝紀、通鑑卷七二魏紀皆繫於太和六年十一月庚寅。尋是年十一月癸亥朔，庚寅爲月之二十八日。潘眉三國志考證卷二云：「宋志在十二月，推十二月無庚寅，魏志是也。」今據改。

〔三三〕則爲秦晉及楚兵悉起應占　「應」字原闕，據南監本、北監本、汲本、殿本、局本補。

〔三四〕熒營而退　「熒」字原闕，據局本、晉書卷一三天文志下補。

〔三五〕魏明帝青龍三年六月丁未　按魏明帝青龍三年六月戊申朔，無丁未。劉次沅考證：「計算表明，三年六月二十丁卯土星犯井鉞星。」

〔三六〕四年閏四月乙巳　晉書卷一三天文志下作「四年閏正月己巳」，劉次沅考證以爲晉志是。

〔三七〕景初元年　「元年」二字原重出，據南監本、北監本、殿本、局本删。晉書卷一二天文志中作「景初元年七月」。

〔三八〕月犯太白　「月」，原作一字空格，據南監本、北監本、汲本、殿本、局本補。

〔三九〕景初二年二月癸丑　「癸丑」，原作「己丑」，據三國志卷三魏書明帝紀改。按景初二年二月癸巳朔，廿一日癸丑，無己丑。劉次沅考證：「計算表明，二月廿一癸丑月掩心距星及大星。」

〔四〇〕後爲皇子　疑當作「後爲庶子」。史記卷二七天官書：「前後星，子屬。」索隱：「鴻範五行傳曰，心之大星，天王也。前星，太子；後星，庶子。」漢書卷二七下之下五行志下之下：「劉向以爲星傳曰：『心，大星，天王也。其前星，太子；後星，庶子也。』」既言「後爲皇子」，則「犯後星」，理當云「皇子有憂」，然下文乃云「庶子有憂」。

〔四一〕其十月斬公孫淵　三國志卷三魏書明帝紀、通鑑卷七四魏紀記斬公孫淵在景初二年秋八月。

〔四二〕魏齊王正始元年四月戊午月犯昴東頭第一星　按正始元年四月庚辰朔，無戊午。劉次沅考證：「正月初八戊午子時，月犯昴諸星。『正月』誤爲『四月』。」

〔四三〕正始九年七月癸丑　「九年」，原作「元年」，據局本、晉書卷一三天文志下改。

〔四四〕三年五月　「五月」，原作「七月」。按三國志卷四魏書齊王芳紀、文獻通考卷二八七象緯考十繫此事於五月，今據改。

〔四五〕當有暴貴者　「貴」，原作一字空格，三朝本同，據南監本、北監本、汲本、殿本、局本、晉書卷一三天文志下補。

〔四六〕月犯亢距星　「亢」字原闕，據晉書卷一三天文志下、開元占經卷一三補。劉次沅考證：「計算表明，五月初十甲寅，月犯亢距星。」

〔四七〕齊王嘉平三年十一月癸未　「癸未」，局本、晉書卷一三天文志下、開元占經卷八九引宋書天文志並作「癸亥」。按嘉平三年十一月癸卯朔，無癸未，癸亥爲月之二十一日。尋文獻通考卷二八六象緯考九亦云：「嘉平三年十一月癸亥，有星孛於營室。」疑「癸未」爲「癸亥」之訛。

〔四八〕甘露三年諸葛誕族滅　「三年」，原作「元年」。按三國志卷四魏書高貴鄉公紀載甘露三年春二月，「大將軍司馬文王陷壽春城，斬諸葛誕」，三國志卷二八魏書諸葛誕傳：「誕以二年五月反，三年二月破滅。」「大將軍司馬胡奮部兵逆擊，斬誕，傳首，夷三族。」通鑑卷七七魏紀甘露三年同。是諸葛誕之被殺在甘露三年，誕被殺後族滅，亦在三年。本卷下文亦云「三年，諸葛誕夷滅」，今據改。下「三年，諸葛誕誅」，「三年」，原作「二年」，亦並改正。

〔四九〕孫綝廢亮　「孫綝」，原作「孫琳」，據殿本改。按三國志卷六四吳書有孫綝傳。

〔五〇〕魏高貴公甘露元年七月乙卯熒惑犯井鉞　按甘露元年七月乙亥朔，二十一日乙未，無乙卯。劉次沅考證：「七月廿一乙未，火星犯井鉞。『乙未』誤爲『乙卯』。」

〔五一〕長五丈　「五丈」，原作「五寸」，據南監本、北監本、殿本、局本、開元占經卷七一引宋書天文志改。

〔五二〕王良在東壁宿　「壁」，原作「辟」，據南監本、北監本、汲本、殿本、局本、晉書卷一三天文志下改。

〔五三〕又轉東行　「東」字原闕，據晉書卷一三天文志下、開元占經卷八九引宋書天文志、文獻通考卷二八六象緯考九補。

〔五四〕春秋星孛北方　「方」字原闕，據南監本、殿本、局本補。

〔五五〕此項氏主命故也　「氏」，原作「先」，據局本改。

〔五六〕琅邪王伷薨　「伷」，原作「伸」，據局本、晉書卷一三天文志下改。

〔五七〕太熙元年四月己酉　「己酉」，原作「乙酉」，據晉書卷三武帝紀改。按是年四月庚寅朔，二十日己酉，無乙酉。下「是月己酉」，原亦作「是月乙酉」，今並改正。

宋書卷二十四

志第十四

天文二

晉惠帝元康二年二月，天西北大裂。按劉向說：「天裂，陽不足；地動，陰有餘。」是時人主拱默，婦后專制。

元康三年四月，熒惑守太微六十日。占曰：「諸侯三公謀其上，必有斬臣。」一曰：「天子亡國。」是春，太白守畢，至是百餘日。占曰：「有急令之憂。」一曰：「相亡。」又爲邊境不安。」是年，鎮、歲、太白三星聚于畢昴。占曰：「爲兵喪。畢昴，趙地也。」後賈后陷殺太子，趙王廢后，又殺之，斬張華、裴頠，遂篡位，廢帝爲太上皇。天下從此遘亂連禍。

元康五年四月，有星孛于奎，至軒轅、太微，經三台、大陵。占曰：「奎爲魯，又爲庫兵，軒轅爲後宮，太微天子廷，三台爲三司，大陵有積屍死喪之事。」明年，武庫火，西羌反〔一〕。後五年，司空張華遇禍，賈后廢死，魯公賈謐誅。又明年，趙王倫篡位。於是三王興兵討倫，士民戰死十餘萬人。

元康六年六月丙午夜，有枉矢自斗魁東南行。案占曰：「以亂伐亂。北斗主執殺，出斗魁，居中執殺者不直象也。」十月，太白晝見〔二〕。後趙王殺張、裴，廢賈后，以理太子之冤，因自篡盜，以至屠滅。以亂伐亂，兵喪臣彊之應也。

元康九年二月，熒惑守心〔三〕。占曰：「王者惡之。」八月，熒惑入羽林。占曰：「禁兵大起。」後二年，惠帝見廢爲太上皇，俄而三王起兵討倫，倫悉遣中軍兵，相距累月。

晉惠帝永康元年三月，妖星見南方，中台星坼，太白晝見。占曰：「妖星出，天下大兵將起。台星失常，三公憂。太白晝見爲不臣。」是月，賈后殺太子，趙王倫尋廢殺后及司空張華，又廢帝自立。於是三王並起，迭總天權。

永康元年五月，熒惑入南斗。占曰：「宰相死，兵大起。斗又吳分也。」是時趙王倫爲相，明年篡位，三王興師誅之。太安二年，石冰破揚州。

永康元年八月，熒惑入箕。占曰：「人主失位，兵起。」十二月，彗出牽牛之西，指天市。占曰：「牛者七政始，彗出之，改元易號之象也。」天市一名天府〔四〕，一名天子禖，帝座在其中。明年，趙王簒位，改元，尋爲大兵所滅。

永康二年二月，太白出西方，逆行入東井。占曰：「國失政，臣爲亂。」四月，彗星見齊分。占曰：「齊有兵喪。」是時齊王冏起兵討趙王倫。倫滅，冏擁兵不朝，專權淫奓，明年誅死。

晉惠帝永寧元年，自正月至于閏月，五星互經天。星傳曰：「日陽，君道也。星陰，臣道也。日出則星亡，臣不得專也。晝而星見午上者爲經天，其占爲不臣，爲更王。」今五星悉經天，天變所未有也。石氏説曰：「辰星晝見，其國不亡，則大亂。」是後台鼎方伯，互秉大權，二帝流亡，遂至六夷彊，迭據華夏，亦載籍所未有也。

永寧元年五月，太白晝見。占同前條。七月，歲星守虛危。占曰：「木守虛危，有兵憂。」一曰：「守虛飢；守危徭役煩，下屈竭。」辰星入太微。占曰：「爲内亂。」一曰：「羣臣相殺。」太白守右掖門。占曰：「爲兵，爲亂，爲賊〔五〕。」八月戊午，鎮星犯左執法，又犯上相。占曰：「上相憂。」熒惑守昴。占曰：「趙、魏有災。」辰星守輿鬼。占曰：「秦有災。」九月丁未，月犯左角。占曰：「人主憂。」一曰：「左將軍死，天下有兵。」

二年四月癸酉，歲星晝見。占曰：「爲臣彊。」十月，熒惑太白鬬于虛危。占曰：「大兵起，破軍殺將。虛危，又齊分也。」十二月，熒惑襲太白于營室。占曰：「天下兵起，亡君之戒。」一曰：「易相。」初齊王冏定京都，因留輔政，遂專慠無君。是月，成都、河間檄長沙王乂討之。冏、乂交戰，攻焚宮闕。冏兵敗夷滅，又殺其兄上軍將軍寔以下二十餘人。太安二年，成都攻長沙，於是公私飢困，百姓力屈。

晉惠帝太安二年二月，太白入昴。占曰：「天下擾，兵大起。」三月，彗星見東方，指三台。占曰：「兵喪之象。三台爲三公。」七月，熒惑入東井。占曰：「兵起國亂。」是秋，太白守太微上將。占曰：「上將將以兵亡。」是年冬，成都、河間攻洛陽。三年正月，東海王越執長沙王乂，張方又殺之。

太安二年八月，長沙王奉帝出距二王，庚午，舍于玄武館。是日天中裂爲二，有聲如雷。三占同元康，臣下專僭之象也。是時長沙王擅權，後成都、河間、東海又迭專威命，是其應也。

太安二年十一月辛巳，有星晝隕中天，北下有聲如雷。案占，名曰營首，營首所在，下有大兵流血〔六〕。明年，劉淵、石勒攻略并州，多所殘滅。王浚起燕、代，引鮮卑攻掠鄴中，百姓塗地。有聲如雷，怒之象也。

太安二年十一月庚辰，歲星入月中。占曰：「國有逐相。」十二月壬寅，太白犯月。占曰：「天下有兵。」太安三年正月己卯，月犯太白〔七〕，占同青龍。熒惑入南斗，占同永康。

是月，熒惑又犯歲星。占曰：「有大戰。」七月，左衞將軍陳眕率衆奉帝伐成都〔八〕，六軍敗績，兵逼乘輿。九月，王浚又攻成都于鄴，鄴潰，成都王由是喪亡。帝還洛，張方脅如長安。是時天下盜賊羣起，張昌尤盛。後二年，惠帝崩。

晉惠帝永興元年五月，客星守畢。占曰：「天子絕嗣。」一曰：「大臣有誅。」七月庚申，太白犯角、亢，經房、心，歷尾、箕。九月，入南斗。占曰：「犯角，天下大戰；犯亢，有大兵，人君憂；入房、心，爲兵喪；犯尾，將軍與民人爲變；犯箕，女主憂〔九〕。」一曰：「天下亂。入南斗，有兵喪。」一曰：「將軍爲亂。」其所犯守，又兗、豫、幽、冀、揚州之分也。是年七月，有蕩陰之役。九月，王浚殺幽州刺史和演，攻鄴，鄴潰。於是兗、豫爲天下兵衝。陳敏又亂揚土，劉淵、石勒、李雄等並起微賤，跨有州郡。皇后羊氏數被幽廢。光熙元年，惠帝崩，終無繼嗣。

永興元年七月乙丑，星隕有聲。二年十月，星又隕有聲。按劉向說，民去其土之象也。是後遂亡中夏。

永興元年十二月壬寅夜，赤氣亘天，砰隱有聲。二年十月丁丑，赤氣見在北方，東西竟天。占曰：「並爲大兵。砰隱有聲，怒之象也。」是後四海雲擾，九服交兵。

永興二年四月丙子，太白犯狼星。占曰：「大兵起。」九月，歲星守東井。占曰：「有兵。井又秦分也。」是年，苟晞破公師藩〔一〇〕，張方破范陽王虓，關西諸將攻河間王顒，顒奔走，東海王迎殺之。

永興二年八月，星孛于昴、畢。占曰：「爲兵喪。」昴、畢，又趙、魏分也。十月丁丑，有星孛于北斗。占曰：「璿璣更授，天子出走。」又曰：「彊國發兵，諸侯爭權。」是後皆有其應。明年，惠帝崩。

晉惠帝光熙元年四月，太白失行，自翼入尾、箕。占曰：「太白失行而北，是謂返生。不有破軍，必有屠城。」五月，汲桑攻鄴，魏郡太守馮嵩出戰大敗，桑遂害東燕王騰，殺萬餘人，焚燒魏時宮室皆盡。

光熙元年五月，枉矢西南流。占曰：「以亂伐亂之象也。」是時司馬越西破河間，奉迎大駕。尋收繆胤、何綏等，肆其無君之心，天下惡之。死而石勒焚其屍柩〔一一〕，是其應也。

光熙元年九月丁未，熒惑守心。占曰：「王者惡之。」己亥，填星守房、心，又犯歲星。占曰：「土守房，多禍喪。守心，國内亂，天下赦。」又曰：「填與歲合爲内亂。」是時司馬越秉權，終以無禮破滅，内亂之應也。十一月，惠帝崩，懷帝即位，大赦天下。

光熙元年十二月癸未，太白犯填星。占曰：「爲内兵，有大戰。」是後河間王爲東海王越所殺。明年正月，東海王越殺諸葛玫等〔一二〕。五月，汲桑破馮嵩，殺東燕王。八月，苟晞大破汲桑。

光熙元年十二月甲申，有白氣若虹，中天北下至地，夜見五日乃滅。占曰：「大兵起。」明年，王彌起青、徐，汲桑亂河北，毒流天下。

孝懷帝永嘉元年九月辛亥〔一三〕，有大星自西南流于東北，小者如升相隨，天盡赤，聲如雷。占曰：「流星爲貴使。」是年五月，汲桑殺東燕王騰，遂據河北。十一月，始遣和郁爲征北將軍鎮鄴，而田甄等大破汲桑，斬于樂陵。於是以甄爲汲郡太守，弟蘭鉅鹿太守。小星相隨，小將別帥之象也。司馬越忿魏郡以東，平原以南，皆黨於桑，悉以賞甄等，於是侵略赤地，有聲如雷，怒之象也。

永嘉元年十二月丁亥，星流震散。案劉向說：「天官列宿，在位之象，小星無名者，庶民之類。此百官庶民將流散之象也。」是後天下大亂，百官萬民，流移轉死矣。

永嘉二年正月庚午，太白伏不見。二月庚子，始晨見東方。是謂當見不見，占同上條。其後破軍殺將，不可勝數。帝崩虜庭，中夏淪覆。

永嘉三年正月庚子，熒惑犯紫微。占曰：「當有野死之王。又爲火燒宮。」是時太史令高堂沖奏，乘輿宜遷幸〔一四〕，不然必無洛陽。五年六月，劉曜、王彌入京都，燒宮廟，帝崩于平陽。

永嘉三年，鎮星久守南斗。占曰：「鎮星所居者，其國有福。」是時安東琅邪王始有揚土。其年十一月，地動，陳卓以爲是地動應也。

永嘉三年十二月乙亥，有白氣如帶出南北方各二[一五]，起地至天，貫參伐。占曰：「天下大兵起。」四年三月，司馬越收繆胤、繆播等，又三方雲擾，攻戰不休。五年三月，司馬越死於甯平城，石勒攻破其衆，死者十餘萬人。六月，京都焚滅，帝劫虜庭。

永嘉五年十月，熒惑守心。後二年，帝崩于虜庭。

永嘉六年七月，熒惑、歲星、鎮星、太白聚牛女之間，裴回進退。按占曰：「牛，揚州分。」是後兩都傾覆，而元帝中興揚土，是其應也。

愍帝建武元年五月癸未，太白熒惑合於東井。占曰：「金火合曰爍，爲喪。」是時帝雖劫于平陽，天下猶未敢居其虛位，災在帝也。六月丁卯，太白犯太微。占曰：「兵入天子廷，王者惡之。」七月，愍帝崩于寇庭[一六]，天下行服大臨。

晉元帝太興元年七月，太白犯南斗。占曰：「吳越有兵，大人憂。」二年二月甲申，熒惑犯東井。占曰：「兵起，貴臣相戮。」八月己卯，太白犯軒轅大星。占曰：「後宮憂。」乙未，太白犯歲星，在翼。占曰：「爲兵亂。」三年四月壬辰，枉矢出虛、危，沒翼、軫。占曰：「枉矢所觸，天下之所伐。翼、軫，荊州之分也。」五月戊子，太白入太微，又犯上將。占曰：「天子自將，上將誅。」六月丙辰，太白與歲星合于房。占曰：「爲兵饑。」九月，太白犯南斗，占同元年。十月己亥，熒惑在東井，居五諸侯南，踟躕留止，積三十日。占曰：「熒惑守井二十日以上，大人憂；守五諸侯，諸侯有誅者。」十二月己未，太白入月，在斗。郭景純曰：「月屬坎，陰府法象也〔一七〕。太白金行而來犯之，天意若曰刑理失中，自毀其法也。」四年十二月丁亥，月犯歲星在房。占曰：「其國兵飢，民流亡。」永昌元年三月，王敦率江、荊之衆，來攻京都，六軍距戰，敗績。於是殺護軍將軍周顗、尚書令刁協、驃騎將軍戴若思，又鎮北將軍劉隗出奔〔一八〕。四月，又殺湘州刺史譙王承、鎮南將軍甘卓。閏十二月，元帝崩。間一年，敦亦梟夷，枉矢觸翼之應也。十月，石他入豫州，略城父、銍二縣民以北〔一九〕，刺史祖約遣軍追之，爲其所没，遂退守壽春。

明帝太寧三年正月，熒惑逆行入太微。占曰：「爲兵喪，王者惡之。」閏八月，帝崩。咸和二年，蘇峻反，攻宫室，太后以憂逼崩，天子幽劫于石頭，遠近兵亂，至四年乃息。

成帝咸和四年七月，有星孛于西北，二十三日滅。占曰：「爲兵亂。」十二月，郭默殺江州刺史劉胤，荊州刺史陶侃討默，明年，斬之。是時石勒又始僭號。

咸和六年正月丙辰，月入南斗。占曰：「有兵。」一曰：「有大赦。」是月胡賊殺略婁、武進二縣民，於是遣戍中洲。明年，胡賊又略南沙、海虞民。是年正月，大赦，伐淮南，討襄陽，平之。

咸和六年十一月，熒惑守胃、昴。占曰：「趙、魏有兵。」八年七月，石勒死，石虎自立，多所殘滅。是時雖勒、虎僭號，而其彊弱常占於昴，不關太微紫宮也。

咸和八年三月己巳，月入南斗，與六年占同。其年七月，石勒死，彭彪以譙，石生以長安，郭權以秦州，並歸從。於是遣督護高球率衆救彪，彪敗球退。又石虎、石斌攻滅生、權。咸康元年正月，大赦。

咸和八年七月，熒惑入昴。占曰：「胡王死。」石虎多所攻滅。八月，月犯昴。占曰：「胡不安。」九年六月，月又犯昴。是時石弘雖襲勒位，而石虎擅威暴横。十月，廢弘自立，遂幽殺之〔二〇〕。

咸和九年三月己亥，熒惑入輿鬼，犯積屍。占曰：「兵在西北，有没軍死將。」四月，鎮西將軍、雍州刺史郭權始以秦州歸從，尋爲石斌所滅，徙其衆於青、徐。

晉成帝咸康元年二月己亥，太白犯昴。占曰：「兵起，歲大旱。」四月，石虎掠騎至歷陽。朝廷慮其衆也，加司徒王導大司馬，治兵動衆。又遣慈湖、牛渚、蕪湖三戍。五月乃罷。是時胡賊又圍襄陽，征西將軍庾亮遣寧距退之。六月，旱。

咸康元年八月戊戌〔二一〕，熒惑入東井。占曰：「無兵兵起，有兵兵止。」是年夏，發衆列戍。加王導大司馬，以備胡賊。

咸康元年三月丙戌，月入昴。占曰：「胡王死。」十一月，月犯昴。二年八月，月又犯昴。占同。咸和三年，石虎發衆七萬，四年二月，自襲段遼于薊，遼奔敗。又攻慕容皝於棘城，不剋引退，皝追之，殺數百人。虎留其將麻秋屯令支〔三〕，皝破秋，并虜遼殺之。

咸康二年正月辛巳，彗星夕見西方，在奎。占曰：「爲兵喪。奎又爲邊兵。」四年，石虎伐慕容皝不剋，皝追擊之，又破麻秋。時皝稱蕃，邊兵之應也。

咸康二年正月辛卯，月犯房南第二星。占曰：「將相有憂。」五年七月，丞相王導薨。八月，太尉郗鑒薨。六年正月，征西大將軍庾亮薨。

咸康二年九月庚寅，太白犯南斗，因晝見。占曰：「斗爲宰相，又揚州分，金犯之，死喪象。晝見爲不臣，又爲兵喪。」三年，石虎僭稱天王。四年，虎滅段遼而敗於慕容皝。皝，國蕃臣。五年，王導薨。

咸康三年六月辛未，有流星大如二斗魁，色青赤，光耀地，出奎中，没婁北。案占，爲飢，五穀不藏。是月，大旱。

咸康三年八月，熒惑入輿鬼，犯積屍。占曰：「貴人憂。」三年八月甲戌，月犯東井距星。占曰：「國有憂，將死。」三年九月戊子，月犯建星。占曰：「易相。」一曰：「大將死。」

五年，丞相王導薨，庾冰代輔政。太尉郗鑒、征西大將軍庾亮薨。

咸康三年十一月乙丑，太白犯歲星。占曰：「爲兵飢。」四年二月，石虎破幽州，遷其人萬餘家。李壽殺李期。五年，胡衆五萬寇沔南，略七千餘家而去。又騎二萬圍陷郗城，殺略五千餘人。

咸康四年四月己巳，太白晝見在柳。占曰：「爲兵，爲不臣。」七月乙巳，月掩太白。占曰：「王者亡地，大兵起。」明年，胡賊大寇沔南，陷郗城，豫州刺史毛寶、西陽太守樊俊皆棄城投江死〔一三〕。於是內外戒嚴，左衞桓監、匡術等諸軍至武昌，乃退。七年，慕容皝自稱爲燕王。

咸康四年五月戊戌〔一四〕，熒惑犯右執法。占曰：「大臣死，執政者憂。」九月，太白犯右執法。案占，五星災同，金火尤甚。十一月戊子，太白犯房上星。占曰：「上相憂。」五年七月己酉，月犯房上星，亦同占。是月庚申，丞相王導薨。

咸康五年四月辛未，月犯歲星，在胃。占曰：「國飢民流。」乙未，月犯畢距星。占曰：「兵起。」是夜，月又犯歲星，在昴。及冬，有沔南、郗城之敗，百姓流亡萬餘家。

咸康六年二月庚午朔，流星大如斗，光耀地，出天市，西行入太微。占曰：「大人當之。」乙未，太白入月。占曰：「人主死。」四月甲午〔一五〕，月犯太白。占曰：「人主惡之。」

八年六月，成帝崩。

咸康六年三月甲寅，熒惑從行犯太微上將星。占曰：「上將憂。」四月丁丑，熒惑犯右執法。占曰：「執法者憂。」六月乙亥，月犯牽牛中央星。占曰：「大將憂。」是時尚書令何充爲執法，有譴欲避其咎，明年，求爲中書令。建元二年，庾冰薨，皆大將執政之應也。是歲正月，征西將軍庾亮薨。三月，而熒惑犯上將。九月，石虎大將夔安死。庾冰後積年方薨。豈冰能修德，移禍於夔安乎？

咸康六年四月丙午，太白犯畢距星。占曰：「兵革起。」一曰：「女主憂。」六月乙卯，太白犯軒轅大星。占曰：「女主憂。」七年三月，皇后杜氏崩。

咸康七年三月壬午，月犯房。占曰：「將相憂。」八年六月，熒惑犯房上第二星。占曰：「次相憂。」建元二年，車騎將軍、江州刺史庾冰薨。是時驃騎將軍何充居內，冰爲次相也。

咸康七年四月己丑，太白入輿鬼。占曰：「兵革起。」五月，太白晝見。以晷度推之，非秦、魏，則楚也。占曰：「爲臣彊，爲有兵。」八月辛丑，月犯輿鬼。占曰：「人主憂。」八年六月，成帝崩。

咸康八年八月壬寅，月犯畢赤星。占曰：「下犯上，兵革起。」十月，月又掩畢赤星。

占同。己酉，太白犯熒惑。占曰：「大兵起。」其後庾翼大發兵謀伐胡，專制上流，朝廷憚之。

康帝建元元年正月壬午，太白入昴。占曰：「趙地有兵。」又曰：「天下兵起。」四月乙酉，太白晝見。八月丁未，太白犯歲星。占曰：「有大兵。」是年，石虎殺其太子邃及其妻子徒屬二百餘人。又遣將劉寧寇没狄道，又使將張舉將萬餘人屯薊東，謀慕容皝。

建元元年十一月六日，彗星見亢，長七尺，尾白色。占曰：「亢爲朝廷，主兵喪。」二年九月，康帝崩。

建元元年，歲星犯天關。安西將軍庾翼與兄冰書曰：「歲星犯天關，占云：『關梁當澀。』比來江東無他故，江道亦不艱難；而石虎頻年再閉關不通信使，此復是天公憒憒無皂白之徵也。」

建元二年閏月乙酉，太白犯斗。占曰：「爲喪，天下受爵禄。」九月，康帝崩，太子立，大赦賜爵也。

晉穆帝永和元年正月丁丑〔二六〕，月入畢。占曰：「兵大起。」戊寅，月犯天關。占曰：「有亂臣更天子之法。」五月辛巳，太白晝見，在東井。占曰：「爲臣彊，秦有兵。」六月辛丑，月入太微，犯屏西南〔二七〕。占曰：「輔臣有免罷者。」七、八月，月皆犯畢。占同正月。

己未，月犯輿鬼。占曰：「大臣有誅。」九月庚戌，月又犯畢。是年初，庾翼在襄陽，七月，翼疾將終，輒以子爰之爲荆州刺史，代己任，爰之尋被廢。明年，桓温又輒率衆伐蜀，執李勢，送至京都。蜀本秦地也。

永和二年二月壬子，月犯房上星。四月丙戌，月又犯房上星。占同前。八月壬申，太白犯左執法。是歲，司徒蔡謨被廢。

永和三年正月壬午，月犯南斗第五星。占曰：「將軍死，近臣去。」五月壬申，月犯南斗第四星，因入魁。占曰：「有兵。」一曰：「有大赦。」六月，月犯東井距星。占曰：「將死，國有憂。」戊戌，月犯五諸侯。占曰：「諸侯有誅。」九月庚寅，太白犯南斗第五星。占曰：「爲喪兵。」四年七月丙申，太白犯左執法。甲寅，月犯房。丁巳，月入南斗犯第二星。乙丑，太白犯左執法。占悉同上。十月甲戌，月犯亢。占曰：「兵起，軍將死。」十一月戊戌，犯上將星。三年六月，大赦。是月，陳逵征壽春〔二八〕，敗而還。七月，氐蜀餘寇反，亂益土。九月，石虎伐涼州，不克。

永和四年四月，太白入昴。五月，熒惑入婁，犯鎮星。七月，太白犯軒轅。占在趙，及爲兵喪，女主憂。其年八月，石虎太子宣殺弟韜，宣亦死。五年正月，石虎僭稱皇帝，尋病死。是年，褚裒北伐喪衆，又尋薨，太后素服。六年正月，朝會廢樂。

永和五年四月丁未，太白犯東井。占曰：「秦有兵。」九月戊戌，太白犯左角。占曰：「爲兵。」十月，月犯昴。占曰：「朝廷有憂，軍將死〔一九〕。」十一月乙卯，彗星見于亢，芒西向，色白〔二〇〕，長一丈。占曰：「爲兵喪。」是年八月，褚裒北征兵敗。十月，關中二十餘壁舉兵歸從，石遵攻沒南陽〔二一〕。十一月，冉閔殺石遵，又盡殺胡十餘萬人，於是中土大亂。十二月，褚裒薨。八年，劉顯、苻健、慕容儁並僭號。殷浩北伐敗，見廢。

永和六年二月辛酉，月犯心大星。占曰：「大人憂。心，豫州分也〔二二〕。」丁丑，月犯房。占曰：「將相憂。」三月戊戌，熒惑犯歲星。占曰：「爲戰。」六月己丑，月犯昴。占同上。乙未，月犯五諸侯。占同三年。七月壬寅，月始出西方，犯左角。占曰：「大將軍死。」一曰：「天下有兵。」丁未，月犯箕。占曰：「軍將死。」丙寅，熒惑犯鉞星。占曰：「大臣有誅。」八月辛卯，月犯左角，太白晝見在南斗，月犯右執法。占並同上。七年二月，太白犯昴。占同上。三月乙卯，熒惑入輿鬼〔二三〕，犯積屍。占曰：「貴人憂。」五月乙未，熒惑犯軒轅大星〔二四〕。占曰：「女主憂。」太白入畢口，犯左股。占曰：「將相當之。」六月乙亥，月犯箕。丙子，月犯斗。丁丑，熒惑入太微，犯右執法。八月庚午，太白犯軒轅。戊子，太白犯右執法。占悉同上。七年，劉顯殺石祗及諸胡帥，中土大亂，戎、晉十萬數，各還舊土，互相侵略及疾疫死亡，能達者十二三。是年，桓溫輒以大衆求浮江入淮北伐，朝廷震懼。八年，豫州刺史謝尚討張遇，爲苻雄所敗。殷浩北伐敗，被廢。十年，桓温伐苻健，不克而還。

永和八年三月戊戌，月犯軒轅大星。癸丑，月入南斗犯第二星。五月，月犯心星。四月癸酉，月犯房。六月辛巳，日未入，有流星如三斗魁，從辰巳上東南行。晷度推之，在箕、斗之間，蓋燕分也。案占，爲營首，營首之下，流血滂沲。七月壬子，歲星犯東井距星。占曰：「内亂兵起。」八月戊戌，熒惑入輿鬼。占曰：「忠臣戮死。」丙辰，太白入南斗，犯第四星。占曰：「將爲亂。」一曰：「丞相免。」九年二月乙巳，入南斗，犯第三星。三月戊辰，月犯房。八月，歲星犯輿鬼東南星。占，「東南星主兵，兵起」。十二月，月在東井，犯歲星。占曰：「秦飢民流。」是時帝主幼沖，母后稱制，將相有隙，兵革連起。慕容儁僭稱大燕，攻伐無已，故災異數見，殷浩見廢也。

永和十年正月乙卯，月食昴。占曰：「趙、魏有兵。」癸酉，填星奄鉞星。占曰：「斧鉞用。」三月甲申，月犯心大星。占曰：「王者惡之。」四月癸未，流星大如斗，色赤黄，出織女，没造父，有聲如雷。占曰：「燕、齊有兵，民流。」戊午，月犯心大星。七月庚午，太白晝見。晷度推之，災在秦、鄭。九月辛酉，太白犯左執法。十一月，月奄填星，在輿鬼。占曰：「秦有兵。」十一年三月辛亥，月奄軒轅。占同上。四月庚寅，月犯牛宿南星。占曰：

「國有憂。」八月己未，太白犯天江。占曰：「河津不通。」十二年六月庚子，太白晝見，在東井。占如上。己未，月犯鉞星。七月丁卯，太白犯填星，在柳。占曰：「周地有大兵。」八月癸酉，月奄建星。九月戊寅，熒惑入太微，犯西蕃上將星。十一月丁丑，熒惑犯太微東蕃上相。十年四月，桓温伐苻健，破其堯柳衆軍〔三五〕。健壁長安，温退。十二月，慕容恪攻齊。十二年八月，桓温破姚襄於伊水〔三六〕，定周地。十一月，齊城陷，執段龕，殺三千餘人。永和末，鮮卑侵略河、冀，升平元年，慕容儁遂據臨漳，盡有幽、并、青、冀之地。緣河諸將漸奔散，河津隔絶矣。三年，會稽王以郗曇、謝萬敗績，求自貶三等。是時權在方伯，九服交兵，故譴象仍見。

晉穆帝升平元年四月壬子，太白入輿鬼。丁亥，月奄東井南轅西頭第二星。占曰：「秦地有兵。」一曰：「將死。」六月戊戌，太白晝見，在軫。占同上。軫，楚分也。壬子，月犯畢。占曰：「爲邊兵。」七月辛巳，熒惑犯天江。占曰：「河津不通。」十一月，歲星犯房。壬午，月奄歲星，在房。占曰：「民飢。」一曰：「豫州有災。」二年二月辛卯，填星犯軒轅大星。甲午，月犯東井。閏月乙亥，月犯歲星，在房。占悉同上。五月丁亥，彗出天船，在胃度中。彗爲兵喪，除舊布新，出天船，外夷侵。一曰：「爲大水。」六月辛酉，月犯房。八月戊午，熒惑犯填星，在張。占曰：「兵大起。」張，三河分。」十月己未，太白犯哭星。十二月，枉矢自東南流于西北，其長半天。三年正月壬辰，熒惑犯楗閉。案占，「人主憂」。三月乙酉，熒惑逆行犯鉤鈐。案占，「王者惡之」。月犯太白，在昴。占曰：「人君死。」一曰：「趙地有兵，朝廷不安。」六月，太白犯東井。七月乙酉，熒惑犯天江。丙戌，太白犯輿鬼。占悉同上。戊子，月犯牽牛中央大星。占曰：「牽牛，天將也。犯中央星，大將軍死。」八月丁未，太白犯軒轅大星。甲子，月犯畢大星。占曰：「爲邊兵。」一曰：「下犯上。」庚午，太白犯填星，在太微中。占曰：「王者惡之。」二年五月，關中氐帥殺苻生立堅〔三七〕。十二月，慕容儁入屯鄴。八月，安西將軍、豫州刺史謝奕薨。三年十月，諸葛攸舟軍入河，敗績。豫州刺史謝萬入潁，衆潰而歸，除名爲民。十一月，司徒會稽王以二鎮敗，求自貶三等。四年正月，慕容儁死，子暐代立〔三八〕。慕容恪殺其尚書令陽騖等〔三九〕。五月，天下大水。五年五月，穆帝崩。

升平四年正月乙亥，月犯牽牛中央大星。占曰：「大將死。」六月辛亥，辰星犯軒轅。占曰：「女主憂。」己未，太白入太微右掖門，從端門出。占曰：「貴奪勢。」一曰：「有兵。」又曰：「出端門，臣不臣。」八月戊申，太白犯氐。占曰：「國有憂。」丙辰，熒惑犯太微西上將。九月壬午，太白入南斗口，犯第四星。占曰：「爲喪，有赦，天下受爵祿。」十月庚戌，天狗見西南〔四〇〕。占曰：「有大兵流血。」十二月甲寅，熒惑犯房。丙寅，太白晝見。庚寅，月犯楗閉。占曰：「人君惡之。」五年正月乙巳，填星逆行犯太微。乙丑辰時，月在危宿奄太白。占曰：「天下民靡散。」三月丁未，月犯填星在軫。占曰：「爲大喪。」五月壬寅，月犯太微。庚戌，月犯建星。占曰：「大臣相譖。」辛亥，月犯牽牛宿。占曰：「國有憂。」五年正月，北中郎將郗曇薨。五月，穆帝崩，哀帝立，大赦賜爵，褚后失勢。七月，慕容恪攻冀州刺史吕護於野王，拔之，護奔滎陽。是時桓温以大衆次宛，聞護敗乃退。

升平五年六月癸酉，月奄氐東北星。占曰：「大將當之。」九月乙酉，奄畢。占曰：「有邊兵。」十月丁卯，熒惑犯歲星，在營室。占曰：「大臣有匿謀。」一曰：「衞地有兵。」丁未，月犯畢赤星。占曰：「下犯上。」又曰：「有邊兵。」八月，范汪廢〔四一〕。隆和元年，慕容暐遣傅末波寇河陰，陳祐危逼。

晉哀帝興寧元年八月，星孛於角亢〔四二〕，入天市。按占，「爲兵喪」。三年正月，皇后王氏崩。二月，哀帝崩。三月，慕容恪攻洛陽，沈勁等戰死。

興寧元年十月丙戌，月奄太白，在須女。占曰：「天下民靡散。」一曰：「災在揚州。」三年，洛陽没。其後桓温傾揚州資實，討鮮卑敗績，死亡太半，及征袁真，淮南殘破。後氐及東胡侵逼，兵役無已。

興寧三年正月乙卯，月奄歲星，在參。參，益州分也。六月，鎮西將軍、益州刺史周撫薨。十月，梁州刺史司馬勳入益州以叛，朱序率衆助刺史周楚討平之。

興寧三年七月庚戌，月犯南斗。占曰：「女主憂。」歲星犯輿鬼。占曰：「人君憂。」十月，太白晝見，在亢。占曰：「亢爲朝廷，有兵喪，爲臣彊。」哀帝是年二月崩，其災皆在海西也。明年五月，皇后庾氏崩。

晉海西太和元年二月丙子，月奄熒惑，在參。占曰：「爲內亂。」一曰：「參，魏地。」二年正月，太白入昴。五年，慕容暐爲苻堅所滅，司、冀、幽、并四州並屬氐。

太和二年八月戊午，太白犯歲星，在太微。三年六月甲寅，太白奄熒惑，在太微端門中。六年，海西公廢。

太和四年二月，客星見紫宮西垣，至七月乃滅。占曰：「客星守紫宮，臣殺主。」閏月乙亥，月暈軫，復有白暈貫月，北暈斗柄三星。占曰：「王者惡之。」六年，桓溫廢帝。

太和四年十月壬申，有大流星西下，聲如雷。案占，「流星爲貴使，星大者使大」。明年，遣使免袁真爲庶人。桓溫征壽春，真病死，息瑾代立，求救於苻堅，溫破氐軍。六年，壽春城陷，聲如雷，將士怒之象也。

太和六年閏月，熒惑守太微端門。占曰：「天子亡國。」又曰：「諸侯三公謀其上。」一曰：「有斬臣。」辛卯，月犯心大星。占曰：「王者惡之。」十一月，桓溫廢帝，并奏誅武陵王，簡文不許，温乃徙之新安。

校勘記

〔一〕明年武庫火西羌反　「明年」，晉書卷一三天文志下作「其後」，疑是。按晉書卷四惠帝紀、通鑑卷八二晉紀，武庫火在元康五年冬十月，西羌反在元康六年。

〔二〕十月太白晝見　「十月」，晉書卷一三天文志下作「十月乙未」。按是年十月壬午朔，十四日乙未。

〔三〕元康九年二月熒惑守心　「二月」，晉書卷一三天文志下、開元占經卷三一注引宋書天文志作「六月」。劉次沅考證：「晉志在九年六月，開元占經卷三十一『熒惑犯心五』也是九年六月。該年火星不守心。九年六月初二，木星留守尾1度，略可稱守心。『歲星守心』誤傳爲『熒惑守心』。」

〔四〕天市一名天府　「天府」之「天」字原闕，據局本、晉書卷一三天文志下補正。

〔五〕爲賊　「爲」字原闕，據局本、晉書卷一三天文志下補。

〔六〕名曰營首營首所在下有大兵流血　二「營首」，原並作「熒首」，據晉書卷一三天文志下改。下並改，不另出校。

〔七〕太安三年正月己卯月犯太白　按是月己亥朔，無己卯日。

〔八〕左衛將軍陳眕率衆奉帝伐成都　「陳眕」，原作「陳𥌓」，據晉書卷四惠帝紀、卷一二天文志中改。蓋陳眕之「眕」，古人書作「𥄂」，又訛「𥄂」爲「𥌓」。

〔九〕犯箕女主憂　「犯」字原闕，據殿本、晉書卷一二天文志中補。

〔一〇〕荀晞破公師藩　「公師藩」，原作「公師蕃」，據晉書卷四惠帝紀、卷一三天文志下改。

〔一一〕死而石勒焚其屍柩　「柩」，原作一字空格，據南監本、北監本、殿本、局本、晉書卷一三天文志下補。

〔一二〕東海王越殺諸葛玫等　「諸葛玫」，原作「諸葛政」，據殿本、局本、晉書卷一二天文志中改。按晉書卷五孝懷帝紀，永嘉元年正月，「以太傅東海王越輔政，殺御史中丞諸葛玫」。

〔一三〕孝懷帝永嘉元年九月辛亥　「辛亥」，原作「辛卯」，據局本、晉書卷五孝懷帝紀改。按是月戊申朔，無辛卯，辛亥爲月之初四日。

〔一四〕乘輿宜遷幸　「幸」，原作「率」，據南監本、殿本、局本、晉書卷一三天文志下改。

〔一五〕有白氣如帶出南北方各二　「南北方」，原作「東南北方」，據局本、晉書卷一三天文志下刪正。

〔一六〕七月愍帝崩于寇庭　按晉書卷五孝愍帝紀、通鑑卷九〇晉紀皆記愍帝之崩在建興元年十二月，疑「七月」爲「十二月」之訛。

〔一七〕陰府法象也　「法象」，原作「法家」，據晉書卷一二天文志中改。

〔一八〕於是殺護軍將軍周顗尚書令刁協驃騎將軍戴若思又鎮北將軍劉隗出奔　「戴若思又鎮北將軍」八字原闕，據晉書卷一三天文志下補。按晉書卷六元帝紀、卷六九劉隗傳、戴若思傳，是時劉隗爲鎮北將軍，戴若思爲驃騎將軍，是役戴若思爲王敦所殺，而劉隗則奔於石勒。

〔一九〕略城父銍二縣民以北　「銍」，原作「鉅」，據三朝本、南監本改。按晉書卷一四地理志上，城父、銍二縣並屬譙郡。

〔二〇〕十月廢弘自立遂幽殺之　石虎之廢殺石弘，晉書卷七成帝紀、卷一三天文志下、通鑑卷九五晉紀並繫於成帝咸和九年十一月。

〔二一〕咸康元年八月戊戌　「戊戌」，原作「戊辰」，據晉書卷一三天文志下改。按是年八月丙申朔，初三日戊戌，無戊辰。劉次沅考證：「計算證實，八月戊戌，火星入東井框中。」

〔二二〕虎留其將麻秋屯令支　「屯」，原作「毛」，據南監本、北監本、汲本、殿本、局本改。

〔二三〕豫州刺史毛寶西陽太守樊俊皆棄城投江死　「樊俊」，水經注卷三五江水、晉書卷七成帝紀作「樊俊」，晉書卷七三庾亮傳、卷八一毛寶傳、册府卷四四二作「樊峻」。

〔二四〕咸康四年五月戊戌　「戊戌」，原作「戊午」，據晉書卷一三天文志下改。按是月庚辰朔，十九日戊戌，無戊午。劉次沅考證：「計算表明，五月十九戊戌，熒惑犯右執法。」

〔二五〕四月甲午　「甲午」，原作「甲子」，據晉書卷一二天文志中改。按是月己巳朔，二十六日甲午，無甲子。劉次沅考證：「計算表明，四月甲午，月犯金星。」

〔二六〕晉穆帝永和元年正月丁丑　「元年」，原作「元帝」，據南監本、北監本、汲本、殿本、局本、晉書卷一三天文志下改。

〔二七〕六月辛丑月入太微犯屏西南　下一「月」字原闕，據晉書卷一三天文志下補。劉次沅考證：「宋志漏一『月』，從前文爲太白。計算表明，六月初三辛丑，月犯太微屏西南星。」

〔二八〕陳逵征壽春　「陳逵」，原作「陳達」，據局本、晉書卷一三天文志下改。按陳逵又見晉書卷八穆帝紀、卷七七殷浩傳。

〔二九〕朝廷有憂軍將死　「朝廷」，局本作「胡」。按晉書卷一三天文志下作「胡有憂，將軍死」。

〔三〇〕色白　「色」字原闕，據晉書卷一三天文志下補。

〔三一〕石遵攻没南陽　「石遵」，原作「石遇」，據局本、晉書卷一三天文志下改。按石遵攻没南陽事見晉書卷八穆帝紀。

〔三二〕占曰大人憂心豫州分也　「心」，原作「人」，晉書卷一三天文志下作「又」，據南監本、北監本、汲本、殿本、局本改。

〔三三〕三月乙卯熒惑入輿鬼　「三月」二字原闕，據晉書卷一三天文志下補。按晉永和七年二月丙寅朔，無乙卯；三月丙申朔，二十日乙卯。又，「入」字原闕，據局本、晉書卷一三天文志下補。

〔三四〕五月乙未熒惑犯軒轅大星　「大星」，原作「太白」，據局本、晉書卷一三天文志下改。

〔三五〕破其堯柳衆軍　「堯柳」，晉書卷一三天文志下作「嶢柳」。

〔三六〕桓温破姚襄於伊水　「姚襄」，原作「姚萇」，據晉書卷一二天文志中改。按是時與桓温戰於洛陽者爲姚襄，晉書卷九八桓温傳、卷一一六姚襄載記、通鑑卷一〇〇晉紀永和十二年可證。

〔三七〕二年五月關中氐帥殺苻生立堅　「二年五月」，晉書卷一三天文志下作「元年五月」。按晉書卷八穆帝紀、通鑑卷一〇〇晉紀皆記苻堅殺苻生自立在升平元年六月，晉書卷一一三苻堅載記上記在升平元年，不書月。

〔三八〕子暐代立　「暐」，原作「煒」，據殿本、局本改。按慕容暐載記見晉書卷一一一。下並改，不另出校。

〔三九〕慕容恪殺其尚書令陽鶩等　「慕容恪」，原作「慕容」，據局本、晉書卷一三天文志下改。按晉書卷一一一慕容暐載記附陽鶩傳，陽鶩乃善終，並非被殺而死。

〔四〇〕天狗見西南　「南」字原闕，據局本、晉書卷一三天文志下補。

〔四一〕八月范汪廢　按晉書卷八哀帝紀、通鑑卷一〇一晉紀皆記范汪被廢在升平五年十月。

〔四二〕星孛於角亢　「於」，原作「大」，據局本、晉書卷四惠帝紀、卷一三天文志下、開元占經卷八九注引宋書天文志改。劉次沅考證：「『大角』和『角』，是兩顆不同的星。從它們和亢、天市的位置關係來看，晉志所記是合理的。宋志將『於』誤爲『大』。」

宋書卷二十五

志第十五

天文三

晉簡文咸安元年十二月辛卯，熒惑逆行入太微，二年三月猶不退。占曰：「國不安，有憂。」是時帝有桓溫之逼，恒懷憂慘。七月，帝崩。

咸安二年正月己酉，歲星犯填星，在須女。占曰：「爲内亂。」五月，歲星形色如太白。占曰：「進退如度，姦邪息。變色亂行，主無福。歲星囚於仲夏，當細小而明〔一〕，此其失常也。又爲臣强。」六月，太白晝見在七星。乙酉，太白犯輿鬼。占曰：「國有憂。」七月，帝疾甚，詔桓溫曰：「少子可輔者輔之；如不可，君自取之。」賴侍中王坦之毁手詔，改使如王導輔政故事。溫聞之大怒，將誅坦之等，内亂之應也。是月，帝崩。

咸安二年五月丁未，太白犯天關。占曰：「兵起。」六月，庾希入京城，十一月，盧悚入宫，並誅滅。

晉孝武寧康元年正月戊申，月奄心大星。案占，災不在王者，則在豫州〔二〕。一曰：「主命惡之。」三月丙午，月奄南斗第五星。占曰：「大臣有憂，憂死亡。」一曰：「將軍死。」七月，桓温薨。

寧康二年正月丁巳〔三〕，有星孛于女虚，經氐、亢、角、軫、翼、張。九月丁丑，有星孛于天市。十一月癸酉，太白奄熒惑，在營室。占曰：「金火合爲爍，此災皆爲兵喪。」太元元年五月，氐賊苻堅伐涼州。七月，氐破涼州，虜張天錫。十一月，桓沖發三州軍軍淮、泗，桓豁亦遣軍備境上。

寧康二年閏月己未，月奄牽牛南星。占曰：「左將軍死。」三年五月，北中郎將王坦之薨。

寧康三年六月辛卯，太白犯東井。占曰：「秦地有兵。」九月戊申，熒惑奄左執法。占曰：「執法者死。」太元元年，苻堅破涼州。十月，尚書令王彪之卒〔四〕。

晉孝武太元元年四月丙戌，熒惑犯南斗第三星。丙申，又奄第四星。占曰：「兵大起，中國飢。」一曰：「有赦。」八月癸酉，太白晝見在氐。氐，兖州分野。九月，熒惑犯哭泣星，遂入羽林。占曰：「天子有哭泣事，中軍兵起。」十一月己未，月奄左角。占曰：「天子有兵。」一曰：「國有憂。」三年六月，熒惑守羽林。占曰：「禁兵大起。」九月壬午，太白晝見在角，兗州分。元年五月，大赦。三年八月，氐賊韋鍾入漢中東下，苻融寇樊、鄧，慕容暐圍襄陽，氐兗州刺史彭超圍彭城。四年二月，襄陽城陷，賊獲朱序。彭超捨彭城，獲吉挹。彭超等聚廣陵三河衆五萬。於是征虜謝石次涂中〔五〕，右衞毛安之、游擊河間王曇之等次堂邑，發丹陽民丁，使尹張涉屯衞京都。六月，兗州刺史謝玄討賊，大破之，餘燼皆走。是時中外連兵，比年荒儉。是年，又發揚州萬人戍夏口。

太元四年十一月丁巳，太白犯哭星。占曰：「天子有哭泣事。」五年七月丙子，辰星犯軒轅。占曰：「女主當之。」九月癸未，皇后王氏崩。

太元六年十月乙卯，有奔星東南經翼軫，聲如雷。星說曰：「光迹相連曰流，絶迹而去曰奔。」案占，「楚地有兵」。一曰：「軍破民流。」十二月，氐荊州刺史梁成、襄陽太守閻震率衆伐竟陵，桓石虔擊大破之，生禽震，斬首七千，獲生萬人。聲如雷，將帥怒之象也。七年九月，朱綽擊襄陽，拔將六百餘家而還。

太元七年十一月，太白晝見，在斗。占曰：「吳有兵喪。」八年四月甲子，太白又晝見，在參。占曰：「魏有兵喪。」是月，桓沖征沔漢，楊亮伐蜀，並拔城略地。八月，苻堅自將號百萬，九月，攻没壽陽。十月，劉牢之破堅將梁成斬之，殺獲萬餘人。謝玄等又破堅於淝水，斬其弟融，堅大衆奔潰。九年六月，皇太后褚氏崩。八月，謝玄出屯彭城，經略中州。十年八月，苻堅爲其將姚萇所殺。

太元十年十二月己丑，太白犯歲星。占曰：「爲兵饑。」是時河朔未一，兵連在外。冬，大饑。

太元十一年三月戊申〔六〕，太白晝見，在東井。占曰：「秦有兵，臣彊。」六月甲午，歲星晝見，在胃。占曰：「魯有兵，臣彊。」十二年，慕容垂寇東阿，翟遼寇河上，姚萇假號安定，苻登自立隴上，吕光竊據涼土。

太元十一年三月，客星在南斗，至六月乃没。占曰：「有兵。」一曰：「有赦。」是後司、雍、兖、冀常有兵役。十二年正月，大赦。八月，又赦。

太元十二年二月戊寅，熒惑入月。占曰：「有亂臣死，相若有戮者。」一曰：「女親爲敗，天下亂。」是時琅邪王輔政，王妃從兄國寶以姻昵受寵。又陳郡人袁悦昧私苟進，交遘主相，扇揚朋黨。十三年，帝殺悦。於是主相有隙，亂階興矣。

太元十二年十月庚午，太白晝見，在斗。十三年閏月戊辰，天狗東北下有聲。十二月戊子，辰星入月，在危。占曰：「賊臣欲殺主，不出三年，必有内惡。」是月，熒惑在角亢，形色猛盛。占曰:「熒惑失其常,吏且棄其法,諸侯亂其政。」自是後慕容垂、翟遼、姚萇、苻登、慕容永並阻兵爭彊。十四年正月,彭城妖賊又稱號於皇丘,劉牢之破滅之。三月,張道破合鄉〔七〕,圍泰山,向欽之擊走之。是年,翟遼又攻没滎陽,侵略陳、項。于時政事多弊,治道陵遲矣。

太元十四年十二月,熒惑入羽林。乙未,月犯歲星。占並同上。十五年,翟遼陸掠司、兗,衆軍累討弗克。鮮卑又跨略并、冀。七月,旱。八月,諸郡大水,兗州又蝗。

太元十五年七月壬申,有星孛于北河戒,經太微、三台、文昌,入北斗,長十餘丈。八月戊戌,入紫微,乃滅。占曰:「北河戒,一名胡門。胡門有兵喪。掃太微,入紫微,王者當之。三台爲三公,文昌爲將相,將相三公有災。入北斗,彊國發兵,諸侯爭權,大夫憂。」十一月,太白入羽林。占曰:「天子爲軍自守,有反臣。」二十一年九月,孝武帝崩。隆安元年,王恭、殷仲堪、桓玄等並發兵表誅王國寶,朝廷從而殺之,并斬其從弟緒,司馬道子由是失勢,禍亂成矣。

太元十六年十一月癸巳,月奄心前星。占曰:「太子憂。」是時太子常有篤疾。

太元十七年九月丁丑,歲星、熒惑、填星同在亢氐。占曰:「三星合,是謂驚位絶行〔八〕,内外有兵喪與飢,改立王公。」

太元十八年正月乙酉〔九〕，熒惑入月。占曰：「憂在宮中，非賊乃盜也。」一曰：「有亂臣，若有戮者。」二十一年九月，帝暴崩内殿，兆庶宣言夫人張氏潛行大逆。于時朝政闇緩，不加顯戮，但默責而已。又王國寶邪狡，卒伏其辜。

太元十八年二月，有客星在尾中，至九月乃滅。占曰：「燕有兵喪。」十九年四月己巳，月奄歲星，在尾。占曰：「爲飢，燕國亡。」二十年，慕容垂遣息寶伐什圭，爲圭所破，死者數萬人。二十一年，垂死，國遂衰亡。

太元十九年十月癸丑〔一〇〕，太白犯歲星，在斗。占曰：「爲飢，爲内兵。斗，吳越分。」至隆安元年，王恭等舉兵顯王國寶之罪，朝廷赦之。是後連歲水旱民飢。

太元二十年六月，熒惑入天囷〔一一〕。占曰：「天下飢。」七月丁亥，太白入太微。占曰：「太白入太微，國有憂。晝見，爲兵喪。」九月，有蓬星如粉絮，東南行，歷女虛至哭星。占曰：「蓬星見，不出三年，必有亂臣戮死於市。」十二月己巳，月犯楗閉及東西咸〔一二〕。占曰：「楗閉司心腹喉舌〔一三〕，東西咸主陰謀。」是時王國寶交構朝政，二十一年九月，帝崩，隆安元年，王恭等舉兵，而朝廷戮王國寶、王緒。又連歲水旱，兼三方動衆，民飢。

太元二十一年三月，太白連晝見，在羽林。占曰：「有强臣，有兵喪，中軍兵起。」四月壬午，太白入天囷。占曰：「爲飢。」六月，歲星犯哭星。占曰：「有哭泣事。」是年九月，孝武帝崩。隆安元年，王恭舉兵脅朝廷，於是中外戒嚴，戮王國寶以謝之。

晉安帝隆安元年正月癸亥，熒惑犯哭星。占曰：「有哭泣事〔一四〕。」二月，歲星、熒惑皆入羽林。占曰：「軍兵起。」四月丁丑，太白晝見，在東井。秦有兵喪。是月，王恭舉兵，內外戒嚴。尋殺王國寶等。六月，羌賊攻洛陽，郗恢遣兵救之。姚萇死，子略代立〔一五〕。什圭自號於中山。

隆安元年六月庚午，月奄太白，在太微端門外。占曰：「國受兵。」乙酉，月奄歲星，在東壁。占曰：「爲飢。衞地有兵。」八月，熒惑守井鉞。占曰：「大臣有誅。」二年六月戊辰，攝提移度失常〔一六〕，歲星晝見在胃。胃，兗州分。是年六月，郗恢遣鄧啓方等以萬人殘虜於滑臺。滑臺，衞地也。啓方等敗而還。九月，王恭、庾楷、殷仲堪、桓玄等並舉兵表誅王愉、司馬尚之兄弟。於是內外戒嚴，大發民衆。仲堪軍至尋陽，禽江州刺史王愉，楷將段方攻尚之於楊湖，爲所敗，方死。王恭司馬劉牢之反恭，恭敗。桓玄至白石，亦奔退。仲堪還江陵。三年冬，荆州刺史殷仲堪爲桓玄所殺。

隆安二年閏月，太白晝見，在羽林。丁丑，月犯東上相。三年五月辛酉，月又奄東上相〔一七〕。辛未，辰星犯軒轅星。占悉同上。是年正月，楊佺期破郗恢，奪其任，殷仲堪又殺之。六月，鮮卑攻没青州。十月，羌賊攻没洛陽。桓玄破荆、雍，殺殷仲堪、楊佺期。孫恩聚衆攻没會稽，殺内史王凝之，劉牢之東討走之。四年七月，太皇太后李氏崩。

隆安四年正月乙亥，月犯填星，在牽牛。占曰：「吴越有兵喪。女主憂。」二月己丑，有星孛于奎，長三丈，上至閣道紫宫西蕃，入斗魁，至三台、太微、帝座、端門。占曰：「彗拂天子廷閣，易主之象。」經三台，入北斗，占同上條。六月己未，月又犯填星〔一八〕，在牽牛。辛酉，又犯哭星。十月，奄歲星在北河〔一九〕。占曰：「爲飢。」十一月戊寅，有星孛于貫索、天市、天津。占曰：「貴臣獄死，内外有兵喪。天津爲賊斷，王道天下不通。」十二月，太白在斗晝見，至五年正月乙卯。案占，災在吴越。三月甲寅，流星赤色衆多，西行經牽牛、虚、危、天津、閣道，貫太微、紫宫。占曰：「星者庶民，類衆多西流之象。徑行天子庭，主弱臣彊，諸侯兵不制。」七月癸亥，大角星散摇五色。占曰：「王者流散。」丁卯，月犯天關。占曰：「王者憂。」九月庚子，熒惑犯少微，又守之。占曰：「處士誅。」十月戊子，月犯東蕃次相。四年五月，孫恩復破會稽，殺内史謝琰。遣高雅之等討之。七月，太皇太后李氏崩。十月，妖賊大破高雅之於餘姚〔二〇〕，死者十七八。五年二月，孫恩攻句章，高祖拒之。五月，吴郡内史袁山松出戰，爲所殺，死者數千人。六月，孫恩至京口，高祖擊破之。恩軍蒲洲，於是内外戒嚴，營陣屯守，栅斷淮口〔二一〕。恩遣別將攻廣陵，殺三千餘人。恩遁據郁洲。是月，高祖又追破之。九月，桓玄表至，逆旨陵上。十月，司馬元顯大治水軍，將以伐玄。元興元年正月，桓玄東下。是月，孫恩在臨海，人衆餓死散亡，恩亦投水死。盧循自稱征虜將軍，領其餘衆，略有永嘉、晉安之地。二月，帝戎服遣西軍。丁卯，桓玄至姑孰，破歷陽，司馬尚之見殺，劉牢之降于玄。三月，玄剋京都，殺司馬元顯〔二二〕，放太傅道子。七月，大飢，人相食。浙江東餓死流亡十六七，吴郡、吴興户口減半。又流奔而西者萬計〔二三〕。十月，桓玄遣將擊劉軌，破走奔青州〔二四〕。四年，玄遂簒位，遷帝尋陽〔二五〕。

晉安帝元興元年三月戊子〔二六〕，太白犯五諸侯，因晝見。四月辛丑，月奄辰星。七月戊寅，熒惑在東井，熒惑犯輿鬼積尸。占並同上。八月庚子，太白犯歲星，在上將東南。占曰：「楚兵飢。」一曰：「災在上將。」丙寅，太白奄右執法。九月癸未，太白犯進賢。占曰：「賢者誅。」十月，客星色白如粉絮，在太微西，至十二月，入太微。占曰：「兵入天子庭。」二年二月，歲星犯西上將。六月甲辰，奄斗第四星。占曰：「大臣誅，不出三年。」八月癸丑，太白犯房北第二星。九月己丑，歲星犯進賢，熒惑犯西上將。十月甲戌，太白犯泣星。十一月丁丑，熒惑犯填星。辛巳，月犯熒惑。十二月乙巳，月奄軒轅第二星。占悉同上。元年冬，索頭破羌軍。二年十二月，桓玄簒位，放遷帝后於尋陽，以永安何皇后爲零陵君。三年二月，高祖盡誅桓氏。

元興三年正月戊戌，熒惑逆行犯太微西上相。占曰：「天子戰於野，上相死。」二月甲辰，月奄歲星於左角。占曰：「天下兵起。」丙辰，熒惑逆行在左執法西北。占曰：「執法者憂。」四月甲午，月奄軒轅第二星，塡星入羽林。十二月，熒惑太白皆犯羽林。占同上。是年二月丙辰，高祖殺桓脩等。三月己未，破走桓玄，遣軍西討。辛酉，誅左僕射王愉及子荆州刺史綏〔二七〕。桓玄劫帝如江陵。五月，玄下至崢嶸洲，義軍破滅之。桓振又攻没江陵，幽劫天子。明年正月，衆軍攻之，振走，乘輿乃旋。七月，永安何皇后崩。三月，桓振又襲江陵，荆州刺史司馬休之敗走。是月，劉懷肅擊振滅之。其年二月，巴西人譙縱殺益州刺史毛璩及璩弟西夷校尉瑾，跨有西土，自號蜀王。

晉安帝義熙元年三月壬辰，月奄左執法。占同上。丁酉，月奄心前星。占曰：「豫州有災。」太白犯東井。占曰：「秦有兵。」四月己卯，月犯塡星，在東壁。占曰：「其地亡國。」一曰：「貴人死。」七月庚辰，太白比晝見，在翼、軫。占曰：「爲臣强。荆州有兵喪。」己未，月奄塡星，在東壁。占曰：「其國以伐亡。」一曰：「民流。」八月丁巳，月犯斗第一星。占曰：「天下有兵。」一曰：「大臣憂。」案江左來，南斗有災，則吴越會稽、丹陽、豫章、廬江各隨其星應之。淮南失土，殆不占耳。史闕其説，故不列焉。九月戊子，熒惑犯少微。占曰：「處士誅。」庚寅，熒惑犯右執法。癸卯，熒惑犯左執法。占並同上。十月丁巳，月奄塡星營室。占同七月。十一月丙戌，太白奄鉤鈐。占曰：「喉舌臣憂。」十二月己卯，歲星犯天江。占曰：「有兵亂，河津不通。」是年六月，索頭寇沛土，使僞豫州刺史索度真戍相縣，太傅長沙景王討破走之。十一月，荊州刺史魏詠之薨。二年二月，司馬國璠等攻没弋陽。四月，羌伐仇池，仇池公楊盛擊走之。九月，益州刺史司馬榮期爲其參軍楊承祖所害，時文處茂討蜀屢有功，會榮期死，乃退。三年十二月，司徒揚州刺史王謐薨。四年正月，太保武陵王遵薨。三月，左僕射孔安國卒。五年，高祖討鮮卑，并定舊兗之地。

義熙二年二月己丑，月犯心後星。占曰：「豫州有災。」四月癸丑，月犯太微西上將〔二八〕。己未，月犯房南第二星。己丑，歲星犯天江〔二九〕。占悉同上。五月癸未，月犯左角。占曰：「左將軍死，天下有兵。」壬寅，熒惑犯氐。占曰：「氐爲宿宮，人主憂。」六月庚午，熒惑犯房北第二星。八月癸亥，熒惑犯斗第五星。丁巳，犯建星。九月壬午，熒惑犯哭星，又犯泣星。占悉同上。十二月丙午，月奄太白，在危。占曰：「齊亡國。」一曰：「彊國君死。」丁未，熒惑、太白皆入羽林。是年二月甲戌，司馬國璠等攻没弋陽。三年正月，鮮卑寇北徐州，至下邳。八月，遣劉敬宣伐蜀。十二月，司徒王謐薨。四年正月，武陵王遵薨。五年，鮮卑復寇淮北。四月，高祖大軍討之。六月，大戰臨朐城，進圍廣固。十月，什圭爲其子僞清河公所殺。六年二月，拔廣固，禽慕容超，阬斬其衆三千餘人。

義熙三年正月丙子，太白晝見，在奎。二月庚寅，月奄心後星。占悉同上。癸亥，熒惑、填星、太白、辰星聚於奎、婁，從填星也。其説見上九年〔三〇〕。五月己丑，太白晝見，在參。占曰：「益州有兵喪，臣彊。」六月辛卯，熒惑犯辰星，在翼〔三一〕。占曰：「天下兵起。」八月己卯，太白奄熒惑，又犯執法。占曰：「奄熒惑，有大兵。」辛卯，熒惑犯左執法。九月壬子，熒惑犯進賢。是年正月丁巳，鮮卑寇北徐，至下邳。八月，劉敬宣伐蜀，不克而旋。四年三月，左僕射孔安國卒。七月，司馬國璠等攻没鄒山〔三二〕，魯郡太守徐邕破走之。姚略遣衆征佛佛，大爲所破。五年，高祖討鮮卑。六年三月，妖賊徐道覆殺鎮南將軍、江州刺史何無忌於豫章。四月，妖賊盧循寇湘中巴陵。五月丙子，循、道覆敗撫軍將軍、豫州刺史劉毅於桑落洲，毅僅以身免。丁丑，循等至蔡洲，遣別將焚京口。庚辰，賊攻焚查浦，查浦戍將距戰不利〔三三〕，高祖遣軍渡淮擊，大破之。司馬國璠寇碭山，竺夔討破之。七月，妖賊南走據尋陽，高祖遣劉鍾等追之。八月，孫季高乘海伐廣州。桓謙以蜀衆聚枝江〔三四〕，盧循將荀林略華容〔三五〕，相去百里。臨川烈武王討謙之，又討林，林退走。鄱陽太守虞丘進破賊別帥於上饒〔三六〕。九月，烈武王使劉遵擊荀林於巴陵，斬之。桓道兒率蔡猛向大薄，又遣劉基討之，斬猛。十月，高祖以舟師南征。是時徐道覆率二萬餘人攻荆州，烈武王距之。戰於江津，大破之，梟殄其十八九。道覆棄戰船走〔三七〕。十一月，劉鍾破賊軍於南陵。癸丑，益州刺史鮑陋卒于白帝，譙道福攻没其衆。庚戌，孫季高襲廣州，剋之。十二月，高祖在大雷，與賊交戰，大破之。賊走左里，進擊，又破，死者十八九。賊還廣州，劉蕃等追之〔三八〕。七年二月，蕃拔始興城，斬徐道覆。盧循還番禺，攻圍孫季高不能剋。走交州，交州刺史杜慧度斬之。四月，到彦之攻譙道福於白帝，拔之。

義熙四年正月庚子，熒惑犯天江。占同上。五月丁未，月奄斗第二星。占同上。壬子，填星犯天廩。占曰：「天下飢，倉粟少。」六月己丑，太白犯太微西上將〔三九〕。己卯，又犯左執法。十月戊子，熒惑入羽林。占悉同上。五年，高祖討鮮卑。六年，左僕射孟昶仰藥卒。是後南北軍旅，運轉不息。

義熙五年二月甲子，月犯昴。占曰：「胡不安。天子破匈奴。」四月甲戌，熒惑犯辰星，在東井。占同三年。五月戊戌，歲星入羽林。占同上。九月壬寅，月犯昴，占同二月。十月，熒惑犯氐，占同二年。閏月丁酉，月犯昴。占同二月。辛亥，熒惑犯鉤鈐。占同元年。十二月辛丑，太白犯歲星，在奎。占曰：「大兵起。魯有兵。」己酉，月奄心大星。占曰：「王者惡之。」是年四月，高祖討鮮卑。什圭爲其子所殺。十一月，西虜攻安定，姚略自以大衆救之。六年二月，鮮卑滅。皆胡不安之應也。是時鮮卑跨魯地，又魯有兵之應也。五月，盧循逼郊甸，宫衛被甲。

義熙六年三月丁卯，月奄房南第二星。占曰：「災在次相。」己巳，又奄斗第五星。占曰：「斗主兵，兵起。」一曰：「將軍死。」太白犯五諸侯。占曰：「諸侯有誅。」五月甲子，月奄斗第五星。占同三月。己亥，月奄昴。占曰：「國有憂。」一曰：「有白衣之會。」六月己丑，月犯房南第二星。甲午，太白晝見。占並同上。七月乙亥，月犯輿鬼〔四〇〕。占曰：「國有憂。」一曰：「秦有兵。」八月壬午，太白犯軒轅大星。甲申，月犯心前星。災在豫州。丙戌，月犯斗第五星。占悉同上五月。丁亥，月奄牛宿南星。占曰：「天下有大誅。」乙未，太白犯少微。丙午，太白在少微而晝見。九月甲寅，太白犯左執法。丁丑，填星犯畢。占曰：「有邊兵。」是年三月，始興太守徐道覆反，江州刺史何無忌討之，大敗於豫章，無忌死之。四月，盧循寇湘中，没巴陵。五月，循等大破豫州刺史劉毅，毅僅以身免。循率衆逼京畿。是月，左僕射孟昶懼王威不振，仰藥自殺。七年二月，劉藩梟徐道覆首，杜慧度斬盧循，並傳首京都。八年六月，臨川烈武王道規薨，時爲豫州。八月，皇后王氏崩。九月，兗州刺史劉藩、尚書僕射謝混伏誅，高祖西討劉毅，斬之。十二月，遣益州刺史朱齡石伐蜀。九年，諸葛長民伏誅。林邑王范胡達將萬餘人寇九真，九真太守杜慧期距破之。七月，朱齡石滅蜀。

義熙七年四月辛丑，熒惑入輿鬼。占曰：「秦有兵。」一曰：「雍州有災。」六月，太白晝見在翼。占同元年。己亥，填星犯天關。占曰：「臣謀主。」庚子，月犯歲星，在畢。占曰：「有邊兵，且飢。」七月丁卯，歲星犯填星〔四一〕，在參。占曰：「歲、填合爲内亂。」一曰：「益州戰不勝，亡地。」五虹見東方。占曰：「天子黜，聖人出。」八月乙未，月犯歲星，在參。占曰：「益州兵飢。」太白犯房南第二星。十一月丙午，太白犯哭泣星。占悉同上。七月，朱齡石剋蜀。蜀民尋又反，又討滅之〔四二〕。八年，誅劉蕃、謝混，滅劉毅。皇后王氏崩。九年，誅諸葛長民。十一年，討荆州刺史司馬休之、雍州刺史魯宗之，破之也。

義熙八年正月庚戌，月犯歲星，在畢。占同上。七月癸亥〔四三〕，月奄房北第二星。占同上。甲申，太白犯填星，在東井。占曰：「秦有大兵。」己未，月犯井鉞。八月戊申，月犯泣星。十月辛亥，月奄天關。占曰：「有兵。」十一月丁丑，填星犯東井〔四四〕。占曰：「大人憂。」十二月癸卯，填星犯井鉞。是年八月，皇后王氏崩。九月，誅劉蕃、謝混，滅劉毅。九年三月，誅諸葛長民。西虜攻羌安定戍，剋之。十二月，朱齡石伐蜀。九年七月，朱齡石滅蜀。

義熙九年二月丙午，熒惑、填星皆犯東井。占曰：「秦有兵。」三月壬辰〔四五〕，歲星、熒惑、填星、太白聚于東井，從歲星也。熒惑入輿鬼。太白犯南河。初義熙三年，四星聚奎，奎、婁，徐州分。是時慕容超僭號於齊，侵略徐、兗，連歲寇抄，至于淮、泗。姚興、譙縱僭僞秦、蜀。盧循、木末，南北交侵。五年，高祖北殄鮮卑，是四星聚奎之應也。九年，又聚東井。東井，秦分。十三年，高祖定關中，又其應也。而縱、循羣凶之徒，皆已剪滅，於是天人歸望，建國舊徐，元熙二年，受終納禪，皆其徵也。星傳曰：「四星若合，是謂太陽，其國兵喪並起，君子憂，小人流。五星若合，是謂易行。有德受慶，改立王者，奄有四方；無德受罰，離其國家，滅其宗廟。」今案遺文所存，五星聚者有三：周漢以王齊以霸，周將伐殷，五星聚房。齊桓將霸，五星聚箕。漢高入秦，五星聚東井。齊則永終侯伯，卒無更紀之事。是則五星聚有不易行者矣。四星聚者有九：漢光武、晉元帝並中興，而魏、宋並更紀。是則四星聚有以易行者矣。昔漢平帝元始四年，四星聚柳、張，各五日。柳、張，三河分。後有王莽、赤眉之亂，而光武興復於洛。晉懷帝永嘉六年，四星聚牛、女，後有劉聰、石勒之亂，而元皇興復揚土。漢獻帝初平元年，四星聚心，又聚箕、尾。心，豫州分。後有董卓、李傕暴亂，黄巾、黑山熾擾，而魏武迎帝都許，遂以兗、豫定，是其應也。一曰：「心爲天王，大兵升殿，天下大亂之兆也。」韓馥以爲尾、箕，燕興之祥，故奉幽州牧劉虞，虞既距之，又尋滅亡，固已非矣。尾爲燕，又爲吴，此非公孫度，則孫權也。度偏據僻陋，然亦郊祀備物，皆爲改漢矣。建安二十二年，四星又聚。二十五年而魏文受禪，此爲四星三聚而易行矣。蜀臣亦引後聚爲劉備之應。案太元十九年、義熙三年九月，四星各一聚，而宋有天下，與魏同也。魚豢云：「五星聚冀方，而魏有天下。」熒惑入輿鬼。占曰：「兵喪。」太白犯南河。占曰：「兵起。」後皆有應。

五月壬辰，太白犯右執法，晝見。占同上。七月庚午，月奄鉤鈐。占曰：「喉舌臣憂。」九月庚午，歲星犯軒轅大星。己丑，月犯左角。十年正月丁卯，月犯畢。占曰：「將相有以家坐罪者。」二月己酉，月犯房北星。五月壬寅，月犯牽牛南星。乙丑，歲星犯軒轅大星。占悉同上。六月丙申，月奄氐。占曰：「將死之，國有誅者。」七月庚辰，月犯天關。占曰：「兵起。」熒惑犯井鉞，填星犯輿鬼〔四六〕，遂守之。占曰：「大人憂，宗廟改。」八月丁酉，月奄牽牛南星。占同上。九月，填星犯輿鬼。占曰：「人主憂。」丁巳，太白入羽林。十二月己酉，月犯西咸。占曰：「有陰謀。」十一年三月丁巳〔四七〕，月入畢。占曰：「天下兵起。」一曰：「有邊兵。」己卯，填星入輿鬼。閏月丙午，填星又入輿鬼。占曰：「爲旱，爲疫，爲亂臣。」五月甲申，彗星出天市，掃帝座，在房、心。房、心，宋之分野。案占，得彗柄者興，除舊布新，宋興之象。癸卯，熒惑從行入太微。甲辰，犯右執法。六月己未，太白犯東井。占曰：「秦有兵。」戊寅，犯輿鬼。占曰：「國有憂。」七月辛丑，月犯畢。占同上。八月壬子，月犯氐。占同上。庚申，太白從行從右掖門入太微。丁卯，奄左執法。十一月癸亥，月入畢。占同上。乙未，月入輿鬼而暈。占曰：「主憂，財寶出。」一曰：「暈，有赦。」十二年五月甲申，月犯歲星，在左角。占曰：「爲飢。留房、心之間，宋之分野，與武王伐紂同，得歲者王。」于時晉始封高祖爲宋公。六月壬子，太白從行入太微右掖門。己巳，月犯畢。占同上。七月，月犯牛宿。占曰：「天下有大誅。」十月丙戌，月入畢。占同上。十三年五月丙子，月犯軒轅。丁亥，犯牽牛。癸巳，熒惑犯右執法。八月己酉，月犯牽牛。丁卯，月犯太微。占曰：「人君憂。」九月壬辰，熒惑犯軒轅。十月戊申，月犯畢。占悉同上。月犯箕。占曰：「國有憂。」甲寅，月犯畢。占同上。乙卯，填星犯太微，留積七十餘日。占曰：「亡君之戒。」壬戌，月犯太微。占同上。十一月，月入太微，奄填星〔四八〕。占曰：「王者惡之。」十四年三月癸丑，太白犯五諸侯。占同上。四月壬申，月犯填星，於張。占曰：「天下有大喪。」五月庚子，月犯太微。占同上。壬子，有星孛于北斗魁中。占曰：「有聖人受命。」七月甲辰，熒惑犯輿鬼。占曰：「秦有兵。」丁巳，月犯東井。占曰：「軍將死。」癸亥，彗星出太微西，柄起上相星下，芒漸長至十餘丈，進埽北斗紫微中台〔四九〕。占曰：「彗出太微，社稷亡，天下易王。入北斗紫微，帝宮空。」一曰：「天下得聖主。」八月甲子，太白犯軒轅。癸酉，填星入太微，犯右執法，因留太微中，積二百餘日乃去。占曰：「填星守太微，亡君之戒，有徙王。」九月乙未，太白入太微，犯左執法。丁巳，月入太微。占曰：「大人憂。」十月癸巳，熒惑入太微，犯西蕃上將，仍從行至左掖門內，留二十日乃逆行。

至恭帝元熙元年三月五日〔五〇〕，出西蕃上將西三尺許，又從還入太微。時填星在太微，熒惑繞填星成鉤己〔五一〕。其年四月二十七日丙戌，從端門出。占曰：「熒惑與填星鉤己，天下更紀。」甲申，月入太微。占同上。十一年正月，高祖討司馬休之、魯宗之等，潰奔長安。五月，林邑寇交州，交州刺史杜慧度距戰于九真，大爲所敗。十二年七月〔五二〕，高祖伐羌。十月，前驅定陜、洛。十三年三月，索頭大衆緣河爲寇，高祖討之奔退，其別帥托跋嵩交戰，又大破之，嵩衆殲焉。進復攻關。八月，擒姚泓，司、兗、秦、雍悉平，索頭兇懼。十四年，高祖還彭城，受宋公。十一月，左僕射、前將軍劉穆之卒。明年，西虜寇長安，雍州刺史朱齡石諸軍陷没，官軍舍而東〔五三〕。十二月，安帝崩，母弟琅邪王踐阼，是曰恭帝。

晉恭帝元熙元年正月丙午，三月壬寅，月犯太微。占悉同上。乙卯，辰星犯軒轅。六月庚辰，太白犯太微。七月，月犯歲星。己卯，月犯太微，太白晝見。占悉同上。自義熙元年至是，太白經天者九，日蝕者四，皆從上始〔五四〕。革代更王，臣民失君之象也。是夜，太白犯哭星。十二月丁巳，月、太白俱入羽林。二年二月庚午，填星犯太微。占悉同上。元年七月，高祖受宋王〔五五〕。二年六月，晉帝遜位，高祖入宮。

校勘記

〔一〕歲星囚於仲夏當細小而明　「細小而明」，晉書卷一三天文志下作「細小而不明」，疑是。文獻通考卷二八八象緯考十一亦云：「歲星於仲夏，當細小而不明。」

〔二〕灾不在王者則在豫州　「不」字原闕，據晉書卷一三天文志下補。

〔三〕寧康二年正月丁巳　「正月丁巳」，晉書卷九孝武帝紀作「二月丁巳」。按是年正月癸未朔，無丁巳，二月癸丑朔，丁巳爲月之初五日。

〔四〕十月尚書令王彪之卒　按晉書卷九孝武帝紀、卷一三天文志下、通鑑卷一〇四晉紀並記王彪之卒在太元二年十月。晉書卷七六王彪之傳、建康實録卷九記王彪之卒在太元二年，不書月。疑「十月」前佚「二年」二字。

〔五〕於是征虜謝石次涂中　「涂中」，原作「除中」，據南監本、局本、晉書卷七九謝玄傳、卷一一三苻堅載記上改。

〔六〕太元十一年三月戊申　「三月」，原作「二月」，據晉書卷一三天文志下改。按是年二月癸酉朔，無戊申。三月壬寅朔，初七日戊申。劉次沅考證：「計算表明，三月初七戊申，金星在井4度。」

〔七〕張道破合鄉　「張道」，本書卷二四天文志二、晉書卷八四劉牢之傳作「張遇」。「合鄉」，晉書劉牢之傳作「金鄉」。按合鄉時屬徐州東海郡（今山東滕縣），金鄉時屬兗州高平郡（今山東金鄉），二地相近，未知孰是。

〔八〕占曰三星合是謂驚位絶行　「驚位絶行」，漢書卷二六天文志六、魏書卷一〇五之三天象志一之三、晉書卷一二天文志中作「驚立絶行」，疑是。漢書天文志六顏師古注：「晉灼曰：有兵喪，故驚。改王，故曰絶也。」

〔九〕太元十八年正月乙酉　「太元」二字原闕，據北監本、汲本、殿本、局本補。

〔一〇〕太元十九年十月癸丑　「十月」，晉書卷一二天文志中作「十二月」。按是年十月癸丑朔、十二月壬子朔，初二日癸丑。劉次沅考證：「十月癸丑，太白、歲星相距甚遠。十二月初二癸丑，金星、木星相犯，在斗6度。晉志不誤，宋志『十二月』誤爲『十月』。」

〔一一〕熒惑入天囷　「天囷」，原作「天囤」，據晉書卷一三天文志下改。下同例改。按殿本考證云：「星圖無『天囤星』，疑『天囷』之訛。」

〔一二〕月犯楗閉及東西咸　「咸」，原作「威」，據南監本、北監本、汲本、殿本、局本、晉書卷一三天文志下改。

〔一三〕楗閉司心腹喉舌　「腹」，原作「腸」，據晉書卷一三天文志下改。

〔一四〕有哭泣事　「哭泣」，原作「哭」，據晉書卷一三天文志下改。

〔一五〕姚萇死子略代立　周家禄晉書校勘記卷三：「姚萇死，在晉孝武太元十八年，不在安帝隆安元年。萇死，子興嗣位，亦無子略代立之文。」

〔一六〕攝提移度失常　「度」，原作「庋」，據局本、晉書卷一三天文志下改。

〔一七〕丁丑月犯東上相三年五月辛酉月又奄東上相　「三年五月辛酉月又奄東上相」十二字原闕。按隆安二年閏十一月己未朔，十九日丁丑，下文有辛未，爲月之十三日。辛未不當在丁丑後，蓋本書奪去「三年五月」等十二字，今據晉書卷一三天文志下補入。隆安三年五月丙辰朔，初六日辛酉，十六日辛未，與上年月干支相接正吻合。

〔一八〕六月己未月又犯填星　「六月」，魏書卷一〇五之二天象志一之二作「七月」，劉次沅考證以爲魏志是。

〔一九〕奄歲星在北河　「北河」，原作「斗河」，據局本、晉書卷一二天文志中改。

〔二〇〕十月妖賊大破高雅之於餘姚　按晉書卷一〇安帝紀、通鑑卷一一二晉紀皆記孫恩破高雅之在隆安四年十一月。

〔二一〕栅斷淮口　「口」，原作一字空格，南監本、殿本闕此字，今據局本、晉書卷一三天文志下補。

〔二二〕殺司馬元顯　「司馬」上原衍「大」字，據晉書卷一三天文志下删。

〔二三〕又流奔而西者萬計　「而」，原作一字空格，據南監本、北監本、殿本、局本、晉書卷一三天文志下補。

〔二四〕破走奔青州　「青」，原作一字空格，據南監本、北監本、殿本、局本、晉書卷一三天文志下補。

〔二五〕四年玄遂篡位遷帝尋陽　晉書卷一〇安帝紀、卷九九桓玄傳、建康實録卷一〇、通鑑卷一一三晉紀皆記桓玄篡位及還晉安帝於尋陽在元興二年。本卷下文亦云元興二年「十二月，桓玄篡位，放還帝后於尋陽」。

〔二六〕晉安帝元興元年三月戊子　「三月」，原作「二月」，據局本、晉書卷一三天文志下改。按是年二月庚子朔，無戊子。三月己巳朔，二十日戊子。劉次沅考證：「三月二十戊子，金星犯五諸侯。」

〔二七〕辛酉誅左僕射王愉及子荆州刺史綏　「辛酉」，原作「辛巳」，據局本、晉書卷一三天文志下改。按晉書卷一〇安帝紀，元興三年三月「辛酉，劉裕誅尚書左僕射王愉、愉子荆州刺史綏」。

〔二八〕月犯太微西上將　「上」字原闕，據局本、晉書卷一三天文志下補。按無「西將星」，太微有西上將。

〔二九〕己丑歲星犯天江　「己丑」，局本、晉書卷一三天文志下作「乙丑」。按是年四月丙午朔，乙丑爲月之二十日，無己丑。據計算，五月己丑天象合，此繫於四月，誤。

〔三〇〕其説見上九年　按此敍義熙三年天象及此後四五年間應占人事。所謂「其説見上九年」者，前無義熙九年之文，而後有「義熙九年二月丙午，熒惑、填星皆犯東井。占曰：『秦有兵。』三月壬辰，歲星、熒惑、填星、太白聚于東井，從歲星也」之文。疑「上九年」是「下九年」之誤。

〔三一〕六月辛卯熒惑犯辰星在翼　「六月」，原作「八月」，據晉書卷一二天文志中改。「在」字原闕，據南監本、局本、晉書卷一二天文志中、建康實録卷一〇補。

〔三二〕司馬國璠等攻没鄒山　「國璠」，原作「叔璠」。周家禄晉書校勘記卷三：「『國璠』誤『叔璠』。」按本卷前條有「司馬國璠等攻没弋陽」，本條下有「司馬國璠寇碭山」。今據前後文改正。

〔三三〕庚辰賊攻焚查浦查浦戍將距戰不利　兩「查浦」，原作「杳浦」，據局本改。按本書卷一武帝紀上、卷四五王鎮惡傳、卷四九孫處傳皆作「查浦」。

〔三四〕桓謙以蜀衆聚枝江　「桓謙」，原作「謙之」，據晉書卷九九桓玄傳改。

〔三五〕盧循將苟林略華容　「苟林」，原作「荀林」，據局本改。按本書卷一武帝紀上、卷四三檀道濟傳、卷五一宗室臨川烈武王道規傳皆作「苟林」。下同例改。

〔三六〕鄱陽太守虞丘進破賊别帥於上饒　「虞丘進」，原作「虞丘延」。按本書卷一武帝紀上、卷四九虞丘進傳、通鑑卷一一五晉紀義熙六年，此是虞丘進事，今改正。

〔三七〕道覆棄戰船走　「棄」字原闕，據殿本、局本補。

〔三八〕劉蕃等追之　「劉蕃」，三朝本、南監本、北監本、汲本同，殿本、局本作「劉藩」，本書兩名互見，未知孰是，今各從底本，不予統一。

〔三九〕六月己丑太白犯太微西上將　按義熙四年六月癸亥朔，三日乙丑，二十七日己丑。劉次沅考證：「『六月乙丑，金星犯太微西上將。』『乙丑』誤爲『己丑』。」

〔四〇〕七月乙亥月犯輿鬼　「乙亥」，原作「己亥」，據魏書卷一〇五之二天象志一之二改。按是年七月辛亥朔，二十五日乙亥，無己亥。劉次沅考證：「七月廿五乙亥，月犯鬼西南星。『乙亥』誤爲『己亥』。」

〔四一〕七月丁卯歲星犯填星　「犯填星」三字原闕，據局本、晉書卷一二天文志中補。

〔四二〕七月朱齡石剋蜀蜀民尋又反又討滅之　按晉書卷一〇安帝紀、本書卷二武帝紀中，朱齡石剋蜀在義熙九年七月。據本書卷四八朱齡石傳，剋蜀在義熙十年七月。此記於「七年」下，誤。

〔四三〕七月癸亥　「七月」，魏書卷一〇五之二天象志一之二作「正月」。按七月己巳朔，無癸亥。正月癸卯朔，二十一日癸亥。

〔四四〕十一月丁丑填星犯東井　「十一月」，原作「十月」，據晉書卷一三天文志下改。按上已出「十月」，此不應重出，是年十月戊戌朔，無丁丑，十一月丁卯朔，丁丑爲月之十一日。劉次沅考證：「十一月丁丑，土星犯東井距星。」

〔四五〕三月壬辰　「三月」二字原闕，據晉書卷一二天文志中補。按義熙九年二月丙申朔，無壬辰。三月丙寅朔，二十七日壬辰。

〔四六〕填星犯輿鬼　「星」字原闕，據局本、晉書卷一三天文志下補。

〔四七〕十一年三月丁巳　「三月」，原作「二月」，據晉書卷一三天文志下改。按是年二月乙酉朔，無丁巳。三月甲寅朔，初四日丁巳。劉次沅考證：「晉志：三月丁巳月入畢，己卯熒惑入輿鬼。三月初四丁巳月入畢，掩金牛座 δ 星。三月己卯火星在輿鬼中，土星尚未入。兩處差異，均爲晉志正确。」

〔四八〕十一月月入太微奄填星　「入」，原作「於」，據南監本、局本改。

〔四九〕進埽北斗紫微中台　「埽」，原作「歸」，局本、晉書卷一三天文志下作「掃」，今據南監本改。按埽、掃同。

〔五〇〕至恭帝元熙元年三月五日　「至恭帝元熙」五字原闕，據晉書卷一二天文志中補。

〔五一〕熒惑繞填星成鉤己　「熒惑」二字原闕，據晉書卷一二天文志中補。按下云：「占曰：『熒惑與填星鉤己，天下更紀。』」則當補「熒惑」二字。

〔五二〕十二年七月　「十二年」，原作「十三年」，據局本、晉書卷一三天文志下改。「七月」，周家禄晉書校勘記卷三：「當作『八月』。」按本書卷二武帝紀中、晉書卷一〇安帝紀、通鑑卷一一七晉紀並繫劉裕北伐姚秦於義熙十二年八月。

〔五三〕十四年高祖還彭城受宋公十一月左僕射前將軍劉穆之卒明年西虜寇長安雍州刺史朱齡石諸軍陷没官軍舍而東　周家禄晉書校勘記卷三：「按穆之卒以十三年十一月，當與十四年劉裕文互易前後。『明年』當作『是年』，承十四年文。」

〔五四〕日蝕者四皆從上始　原作「日有蝕從上始」，據局本、晉書卷一三天文志下訂補。

〔五五〕元年七月高祖受宋王　「七月」，原作「十月」，據本書卷二武帝紀中、晉書卷一三天文志下改。

宋書卷二十六

志第十六

天文四

宋武帝永初元年十月辛丑，熒惑犯進賢。占曰：「進賢官誅。」十一月乙卯，熒惑犯填星於角。占曰：「爲喪，大人惡之。」一曰：「兵起。」十二月庚子，月犯熒惑於亢。占曰：「爲内亂。」一曰：「貴人憂。角爲天門，亢爲朝廷。」三年五月，宮車晏駕。七月，太傅長沙景王道憐薨〔一〕。索頭攻略青、司、兗三州。於是禁兵大出。是後司徒徐羡之、尚書令傅亮、領軍謝晦等廢少帝，内亂之應。

永初元年十二月甲辰，月犯南斗。占曰：「大臣憂。」三年七月，長沙王薨。索虜寇青、司二州，大軍出救。

永初二年六月甲申，太白晝見。占：「爲兵喪，爲臣彊。」三年五月，宮車晏駕。尋遣兵出救青、司。其後徐羨之等秉權，臣强之應也。

永初二年六月乙酉，熒惑犯氐。乙巳，犯房。占曰：「氐爲宿宮，房爲明堂，人主有憂。房又爲將相，將相有憂。氐、房又兗、豫分。」三年五月，宮車晏駕。七月，長沙王薨，王領兗州也。景平元年，廬陵王義真廢，王領豫州也。

永初二年十月，太白犯填星於亢。亢，兗州分，又爲鄭。占曰：「大星有大兵，金土合爲内兵。」三年，索頭攻略青、冀、兗三州，禁兵大出，兗州失守。虎牢没。

永初三年正月丁卯，月犯南斗。占同元年。一曰：「女主當之。」二月辛卯〔三〕，有星孛于虚危，向河津，埽河鼓。占曰：「爲兵喪。」五月，宮車晏駕。明年，遣軍救青、司。二月，太后蕭氏崩。

永初三年二月壬辰，填星犯亢。占曰：「諸侯有失國者，民多流亡。」一曰：「廷臣爲亂。亢，兗州分，又爲鄭。」其年，索頭攻圍司、兗，兗州刺史徐琰委守奔敗，司州刺史毛德祖距守陷没〔三〕，緣河吏民，多被侵略。

永初三年三月壬戌，月犯南斗。占同正月。五月丙午，犯軒轅。占曰：「女主當之。」六月辛巳，月犯房。占曰：「將相有憂，豫州有灾。」癸巳，犯歲星於昴。占曰：「趙、魏兵飢。」其年，虜攻略青、兗、司三州。廬陵王義真廢，王領豫州也。二月，太后蕭氏崩〔四〕。元嘉三年，司徒徐羡之等伏誅。

永初三年九月癸卯，熒惑經太微犯左執法。己未，犯右執法。占悉同上。十月癸酉，太白犯南斗。占曰：「國有兵事，大臣有反者。」辛巳，熒惑犯進賢。占曰：「進賢官誅。」明年，師出救青、司。景平二年，徐羡之等廢帝徙王。元嘉三年，羡之及傅亮、謝晦悉誅。

永初三年十一月戊午，有星孛于室壁。占曰：「爲兵喪。」明年，兵救青、司。二月，太后蕭氏崩。營室，内宮象也。

永初三年十一月癸亥，月犯亢、氐。占曰：「國有憂。」十二月戊戌，熒惑犯房〔五〕。房爲明堂，王者惡之。一曰：「將相憂。」景平二年，羡之等廢帝，因害之。元嘉三年，羡之等伏誅。

少帝景平元年正月乙卯，有星孛于東壁南，白色，長二丈餘，拂天苑，二十日滅。二月，太后蕭氏崩。十月戊午，有星孛于氐北，尾長四丈，西北指，貫攝提，向大角，東行，日長六七尺，十餘日滅。明年五月，羡之等廢帝。

文帝元嘉元年十月，熒惑犯心。元嘉三年正月甲寅夜，天東南有黑氣，廣一丈，長十餘丈。元嘉六年五月，太白晝見經天。元嘉七年三月，太白犯歲星於奎。六月，熒惑犯東

井、輿鬼，入軒轅。月犯歲星〔六〕。十一月癸未，西南有氣，上下赤，中央黑，廣三尺，長三

十餘丈，狀如旌旗。十二月丙戌，有流星頭如甕，尾長二十餘丈，大如數十斛船，赤色有光

照人面，從西行經奎北大星南過，至東壁止。其年，索虜寇青、司，殺刺史，掠居民。遣征

南大將軍檀道濟討伐，經歲乃歸。

元嘉八年四月辛未，太白晝見，在胃。五月，犯天關東井。六月庚子〔七〕，熒惑入東井。七月壬戌夜，白虹見東方。丁丑，太白犯上將。八月癸未，太白入太微右掖門內，犯左執法。乙未，熒惑犯積尸。九月丙寅，流星大如斗，赤色，發太微西蕃，北行，未至北斗沒，餘光長三丈許。十月丙辰，金土相犯，在須女。月奄天關、東井〔八〕。十二月，月犯房鉤鈐。十年，仇池氏寇漢中，梁州失戌。

元嘉九年正月庚午，熒惑入輿鬼。三月，月犯軒轅。四月，犯左角。歲星入羽林。月犯房鉤鈐。己丑，太白入積尸。五月，犯軒轅。月掩南斗第六星。辛酉，熒惑入太微右掖門，犯右執法。七月丙午，月蝕左角。八月癸未，太白犯心前星。乙酉，犯心明堂星。元嘉十年十月，有流星大如甕，尾長二十餘丈。元嘉十一年二月庚午，月犯畢，入畢口而出，因暈昴、畢，西及五車，東及參〔九〕。三月丙辰，太白晝見，在參。閏月戊寅，太白犯五諸侯。己丑，月入東井，犯太白。于時司徒彭城王義康專權。

元嘉十二年五月壬戌，月犯右執法。七月壬戌，熒惑犯積尸，奄上將。十月丙午，月犯右執法。十二月甲申，太白犯羽林。十七年，上將、執法皆被誅。

元嘉十三年正月庚午，月犯熒惑。二月，月犯太微東蕃第一星。十一月辛亥，歲星犯積尸。十二月戊子，熒惑入羽林。後年廢大將軍彭城王義康及其黨與〔一〇〕。凡所收掩，皆羽林兵出。

元嘉十四年正月，有星晡前晝見東北維，在井左右，黄赤色，大如橘。月犯東井。四月丁未，太白犯輿鬼。五月丙午〔一一〕，太白晝見，在太微。七月辛卯，歲星入軒轅。八月庚申，熒惑犯上將。九月丙戌，熒惑犯左執法。其後皇后袁氏崩。丹陽尹劉湛誅。尚書僕射殷景仁薨。

元嘉十五年四月己卯，月犯氐。十月壬戌，流星大如鴨子，出文昌，入紫宮，聲如雷。十一月癸未，熒惑入羽林。丁未，月犯東井鉞星。其後誅丹陽尹劉湛等。

元嘉十六年二月，歲星逆行犯左執法。五月丁卯，太白晝見胃、昴間。月入羽林。太白犯畢。歲星犯左執法〔一二〕。七月，月會填星。八月，太白犯軒轅。明年，皇后袁氏崩。熒惑犯太微西上將。太白晝見，在翼。九月，熒惑同入太微相犯。太白犯左執法。熒惑犯右執法。十月，歲星熒惑相犯，在亢。十一月，熒惑犯房北第一星。明年，大將軍義康出徙豫章，誅其黨與。尚書僕射、揚州刺史殷景仁薨。

元嘉十九年九月，客星見北斗，漸爲彗星，至天苑末滅。元嘉二十年二月二十四日乙未，有流星大如桃，出天津，入紫宮，須臾有細流星或五或三相續，又有一大流星從紫宮出，入北斗魁，須臾又一大流星出貫索中，經天市垣，諸流星並向北行，至曉不可稱數。流星占並云：「天子之使。」又曰：「庶民惟星。星流，民散之象。」至二十七年，索虜殘破青、冀、徐、兗、南兗、豫六州，民死太半。

元嘉二十二年二月，金火木合東井。四月，月犯心。太白入軒轅。七月，太白晝見。其冬，太子詹事范曄謀反伏誅。

元嘉二十三年正月，金火相爍。其月，索虜寇青州，驅略民户。

元嘉二十四年正月，月犯心大星。天星並西流，多細，大不過如雞子，尾有長短，當有數百，至旦日光定乃止，有入北斗紫宮者。占：「流星羣趨所之者，兵聚其下，有大急。」又占：「衆星並流，將軍並舉兵。隨星所之，以應天氣。」又占：「流星入紫宮，有喪，水旱不調。」又占：「流星入北斗，大臣有繫者。」又占：「流星爲民，大星大臣流，小星小民流。」四月，太白晝見。八月，征北大將軍衡陽王義季薨。豫章民胡誕世率其宗族破郡縣，殺太守及縣令。

元嘉二十五年正月，火、水入羽林。月犯歲星。太白晝見經天。元嘉二十六年十月，彗星入太微。十一月，白氣貫北斗。二十七年夏，太白晝見經天。九月，太白犯歲星。十月，熒惑入太微。元嘉二十八年五月，彗星見卷舌，入太微，逼帝座，犯上相，拂屏，出端門，滅翼、軫。翼、軫，荊州分。太白晝見犯哭星。三十年，太子巫蠱呪詛事覺，遂殺害朝臣。孝建元年，荊、江二州反，皆夷滅。卷舌，呪詛之象，彗之所起，是其應也。

元嘉二十九年正月，太白晝見，經天。明年，東宮弒逆。

孝武孝建元年二月，有流星大如月，西行。其年，豫州刺史魯爽反，誅。

孝建元年九月壬寅，熒惑犯左執法。尚書左僕射建平王宏表解職，不許。

孝建元年十月乙丑，熒惑犯進賢星。吏部尚書謝莊表解職，不許〔一三〕。

孝建二年五月乙未，熒惑入南斗。十月甲辰，又入南斗。大明元年夏，京師疾疫。

孝建三年四月戊戌，太白犯輿鬼。占曰：「民多疾。」明年夏，京邑疫疾。

孝建三年八月甲午，太白入心。占曰：「後九年，大飢至。」大明八年，東土大飢，民死十二三。

大明元年三月癸亥，太白在奎南，犯歲星。占曰：「有滅諸侯。」三年，司空竟陵王誕反，誅。

大明元年六月丙申，月在東壁，掩熒惑。占曰：「將軍有憂，期不出三年。」至三年，司空竟陵王誕反。

大明二年三月辛未，熒惑入東井。四月己亥，熒惑在東井犯北軒轅第二星。井，雍州分。其年四月，海陵王休茂爲雍州刺史，五年，休茂反誅。

大明二年七月己巳，月掩軒轅第二星。十月辛卯，月掩軒轅。十一月丙戌，月又掩軒轅。軒轅，女主。時民間喧言人主帷薄不脩。

大明二年十一月庚戌，熒惑犯房及鉤鈐。壬子，熒惑又犯鉤鈐。占曰：「有兵。」其年，索虜寇歷下，遣羽林軍討破之。

大明三年春正月夜，通天薄雲，四方生赤氣，長三四尺，乍没乍見，尋皆消滅。占名隧星，一曰刀星，天下有兵，戰鬭流血。月入太微，犯次將。占曰：「有反臣死，將誅。」三月，月在房，犯鉤鈐，因蝕。占曰：「人主惡之，將軍死。」三月，土守牽牛。占曰：「大人憂疾，兵起，大赦，姦臣賊子謀欲殺主。」四月，月犯五諸侯〔一四〕。占曰：「諸侯誅。」金、水合西方。占曰：「兵起。」五月，歲星犯東井鉞。占曰：「斧鉞用，大臣誅。」六月，月入南斗。占曰：「大臣大將軍誅。」南兗州刺史竟陵王誕尋據廣陵反，遣車騎大將軍沈慶之領羽林勁兵及豫州刺史宗慤、徐州刺史劉道隆衆軍攻戰。及屠城，城内男女道俗，梟斬靡遺。將軍宗越偏用虐刑，先刳腸決眼，或笞面鞭腹，苦酒灌創，然後方加以刀鋸。大兵之應也。八月，月犯太白。太白犯房。占曰：「人君有憂，天子惡之。」熒惑守畢。占曰：「萬民饑，有大兵。」九月，太白犯南斗。占曰：「大臣有反者。」九月，月在胃而蝕，既，又於昴犯熒惑。占曰：「兵起，女主當之，人主惡之。」一曰：「女主憂，國王死，民饑。」十月，太白犯哭星。占曰：「人主有哭泣之聲。」自後六宮多喪，公主薨亡，天子舉哀相係。歲大旱，民饑。

大明四年正月，月奄氐。占曰：「大將死。」又犯房北第二星。占曰：「有亂臣謀其主。」二月，有赤氣長一尺餘，在太白帝坐北。占曰：「兵起，臣欲謀其君。」五月，月入太微。占曰：「有反臣，大臣死。」六月，太白犯井鉞。占曰：「兵起，斧鉞用，大臣誅。」月犯心前星。占曰：「有亂臣，太子惡之。」月入南斗魁中。占曰：「大人憂，女主惡之。」七月，歲星犯積尸。占曰：「大臣誅。」十二月，月犯心中央大星。占曰：「大人憂。」十二月，通天有雲，西及東北並生，合八所，並長四尺，乍沒乍見，尋消盡。占曰：「天下有兵。」十二月，月犯箕東北星。女主惡之。明年，雍州刺史海陵王休茂反。太白犯東井。雍州兵亂之應也。

大明五年正月，歲星犯輿鬼積尸。占曰：「大臣誅，主有憂，財寶散。」月入南斗魁中。占曰：「大人憂，天下有兵。」火、土同在須女。占曰：「女主惡之。」三月，月掩軒轅。占曰：「女主惡之。」有流星數千萬，或長或短，或大或小，並西行，至曉而止。占曰：「人君惡之，民流亡。」四月，太白犯東井北轅。占曰：「大臣爲亂，斧鉞用。」太白犯輿鬼。占曰：「大臣誅，斧鉞用，人主憂。」六月，有流星白色，大如甌，出王良，西南行，沒天市中，尾長數十丈，没後餘光良久。占曰：「天下亂。」八月，熒惑入東井。占曰：「大臣當之。」十月，歲星犯太微上將星。太白入亢，犯南第二星。占曰：「上將有憂，輔臣有誅者，人君惡之。」十月，太白入氐中。熒惑入井中。占曰：「王者亡地，大赦，兵起，爲飢。」月入太微，掩西蕃上將，犯歲星。占曰：「有反臣死。」大星大如斗，出柳北行，尾十餘丈，入紫宮没，尾後餘光良久乃滅。占曰：「天下凶，有兵喪，天子惡之。」十一月，月掩心前星，又犯大星。占曰：「大人憂，兵起，大旱。」十二月，太白犯西建中央星。占曰：「大臣相譖。」月犯左角。占曰：「天子惡之。」後三年，孝武帝、文穆皇后相係崩，嗣主即位一年，誅滅宰輔將相，虐戮朝臣，禍及宗室，因自受害。

大明六年正月，月在張，犯歲星。占曰：「民飢流亡。」月犯心後星。占曰：「庶子惡之。」二月，月掩左角。占曰：「天子惡之。」三月，熒惑入輿鬼。占曰：「有兵，大臣誅，天下多疾疫。」五月，月在張，又入太微，犯熒惑。占曰：「國主不安，女主憂。」火犯木在翼〔一五〕。占曰：「爲飢，爲旱，近臣大臣謀主。」有星前赤後白，大如甌，尾長十餘丈，出東壁北，西行没天市，啾啾有聲。占曰：「其下有兵，天下亂。」月掩昴七星。占曰：「貴臣誅，天子破匈奴，胡主死。」歲星犯上將。占曰：「輔臣誅，上將憂。」六月，月入太微，犯右執法。占曰：「人主不安，天下大驚，主不吉，執法誅。」月犯心後星。占曰：「庶子惡之。」七月，月犯箕。占曰：「女主惡之。」八月，月入南斗魁中。占曰：「大臣誅，斧鉞用，吴越有憂。」明年，揚、南徐州大旱，田穀不收，民流死亡。自後三年，帝后仍崩，宰輔及尚書令僕誅戮，索虜主死，新安王兄弟受害，司徒豫章王子尚薨，羽林兵入三吴討叛逆。

大明七年正月夜，通天薄雲，四方合有八氣，蒼白色，長二三丈，乍見乍没，名刀星。占曰：「天下有兵。」三月，月犯心後星。占曰：「庶子惡之。」四月，火犯金，在婁。占曰：「有喪，有兵，大戰。」六月，月犯箕。占曰：「女主惡之。」太白入東井。占曰：「大臣當之。」太白犯東井。占曰：「大臣爲亂，斧鉞用。」七月，熒惑入東井。占曰：「兵起，大將當之。」月入南斗魁，犯第二星。占曰：「大人憂，吴郡當之。」太白犯輿鬼。占曰：「兵起，大將誅，人主憂，財帛出。」八月，月入哭星中間。太白犯軒轅少民星。占曰：「人主憂，哭泣之聲，民飢流亡。」太白入太微。占曰：「近臣起兵，國不安。」熒惑犯鬼。太白犯右執法。占曰：「大臣誅。」十月，金水相犯。占曰：「天下飢。」熒惑守軒轅第二星。占曰：「宫中憂，有哀。」十一月，歲星入氐。占曰：「諸侯人君有入宫者。」十二月，月犯五車。占曰：

「天庫兵動。」後二年，帝后崩，大臣將相誅滅，皇子被害，皇太后崩，四方兵起，分遣諸軍推鋒外討。

大明八年正月，月掩輿鬼。占曰：「大臣誅。」月入南斗魁中，掩第二星。占曰：「大人憂，女主惡之。」二月，月犯南斗第四星，入魁中。占曰：「大人有憂，女主當之。」豫章受災。」四月，月入南斗魁中，犯第三星。占曰：「大人有憂，女主惡之。丹陽當之。」太白入東井，入太微，犯執法。占曰：「執法誅，近臣起兵，國不安。」六月，歲星犯氐。占曰：「歲大飢。」有流星大如五斗甌，赤色有光，照見人面，尾長一丈餘，從參北東行，直下經東井，過南河，没。占曰：「民飢，吳越有兵。」七月，歲星入氐。十月，太白守房。占曰：「有兵，大喪。」月掩食房。占曰：「有喪，大飢。」此後國仍有大喪，丹陽尹顔師伯、豫章王子尚死。明年，昭太后崩。四方賊起，王師水陸征伐，義興晉陵縣大戰，殺傷千計。

前廢帝永光元年正月丁酉，太白掩牽牛。牽牛，越分。其月庚申，月在虚宿，犯太白。虚，齊地。二月甲申，月入南斗。南斗，揚州分野。又爲貴臣。三月庚子，月入輿鬼，犯積尸。輿鬼主斬戮。六月庚午，熒惑入東井。東井，雍州分。其月壬午，有大流星，前赤後白，入紫宮。景和元年九月丁酉，熒惑入軒轅，在女主大星北。十月，熒惑入太微，犯西上將。十一月丁未，太白犯哭星。其月乙卯，月犯心。心爲天王。其年，太宰江夏王義恭、尚書令柳元景、尚書僕射顏師伯等並誅。太尉沈慶之薨。廬陵王敬先、南平王敬猷、南安侯敬淵並賜死。廢帝殞。明年，會稽太守尋陽王子房、廣州刺史袁曇遠、雍州刺史袁顗、青州刺史沈文秀並反。昭太后崩。

明帝泰始元年十二月己巳，太白入羽林。占曰：「羽林兵動。」乙亥，白氣入紫宮。占曰：「有喪事。」明年，羽林兵出討。昭太后崩。

泰始二年正月甲午，熒惑逆行在屏西南。占曰：「有兵在中。」其月丙申，月暈五車，通畢、昴。占曰：「女主惡之。」其月庚子，月犯輿鬼。占曰：「將軍死。」其月甲寅，流星從五車出，至紫宮西蕃没。占曰：「有兵。」其月丙辰，黑氣貫宿〔一六〕。占曰：「王侯有歸骨者。」三月乙未，有流星大小西行，不可稱數，至曉乃息。占曰：「民流之象。」四月壬午，熒惑入太微，犯右執法。月在丙子，歲星晝見南斗度中。占曰：「其國有軍容，大敗。」其月己卯，竟夜有流星百餘西南行，一大如甌，尾長丈餘，黑色，從河鼓出。又曰：「有兵。」其月壬午，太白在月南並出東方，爲犯。占曰：「有破軍死將，王者亡地。」七月甲午，月犯心。心爲宋地。其月丙午，月犯南斗。占曰：「大臣誅。」其月乙卯，熒惑犯氐。氐，兖州分野。十月辛巳，太白入氐。占曰：「春穀貴。」十一月癸巳，太白犯房。占曰：「牛多死。」其年，四方反叛，內兵大出，六師親戎。昭太后崩。大將殷孝祖爲南賊所殺。尚書右僕射蔡興宗以熒惑犯右執法，自解，不許。九月，諸方反者皆平，多有歸降者。後失淮北四州地，彭城、兗州並爲虜所没〔一七〕，民流之驗也。彭城，宋分也。是春，穀貴民飢。明年，牛多疾死，詔太官停宰牛。

泰始三年六月甲辰，月犯東井。占曰：「軍將死。」熒惑犯輿鬼。占曰：「金錢散。」又曰：「不出六十日，必大赦。」八月癸卯，天子以皇后六宮衣服金釵雜物賜北征將士。明年二月，護軍王玄謨薨。

泰始四年六月壬寅，太白犯輿鬼。占曰：「民大疾，死不收。」其年普天大疫。

泰始五年二月丙戌，月犯左角。占曰：「三年天子惡之。」三月庚申，月犯建星。占曰：「易相。」十月壬午，月犯畢。占曰：「天子用法，誅罰急，貴人有死者。」其月丙申，太白犯亢。占曰：「收斂國兵，以備北方。」其年冬，建安王休仁解揚州，桂陽王休範爲揚州。揚州牧前後常宰相居之，易相之驗也。七年，晉平王休祐、建安王休仁並見殺。時失淮北，立戍以備防北虜。後三年，宫車晏駕。

泰始六年正月辛巳，月犯左角。同前占。八月壬辰，熒惑犯南斗。南斗，吴分。十一月乙亥，月犯東北轅。占曰：「大人當之。」又曰：「大臣有誅者。」二年，殺揚州刺史王景文。宫車晏駕〔一八〕。

後廢帝元徽三年七月丙申，太白入角，犯歲星。占曰：「角爲天門，國將有兵事。」占，於角太白與木星會，殺軍在外，破軍殺將。其月丁巳，太白入氐。氐爲天子宿宮，太白兵凶之星。八月己巳，太白犯房北頭第二星。占曰：「王失德。」九月癸卯，太白犯南斗第三星。占曰：「大人當之，國易政。」十月丙戌，歲星入氐。占曰：「諸侯人君有來入宮者。」十一月庚戌，月入太微，奄屏西南星。占曰：「貴者失勢。」四年七月，建平王景素據京口反。時廢主凶慝無度，五年七月殞，安成王入纂皇阼。三年，齊受禪。

元徽四年三月乙巳〔一九〕，月犯房北頭第一星，進犯鍵閉星。占曰：「有謀伏甲兵在宗廟中，天子不可出宮下堂，多暴事。」九月甲辰，填星犯太微西蕃。占曰：「立王。」一曰：「徙王。」又曰：「大人憂。」時廢帝出入無度，卒以此殞，安成王立。

元徽五年正月戊申，月犯南斗第五星。與前同占。四月丁巳，熒惑犯輿鬼西北星。占曰：「大人憂，近期六十日，遠期六百日〔二〇〕。」又曰：「人君惡之。」其月丙子，太白犯輿鬼西北星。占曰：「大赦。」五月戊申，太白晝見午上，光明異常。占曰：「更姓。」六月壬戌，月犯鉤鈐星。占曰：「有大令。」其月乙丑，月犯南斗第四星。與前同占。七月，廢帝殞，大赦天下。後二年，齊受禪。

順帝昇明元年八月庚申，月入南斗，犯第三星。與前同占。九月丁亥，太白在翼，晝見經天。占曰：「更姓。」閏十二月癸卯夜，月奄南斗第四星。與前同占。

校勘記

〔一〕七月太傅長沙景王道憐薨　按本書卷四少帝紀記道憐之卒在永初三年六月戊子，卷五一宗室長沙景王道憐傳記在是年六月。是年六月壬申朔，十七日戊子。

〔二〕二月辛卯　南史卷一宋本紀上作「二月丙戌」，魏書卷一〇五之三天象志一之三記在魏明元帝泰常七年「二月辛巳」，即永初三年二月辛巳。按是年二月甲戌朔，初八日辛巳，十三日丙戌，十八日辛卯。

〔三〕其年索頭攻圍司兗兗州刺史徐琰委守奔敗司州刺史毛德祖距守陷没　按本書卷四少帝紀、卷九五索虜傳、魏書卷三太宗紀，北魏攻圍司兗二州在永初三年秋，兗州刺史徐琰棄城奔走在其年十二月，司州刺史毛德祖陷没於虎牢則在次年即景平元年閏四月。

〔四〕其年虜攻略青兗司三州廬陵王義真廢王領豫州也二月太后蕭氏崩　按本書卷四少帝紀、魏書卷三太宗紀、南史卷一宋本紀上、建康實録卷一一、通鑑卷一一九、卷一二〇宋紀皆記北魏攻略青兗等州在永初三年，廬陵王義真廢在景平二年正月，太后蕭氏崩在景平元年二月，本卷下文亦云景平元年「二月，太后蕭氏崩」。以上所記，乃有錯亂。

〔五〕十二月戊戌熒惑犯房　「十二月」，原作「十一月」，據局本改。按上有「十一月癸亥」，此當是十二月戊戌。是年十一月庚子朔，二十四日癸亥，無戊戌。十二月己巳朔，三十日戊戌。劉次沅考證：「計算表明，十二月三十戊戌，火星犯房北第一星，幾掩。」

〔六〕元嘉七年三月太白犯歲星於奎六月熒惑犯東井輿鬼入軒轅月犯歲星　劉次沅考證：「元嘉七年，木星在斗，三月與金星不犯。元嘉十年三月十一日金星、木星相犯，在奎1度。十年六月十六火星犯東井距星，八月初六犯鬼距星，九月二十犯軒轅大星。十年六月廿二月犯歲星，七年六月則不可見。」

〔七〕六月庚子　「庚子」，局本作「庚午」，按是月庚戌朔，無庚子，庚午爲月之二十一日。據天象計算，是年閏六月庚子天象與此合。

〔八〕十月丙辰金土相犯在須女月奄天關東井　劉次沅考證：「十月無丙辰。十一月初十丙辰，木星、土星相犯，在女10度。兩天後月掩天關，三天後月掩井南轅西頭第二星。『十一月』誤爲『十月』，『木星』誤爲『金星』。」

〔九〕元嘉十一年二月庚午月犯畢入畢口而出因暈昴畢西及五車東及參　「庚午」，原作「庚子」，據魏書卷一〇五之二天象志一之二改。按是年二月甲子朔，無庚子，初七日庚午。劉次沅考證：「二月無庚子。二月初七庚午月犯畢中部，由畢口出。『庚午』誤爲『庚子』。」

〔一〇〕後年廢大將軍彭城王義康及其黨與　按本書卷五文帝紀、卷六八武二王彭城王義康傳、通鑑卷一二三宋紀，大將軍義康被廢徙江州在元嘉十七年。此云「後年」者誤。據上下文例，「後年」或爲「其後」之訛。

〔一二〕五月丙午　「丙午」，局本作「丙子」。按元嘉十四年五月乙亥朔，無丙午日，初二日丙子。

〔一三〕歲星犯左執法　「犯」字原闕，據局本補。

〔一四〕吏部尚書謝莊表解職不許　「不許」二字原闕，據南監本、局本補。

〔一五〕四月月犯五諸侯　下一「月」字原闕，據開元占經卷一四注引宋書天文志補。

〔一六〕火犯木在翼　「在」字原闕，據殿本、局本補。

〔一七〕黑氣貫宿　殿本考證云：「『宿』字上必有脱字。」

〔一八〕彭城兗州並爲虜所没　「所」，原作「州」，據殿本、局本、開元占經卷三六注、卷七一注引宋書天文志改。

〔一九〕二年殺揚州刺史王景文宮車晏駕　按本書卷八明帝紀、卷八五王景文傳、通鑑卷一三三宋紀，王景文、宋明帝皆卒於泰豫元年，乃泰始六年之後二年。據上下文例，疑「二年」上脱「後」字。

〔二〇〕元徽四年三月乙巳　「乙巳」下原有「朔」字。按是年三月庚寅朔，十六日乙巳，「朔」字衍，今删去。

〔二一〕遠期六百日　「六百」，原作「六月」，據南監本、局本改。

宋書卷二十七

志第十七

符瑞上

夫體睿窮幾，含靈獨秀，謂之聖人，所以能君四海而役萬物，使動植之類，莫不各得其所。百姓仰之，懽若親戚，芬若椒蘭，故爲旗章輿服以崇之，玉璽黄屋以尊之，以神器之重，推之於兆民之上，自中智以降，則萬物之爲役者也。性識殊品，蓋有愚暴之理存焉。見聖人利天下，謂天下可以爲利，見萬物之歸聖人，謂之利萬物。力爭之徒，至以逐鹿方之，亂臣賊子，所以多於世也。夫龍飛九五，配天光宅，有受命之符，天人之應。易曰：「河出圖，洛出書，而聖人則之。」符瑞之義大矣。

赫胥、燧人之前，無聞焉。

太昊帝宓犧氏，母曰華胥。燧人之世，有大迹出雷澤，華胥履之，而生伏犧於成紀。蛇身人首，有聖德。燧人氏没，宓犧代之，受龍圖，畫八卦，所謂「河出圖」者也。有景龍之瑞。

炎帝神農氏，母曰女登，遊於華陽，有神龍首感女登於常羊山，生炎帝。人身牛首，有聖德，致大火之瑞。嘉禾生，醴泉出。

黄帝軒轅氏，母曰附寶，見大電光繞北斗樞星，照郊野，感而孕。二十五月而生黄帝於壽丘。弱而能言，龍顔，有聖德，劾百神朝而使之。應龍攻蚩尤，戰虎、豹、熊、羆四獸之力。以女魃止淫雨。天下既定，聖德光被，羣瑞畢臻。有屈軼之草生於庭，佞人入朝，則草指之，是以佞人不敢進。有景雲之瑞，有赤方氣與青方氣相連，赤方中有兩星，青方中有一星，凡三星，皆黄色，以天清明時見於攝提，名曰景星。黄帝黄服齋于中宫，坐于玄扈洛水之上，有鳳皇集，不食生蟲，不履生草，或止帝之東園，或巢于阿閣，或鳴於庭，其雄自歌，其雌自舞。麒麟在囿，神鳥來儀。有大螻如羊，大螾如虹。黄帝以土氣勝，遂以土德王。五十年秋七月庚申，天霧三日三夜，晝昏。黄帝以問天老、力牧、容成曰：「於公何如？」天老曰：「臣聞之，國安，其主好文，則鳳皇居之。國亂，其主好武，則鳳皇去之。今鳳皇翔於東郊而樂之，其鳴音中夷則，與天相副。以是觀之，天有嚴教以賜帝，帝勿犯也。」乃召史卜之，龜燋。史曰：「臣不能占也。其問之聖人。」帝曰：「已問天老、力牧、容成矣。」史北面再拜曰：「龜不違聖智，故燋。」霧除，遊于洛水之上，見大魚，殺五牲以醮之，天乃甚雨，七日七夜，魚流於海，得圖、書焉。龍圖出河，龜書出洛，赤文篆字，以授軒轅。軒轅接萬神於明庭，今寒門谷口是也。

帝摯少昊氏，母曰女節，見星如虹，下流華渚，既而夢接意感，生少昊。登帝位，有鳳皇之瑞。

帝顓頊高陽氏，母曰女樞，見瑶光之星，貫月如虹，感己於幽房之宫，生顓頊於若水。首戴干戈，有聖德。生十年而佐少昊氏，二十而登帝位。

帝嚳高辛氏，生而駢齒，有聖德，代高陽氏王天下。使鼓人拊鞞鼓，擊鍾磬，鳳皇鼓翼而舞。

帝堯之母曰慶都，生於斗維之野，常有黄雲覆護其上〔一〕。及長，觀于三河，常有龍隨之。一旦龍負圖而至，其文要曰：「亦受天祐。」眉八彩，鬢髮長七尺二寸，面鋭上豐下，足履翼宿。既而陰風四合，赤龍感之。孕十四月而生堯於丹陵，其狀如圖。及長，身長十尺，有聖德，封於唐。夢攀天而上。高辛氏衰，天下歸之。在帝位七十年，景星出翼，鳳皇在庭，朱草生，嘉禾秀，甘露潤，醴泉出，日月如合璧，五星如連珠。廚中自生肉，其薄如箑，搖動則風生，食物寒而不臭，名曰「箑脯」。又有草夾階而生，月朔始生一莢，月半而生十五莢，十六日以後，日落一莢，及晦而盡，月小則一莢焦而不落，名曰「蓂莢」，一曰「曆莢」。歸功於舜，將以天下禪之，乃潔齋脩壇場於河、雒，擇良日，率舜等升首山，遵河渚。有五老游焉，蓋五星之精也。相謂曰：「河圖將來告帝以期，知我者重瞳黄姚。」五老因飛爲流星，上入昴。二月辛丑昧明，禮備，至於日昃，榮光出河，休氣四塞，白雲起，回風搖，乃有龍馬銜甲，赤文緑色，臨壇而止，吐甲圖而去。甲似龜，背廣九尺，其圖以白玉爲檢，赤玉爲字〔二〕，泥以黄金，約以青繩。檢文曰：「闓色授帝舜。」言虞、夏、殷、周、秦、漢當授天命。帝乃寫其言，藏于東序。後二年二月仲辛，率羣臣沈璧于洛。禮畢，退俟，至于下昃，赤光起，玄龜負書而出，背甲赤文成字，止于壇。其書言當禪舜。遂讓舜。

帝舜有虞氏，母曰握登，見大虹意感，而生舜於姚墟。目重瞳子，故名重華。龍顏大口，黑色，身長六尺一寸。舜父母憎舜，使其塗廩，自下焚之，舜服鳥工衣服飛去。又使浚井，自上填之以石，舜服龍工衣自傍而出。耕於歷山〔三〕，夢眉長與髮等。及即帝位，蓂莢生於階，鳳皇巢於庭，擊石拊石，百獸率舞，景星出房，地出乘黄之馬，西王母獻白環、玉玦。舜在位十有四年，奏鐘石笙筦未罷，而天大靁雨，疾風發屋拔木，桴鼓播地，鐘磬亂行，舞人頓伏，樂正狂走。舜乃擁璿持衡而笑曰：「明哉！夫天下非一人之天下也，亦乃見于鐘石笙筦乎。」乃薦禹於天，使行天子事。于時和氣普應，慶雲興焉，若煙非煙，若雲非雲，郁郁紛紛，蕭索輪囷，百工相和而歌慶雲。帝乃倡之曰：「慶雲爛兮，禮縵縵兮〔四〕。日月光華，旦或旦兮〔五〕。」羣臣咸進，稽首曰：「明明上天，爛然星陳。日月光華，弘予一人。」帝乃再歌曰：「日月有常，星辰有行。四時從經，萬姓允誠。於予論樂，配天之靈。遷于聖賢，莫不咸聽。鼚乎鼓之，軒乎舞之。精華以竭，褰裳去之。」於是八風脩通，慶雲叢聚，蟠龍奮迅於其藏，蛟魚踊躍於其淵，龜鼈咸出其穴，遷虞而事夏。舜乃設壇於河，依堯故事。至于下昃，榮光休氣至，黃龍負圖，長三十二尺，廣九尺，出于壇畔，赤文綠錯，其文言當禪禹。

帝禹有夏氏，母曰脩己，出行，見流星貫昴，夢接意感，既而吞神珠。脩己背剖，而生禹於石紐。虎鼻大口〔六〕，兩耳參鏤，首戴鉤鈐，匈有玉斗，足文履己，故名文命。長有聖德。長九尺九寸，夢自洗於河，以手取水飲之。又有白狐九尾之瑞。當堯之世，舜舉之。禹觀於河，有長人白面魚身，出曰：「吾河精也。」呼禹曰：「文命治淫。」言訖〔七〕，授禹河圖，言治水之事，乃退入于淵。禹治水既畢，天錫玄珪，以告成功。夏道將興，草木暢茂，青龍止於郊，祝融之神，降于崇山。乃受舜禪，即天子之位。洛出龜書六十五字，是爲洪範，此謂「洛出書」者也。南巡狩，濟江，中流有二黃龍負舟，舟人皆懼。禹笑曰：「吾受命於天，屈力以養人。生，性也。死，命也。奚憂龍哉！」龍於是曳尾而逃〔八〕。

高辛氏之世妃曰簡狄，以春分玄鳥至之日，從帝祀郊禖，與其妹浴於玄丘之水。有玄鳥銜卵而墜之，五色甚好，二人競取，覆以玉筐。簡狄先得而吞之，遂孕。胷剖而生契。長爲堯司徒，成功於民，受封于商。後十三世，生主癸。主癸之妃曰扶都，見白氣貫月，意感，以乙日生湯，號天乙。豐下鋭上，晳而有顮，句身而揚聲，身長九尺，臂有四肘，是曰殷湯。湯在亳，能脩其德。伊摯將應湯命，夢乘船過日月之傍，湯乃東至于洛，觀帝堯之壇，沈璧退立，黄魚雙踴，黑鳥隨魚止于壇，化爲黑玉。又有黑龜，並赤文成字，言夏桀無道，湯當代之。檮杌之神，見于邳山。有神牽白狼銜鉤而入商朝。金德將盛，銀自山溢。湯將奉天命放桀，夢及天而舓之，遂有天下。商人後改天下之號曰殷。

高辛氏之世妃曰姜嫄，助祭郊禖，見大人迹履之，當時歆如有人道感己，遂有身而生男。以爲不祥，棄之阨巷，羊牛避而不踐；又送之山林之中，會伐林者薦覆之；又取而置寒冰上，大鳥來以一翼藉覆之。姜嫄以爲異，乃收養焉，名之曰棄。枝頤有異相。長爲堯稷官，有功於民。后稷之孫曰公劉〔九〕，有德，諸侯皆以天子之禮待之。初黄帝之世，讖言曰：「西北爲王，期在甲子，昌制命，發行誅，旦行道。」及公劉之後，十三世而生季歷〔一〇〕。季歷之十年，飛龍盈於殷之牧野，此蓋聖人在下位將起之符也。季歷之妃曰太任，夢長人感己，溲于豕牢而生昌，是爲周文王。龍顏虎肩，身長十尺，匈有四乳。太王曰：「吾世當有興者，其在昌乎！」季歷之兄曰太伯，知天命在昌，適越終身不反。弟仲雍從之，故季歷爲嗣以及昌。昌爲西伯〔一〕，作邑于豐。文王之妃曰太姒，夢商庭生棘，太子發植梓樹於闕間，化爲松柏棫柞。以告文王，文王幣告羣臣，與發並拜告夢。季秋之甲子，赤爵銜書及豐，止于昌户，昌拜稽首受之。其文要曰：「姬昌，蒼帝子，亡殷者紂王。」將畋，史徧卜之，曰：「將大獲，非熊非羆，天遺汝師以佐昌。臣太祖史疇爲禹卜畋，得皋陶。其兆如此。」王至于磻谿之水，呂尚釣於涯，王下趨拜曰：「望公七年，乃今見光景于斯。」尚立變名答曰：「望釣得玉璜，其文要曰：『姬受命，昌來提，撰爾雒鈐報在齊。』」尚出游，見赤人自雒出，授尚書曰：「命曰呂，佐昌者子。」文王夢日月著其身，又鸑鷟鳴於岐山。孟春六旬，五緯聚房。後有鳳皇銜書，游文王之都。書又曰：「殷帝無道，虐亂天下，皇命已移，不得復久，靈祇遠離，百神吹去，五星聚房，昭理四海。」文王既没，太子發代立，是爲武王。武王駢齒望羊。將伐紂，至于孟津，八百諸侯，不期而會。咸曰：「紂可伐矣。」武王不從。及紂殺比干，囚箕子，微子去之，乃伐紂。度孟津，中流，白魚躍入王舟。王俯取魚，長三尺，目下有赤文成字，言紂可伐。王寫以世字，魚文消。燔魚以告天。有火自天止于王屋，流爲赤烏，烏銜穀焉。穀者，紀后稷之德；火者，燔魚以告天，天火流下，應以吉也。

遂東伐紂，勝於牧野，兵不血刃，而天下歸之。乃封呂望於齊。周德既隆，草木茂盛，蒿堪爲宮室，因名蒿宮。武王没，成王少，周公旦攝政七年，制禮作樂，神鳥鳳皇見，蓂莢生。乃與成王觀于河、洛，沈璧。禮畢，王退俟，至于日昧，榮光並出幕河，青雲浮至，青龍臨壇，銜玄甲之圖，坐之而去。禮于洛，亦如之。玄龜青龍蒼兕止于壇，背甲刻書，赤文成字，周公援筆以世文寫之，書成文消，龜墮甲而去。其言自周公訖于秦、漢盛衰之符。麒麟遊苑，鳳皇翔庭，成王援琴而歌曰：「鳳皇翔兮於紫庭，余何德兮以感靈，賴先王兮恩澤臻〔一二〕，于胥樂兮民以寧。」

魯哀公十四年，孔子夜夢三槐之間，豐、沛之邦，有赤煙氣起，乃呼顏淵、子夏往視之。驅車到楚西北范氏街，見芻兒摘麟，傷其左前足，薪而覆之。孔子曰：「兒來，汝姓爲赤誦，名子喬，字受紀。」孔子曰：「汝豈有所見邪？」兒曰：「見一禽，巨如羔羊，頭上有角，其末有肉。」孔子曰：「天下已有主也，爲赤劉，陳、項爲輔，五星入井從歲星。」兒發薪下麟示孔子，孔子趨而往，麟蒙其耳，吐三卷圖，廣三寸，長八寸，每卷二十四字，其言赤劉當起，曰：「周亡，赤氣起，大燿興，玄丘制命，帝卯金。」孔子作春秋，制孝經，既成，使七十二弟子向北辰星罄折而立，使曾子抱河、洛事北向。孔子齋戒向北辰而拜，告備于天曰：「孝經四卷，春秋、河、洛凡八十一卷，謹已備。」天乃洪鬱起白霧摩地，赤虹自上下，化爲黃玉，長三尺，上有刻文。孔子跪受而讀之曰：「寶文出，劉季握。卯金刀，在軫北。字禾子，天下服。」

漢高帝父曰劉執嘉。執嘉之母，夢赤鳥若龍戲己，而生執嘉，是爲太上皇帝。母名含始，是爲昭靈后。昭靈后游於洛池，有玉雞銜赤珠，刻曰玉英，吞此者王。昭靈后取而吞之。又寢於大澤，夢與神遇。是時靁電晦冥，太上皇視之，見蛟龍在其上，遂有身而生季，是爲高帝。高帝隆準而龍顔，美須頿，左股有七十二黑子。微時，數從王媼、武負貰酒，醉卧，上常有光怪。每留飲，售輒數倍。武負異之，輒折其契。單父人呂公好相人，見高帝，謂曰：「臣少好相人，相人多矣，無如季相，願季自愛。臣有息女，願爲箕箒妾。」呂公妻媪怒呂公曰：「公常奇此女，欲爲貴人〔一三〕。沛令善公，求不與。何妄許劉季。」呂公曰：「非女子所知。」卒與高帝。生惠帝、魯元公主。呂后嘗與兩子居田中，有一老公過，請飲，呂后因饋之食。老父相呂后曰：「夫人，天下貴人也。」令相二子，見惠帝曰：「夫人所以貴者，乃此男。」相魯元公主，亦貴。老父已去，高帝適從傍舍來，呂后具言之。高帝追問老父。老父曰：「向者夫人、兒子之貴，皆以君相。君貴不可言。」高帝被飲，夜行徑澤中。前人反曰：「有大蛇當道，願還。」高帝醉，曰：「壯士行，何畏。」乃前，拔劍斬蛇，蛇分爲兩，道開而過。後人來者，見老嫗守蛇曰：「向者赤帝子過，殺之。」見者疑嫗爲詐，欲笞之，忽然不見。具以狀告高帝，帝心喜。秦始皇帝曰：「東南有天子氣。」於是東遊以厭之。高帝隱於芒、碭山澤之間，呂后常知其處。高帝怪問之，對曰：「季所居，上常有雲氣，故知之。」高帝爲沛公，入秦，五星聚于東井，歲星先至，而四星從之。占曰：「以義取天下。」初，張良遊於下邳沂水之上〔一四〕，有老父來，直至良前，而墮其履。顧謂良曰：「孺子下取履。」良愕然，欲歐之，以其老，乃下取跪進。父以足受，笑而去，良殊大驚。父去里所復來，曰：「孺子可教也。後五日平明，與我會此。」良怪之，跪應曰：「諾。」五日，良往，父已先來，怒曰：「何與長者期而後也？五日，更與我會此。」凡三期而良前至。老父喜曰：「不當如是邪！」即出懷中一卷書與之，曰：「讀之，此爲王者師。後十三年，孺子見我濟北穀城山下，黃石即我也。」旦視其書，乃太公兵法。良以黃石篇爲佗人說，皆不省，唯高帝說焉。良曰：「此殆天所授矣。」五年而成帝業。後十三年，張良果得穀城山下黃石，寶而祠之，死與合葬。

文帝之母薄姬，魏豹爲魏王，納之後宮。許負相之，當生天子，魏王豹於是背漢，漢高帝擊虜，而薄姬輸織室。高帝見而美之，内於後宮，歲餘乃得幸。將見幸，薄姬言：「妾昨夢青龍據妾心。」高帝曰：「我是也。吾爲爾成之。」一御而生文帝。

景帝王皇后初嫁爲金王孫妻，母臧兒卜筮曰：「當貴。」乃奪金氏而内太子宮，生男。

男方在身，夢日入其懷，以告太子。太子曰：「是貴徵也。」生男，是爲武帝。

武帝趙婕妤，家在河間，生而兩手皆拳，不可開。武帝巡守過河間，望氣者言，此有奇女天子氣。召而見之。武帝自披其手，即時申，得一玉鉤。由是見幸，號曰「拳夫人」。進爲婕妤，居鉤弋宮，大有寵。十四月生男，是爲昭帝，號曰「鉤弋子」。武帝曰：「聞昔堯十四月而生，今鉤弋子亦然。」乃名其門曰堯母門。

昭帝元鳳三年正月〔一五〕，泰山、萊蕪山南，民夜聞訩訩有數千人聲，晨往視之，見大石自立，高丈五尺，大四十八圍〔一六〕，入地八尺，三石爲足，立後，白烏數千集其旁。又上林苑中柳樹斷卧地，一朝自起生枝葉，蟲齧其葉成文，曰：「公孫病已立。」陳留襄邑王社忽移至長安。博士眭孟占之曰：「石，陰類。泰山，岱宗，王者禪代之處。將有廢故之家，姓公孫，名病已，從白衣爲天子者。」時昭帝幼少，霍光輔政，以孟妖言誅之。及昭帝崩，昌邑王又廢，光立宣帝，武帝曾孫，本名病已，在民間白衣三世，如孟言焉。

元帝王皇后，齊田氏之苗裔。祖父翁孺，自東平陵徙元城。元城建公曰：「昔春秋沙鹿崩，晉史卜之，陰爲陽雄，土火相乘，故沙鹿崩。後六百四十五年，宜有聖女興，其齊田乎？今翁孺之徙，正值其地，日月當之。元城郭東有五鹿之墟，即沙鹿地。後八十年，當有貴女興天下。」翁孺生禁。禁妻李氏方任身，夢月入其懷，生女，是爲元后。每許嫁，未行，所許者輒死。卜相者云：「當大貴。」遂爲元帝皇后，生成帝。

初，秦始皇世，有長人十二，身長五丈，足跡六尺，見於隴西臨洮，前史以爲秦亡之徵，史臣以爲漢興之符也。自高帝至于平帝，十二主焉。

光武皇帝，父爲濟陽令。濟陽有武帝行宮，常封閉。哀帝建平元年十二月甲子夜，光武將産，乃開而居之。時有赤光，室中盡明，皇考異焉。使卜者王長卜之。長辟左右曰：「此善事，不可言。」是歲，有嘉禾生産屋景天中，一莖九穗，異於凡禾，縣界大豐，故名光武曰秀。時又有鳳皇集濟陽，於是畫宮爲鳳皇之象。明年，方士有夏賀良者，上言哀帝云：「漢家歷運中衰，當再受命。」於是改號爲太初元將元年，稱陳聖劉太平皇帝以厭勝之。王莽時，善望氣者蘇伯阿望光武所居縣春陵城郭，唶曰：「氣佳哉！鬱鬱葱葱然。」莽忌惡漢，而錢文有金，乃改鑄貨泉以易之。既而光武起於春陵之白水鄉，貨泉之文爲「白水真人」也。初起兵，望見家南有火光，以爲人持火，呼之而光遂盛，赤然上屬天，有頃不見。及在河北，爲王郎所逼，將南濟滹沱河。導吏還云：「河水流澌，無船可渡。」左右皆恐懼。帝更遣王霸視之。霸往視，如吏言。霸慮還以實對，驚動衆心，乃謬云：「冰堅可渡。」帝馳進。比至，而河冰皆合，其堅可乘。既渡，餘數乘車未畢而冰陷。前至下博城西，疑所之。有一白衣老公在道旁，曰：「努力！信都爲長安城守，去此八十里耳。」言畢，失所在。遂至信都，投太守任光。初光武微時，穰人蔡少公曰：「讖言劉秀發兵捕不道，卯金脩德爲天子。」國師公劉子駿名秀。少公曰：「國師公是也。」光武笑曰：「何用知非僕？」道士西門君惠等並云：「劉秀當爲天子。」光武平定河北，還至中山，將軍萬脩得赤伏符，言光武當受命。羣臣上尊號，光武辭。前至鄗縣，諸生彊華又自長安詣鄗，上赤伏符，文與脩合。羣下又請曰：「受命之符，人應爲大。」光武又夢乘赤龍登天，乃即位，都洛陽，營宮闕。一夕有門材自至，是時琅邪開陽縣城門，一夕無故自亡，檢所得材，即是也，遂名其門曰開陽門。先是秦穆公時，陳倉人掘地得物，若羊非羊，若猪非猪，怪，將獻之。道逢二僮子，謂之曰：「子知彼乎，名爲媪，常在地下食死人腦。若欲殺之，以柏東南枝指之，則死矣。」媪因言曰：「此二僮子，名爲寶。得其雄者王，得其雌者霸。」於是陳倉人遂棄媪而逐二僮子，二僮子化爲雉，飛入林。陳倉人以告穆公，穆公發徒大獵，得其雌者，化而爲石，置之汧、渭之間。至文公，爲之立祠，名曰陳寶祠。雄南飛集南陽穰縣，其後光武興於南陽。光武之初興也，隗囂擁衆隴右，招集英俊，而公孫述稱帝於蜀，天下雲擾，大者連州郡，小者據縣邑。囂問扶風人班彪曰：「往者周亡，戰國並爭，天下分裂，數世然後定。縱横之事，復起於今乎？將承運迭興，在於一人也？願先生論之。」對曰：「周之廢興與漢異。昔周立爵五等，諸侯從政，本根既微，枝葉彊大，故其末流有縱横之事，其勢然也。漢家承秦之制，郡縣治民，主有專己之威，臣無百年之柄。至於成帝，假借外家，哀、平短祚，國嗣三絶，禍自上起，傷不及下。故王氏之貴，傾擅朝廷，能竊號位，而不根於民，是以即真之後，天下莫不引領而歎。十餘年間，中外騷擾，遠近俱發，假號雲合，咸稱劉氏，不謀而同辭。方今雄桀帶州域者，皆無七國世業之資。詩云：『皇矣上帝，臨下有赫。鑒觀四方，求民之瘼。』今民皆謳吟思漢，向仰劉氏，已可知矣。」隗囂曰：「先生言周、漢之勢，可也。至於但見愚民習識劉氏姓號之故，而謂漢復興，疎矣。昔秦失其鹿，劉季逐而掎之，時民復知漢乎？」彪既感囂言，又愍狂狡之不息，乃著王命論以救時難。辭曰：

昔在帝堯之禪曰：「咨爾舜，天之曆數在爾躬。」舜亦以命禹。洎于稷、契，咸佐唐、虞，光濟四海，奕世載德，至于湯、武，而有天下。雖其遭遇異時，禪代不同，至于應天從民，其揆一焉。是故劉氏承堯之祚，氏族之世，著于春秋。唐據火德，而漢紹之〔一七〕。始起沛澤，則神母夜號，以章赤帝之符。由是言之，帝王之祚，必有明聖顯懿之德，豐功厚利積累之業，然後精誠通于神明，流澤加於生民。故能爲鬼神所福饗，天下所歸往。未見運世無本，功德不紀，而得堀起在此位者也。世俗見高祖興於布衣，不達其故，以爲適遭暴亂，得奮其劍。游説之士，至比天下於逐鹿，幸捷而得之。不知神器有命，不可以智力求也。悲夫！此世之所以多亂臣賊子者也。若然者，豈徒闇於天道哉，又不覩之於人事矣。

夫餓饉流隸，饑寒道路，思有裋褐之褻，檐石之畜，所願不過一金，然終於轉死溝壑。何則？貧窮亦有命也。況乎天子之貴，四海之富，神明之祚，可得而妄據哉！故雖遭罹厄會，竊其權柄，勇如信、布，彊如梁、籍，成如王莽，然卒潤鑊伏鑕，亨菹分裂；又況么麽不及數子，而欲闇干天位者乎？是故駑蹇之乘，不騁千里之塗；鷰雀之儔，不奮六翮之用；楶棁之材，不荷棟梁之任；斗筲之子，不秉帝王之重。易曰：「鼎折足，覆公餗。」不勝其任也。當秦之末，豪桀共推陳嬰而王之。嬰母止嬰曰：「自吾爲子家婦，而世貧賤，卒富貴，不祥。不如以兵屬人，事成，少受其利，不成，禍有所歸。」嬰從其言，而陳氏以寧。王陵之母，亦見項氏之必亡，而劉氏之將興也。是時陵爲漢將，而母獲於楚。有漢使來，陵母見之，謂曰：「願告吾子，漢王長者，必得天下，子謹事之，無有二心。」遂對漢使，伏劍而死，以固勉陵。其後果定於漢，陵爲宰相封侯。夫以匹婦之明，猶能推事理之致，探禍福之機，全宗祀於無窮，垂冊書於春秋，而況大丈夫之事乎。是故窮達有命，吉凶由人，嬰母知廢，陵母知興，審此二者，帝王之分決矣。

蓋在高祖，其興也有五：一曰帝堯之苗裔，二曰體貌多奇異，三曰神武有徵應，四曰寬明而仁恕，五曰知人善任使。加之以信誠好謀，達於聽受，見善如不及，用人如由己，從諫如從流，趨時如響赴；當食吐哺，納子房之策；拔足揮洗，揖酈生之說；寤戍卒之言，斷懷土之情；高四皓之名，割肌膚之愛；舉韓信於行陣，收陳平於亡命；英雄陳力，羣才畢舉，此高祖之大略所以成帝業也。若乃靈瑞符應，又可略聞矣。初劉媼任高祖而夢與神遇，震雷晦冥，有龍蛇之怪。及長多靈異，有殊於衆，是以王、武感物而折契，呂公覩貌而進女；秦皇東遊以厭其氣，呂后望雲而知所處；始受命則白蛇分，西入關則五星聚。故淮陰、留侯謂之天授，非人力也。

歷古今之得失，驗行事之成敗，稽帝王之世運，考五者之所謂，取舍不厭斯位，符應不同斯度，而欲昧於權利，越次妄據〔一八〕，外不量力，內不知命，則必喪保家之主，失天年之壽〔一九〕，遇折足之凶，伏鈇鉞之誅。英雄誠知覺寤，畏若禍戒，超然遠覽，淵然深識，收陵、嬰之明分，絕信、布之覬覦，距逐鹿之瞽說，審神器之有授，無貪不可幾，爲二母之所笑，則福祚流于子孫，天禄其永終矣。

隗囂不納，果敗。

漢元、成世，道士言：「讖者云：『赤厄三七。』三七，二百一十年，有外戚之篡。祚極三六，當有龍飛之秀，興復祖宗。」及莽篡漢，漢二百一十年矣。莽十八年而敗，光武興焉。

明帝初生，豐下兑上，赤色似堯，終登帝位。

和帝鄧皇后，祖父禹，佐命光武，常曰：「我將百萬人，未嘗妄殺一人，子孫當大興。」后少時，相者蘇大見后，驚曰：「此成湯之骨法也，貴不可言。」后嘗夢登梯，以手捫天，天體蕩蕩正青而滑，有若鍾乳者，后仰吮之。以訊之占夢。占夢者曰：「堯夢攀天而上〔二〇〕，湯夢及天而舐之〔二一〕，此皆非常夢也。」既而入宮，遂登尊位。

安帝未即大位，在邸，數有神光赤蛇嘉應，照曜室內，磐紆殿屋牀笫之間，後遂入承大統。

初桓帝之世，有黄星見於楚、宋之分。遼東殷馗曰：「後五十年，當有真人起於譙、沛之間，其鋒不可當。」靈帝熹平五年，黄龍見譙。光禄大夫橋玄問太史令單颺曰〔二二〕：「此何祥也？」颺曰：「其國後當有王者興，不及五十年，亦當復見。天事恒象，此其徵也。」内黄殷登嘿記之。其後曹操起於譙，是爲魏武帝。建安五年，於黄星見之，歲五十年矣。而武帝破袁紹，天下莫敵。

春秋讖曰：「代漢者，當塗高也。」漢有周舒者，善内學。人或問之，舒曰：「當塗高者，魏也。」舒既没，譙周又問術士杜瓊曰：「周徵君以爲當塗高，魏也。其義何在？」瓊曰：「魏，闕名也。當塗而高，聖人以類言耳。」又問周曰：「寧復有所怪邪？」周曰：「未達也。」瓊曰：「古者名官職不言曹，自漢以來，名官盡言曹，吏言屬曹，卒言侍曹，此殆天意也。」周曰：「魏者，大也。曹者，衆也。衆而且大，天下之所歸乎。」建安十八年，武帝爲公，又進爵爲王。二十五年，武帝薨，太子丕嗣爲魏王，是爲文帝。文帝始生，有雲青色，圓如車蓋，當其上終日。望氣者以爲至貴之祥，非人臣之氣。善相者高元呂曰：「其貴不可言。」延康元年三月，黃龍又見譙，殷登猶存，歎曰：「黃龍見於熹平也，單颺云：『不及五十年，亦當復見。』今四十五年矣，颺之言其驗兹乎。」四月，饒安言白虎見〔三〕。八月，石邑言鳳凰集，又有麒麟見。十月，漢帝禪位於魏，魏王辭讓不受，博士蘇林、董巴上言：「臣聞天之去就，固有常分，聖人當之，昭然不疑。故堯捐骨肉而禪有虞，終無吝色。舜發壟畝而居天下，若固有之。其相授間，不稽漏刻，天下已傳矣。所以急天命，明天下不可一日無君。今漢期運已終，妖異絶之已審。陛下受天之命，符瑞告徵，丁寧詳悉，反覆備至，雖言語相諭，無以代此。今既發詔書，璽綬未御，固執謙讓，上稽天命，下違民情。臣謹按古之典籍，參以圖緯，魏之行運及天道所在，即尊之驗，在於今年此月，昭晢分明。謹條奏如左。唯陛下遷思易慮，以時即位，顯告上帝，布詔天下。然後改正朔，易服色，正大號，天下幸甚。」其所陳事曰：

天有十二次，以爲分野，王公之國，各有所屬。周在鶉火，魏在大梁，歲星行歷，凡十二次，所在國天子受命，諸侯以封。周文王始受命，歲星在鶉火，至武王伐紂，十三年，歲星復在鶉火。故春秋傳曰：「武王伐紂，歲在鶉火。」又曰：「歲之所在，則我有周之分野也。」昔光和七年〔二四〕，歲在大梁，武王始受命爲將，討黃巾。是歲改年爲中平元年。建安元年，歲復在大梁，始拜大將軍。十三年，復在大梁，始拜丞相。今二十五年，歲復在大梁，陛下受命。此魏得歲與周文、武受命相應。

今年青龍在庚子，詩推度灾曰：「庚者，更也。子者，茲也。聖人制法天下治。」又曰：「王者布德於子，治成於丑。」此言今年天更命聖人，制法天下，布德於民也。魏以改制天下〔二五〕，與詩協矣。顓頊受命，歲在豕韋，衞居其地，亦在豕韋。故春秋傳曰：「衞，顓頊之墟也。」今十月，斗之所建，則顓頊受命之分也。魏以十月受禪，此同符始祖受命之驗也。

魏之氏族，出自顓頊，與舜同祖，見于春秋世家。舜以土德承堯之火，今魏亦以土德承漢之火，其於行運合於堯、舜授受之次。

魏王猶未許。太史丞許芝又上天文祥瑞：

自建安三年十二月戊辰，有新天子氣見於東南，到今積二十三年。建安十年，茀星出庫樓，歷犯氐、房宿，北入天市，犯北斗、紫微。氐爲天子宿宮，路寢所止。房爲天子明堂政教之首。北斗七星，主尊輔象近臣。紫微者，北極最尊。此除埽漢家之大異也。建安十八年秋，歲星、鎮星、熒惑俱入太微，逆行留守帝坐百有餘日。歲星入太微，人主改姓。鎮星入太微，內有兵亂，人主以弱。三者，漢改姓易代之異也。建安十九年正月，白虹貫日。易傳曰：「后妃擅國，白虹貫日。」建安二十一年五月朔己亥，日蝕。建安二十三年三月，茀星晨見東方二十餘日，夕出西方，犯歷五車、東井、五諸侯、文昌、軒轅、太微，鋒炎刺帝坐。茀者除舊布新，亡惡興聖之異也。建安二十四年二月晦壬子，日蝕。日者陽精，月爲侯王，而以亥子日蝕，皆水滅火之異也。延康元年九月十日黃昏時，月蝕熒惑，過人定時，熒惑出營室，宿羽林。月爲大臣侯王之象；熒惑火精，漢氏之行。占曰：「漢家以兵亡。」延康元年九月二十日，剥卦天子氣不見，皆崩亡之異也。熒惑火精，行縮日一度有餘。故太史令王昱以爲漢家衰亡之極。熒惑大而赤色；光不明，赤而小，與小星無別，皆赤家衰亡之異也。

易傳曰：「上下流通聖賢昌，厥應帝德鳳皇翔，萬民喜樂無咎殃。」易傳又曰：「聖人受命，厥應鳳皇下，天子虜。」易傳又曰：「黃龍見，天災將至，天子絀，聖人出。」黃龍以戊己日見，五色文章皆具，聖人得天受命。黃龍以戊寅見，此帝王受命之符瑞最著明者也。易傳又曰：「聖人清靜行中正，賢人至，民從命，厥應麒麟來。」春秋玉版讖曰：「代赤者魏公子。」春秋佐助期曰：「漢以許昌失天下。」故白馬令甘陵李雲上事，言許昌氣見，當塗高已萌，欲使漢家防絕萌牙。今漢都許，日以微弱，當居許昌以失天下。當塗高者，魏也；魏者，象魏兩闕之名當道而高大者也。魏當代漢，如李雲之言也。春秋佐助期又曰：「漢以蒙孫亡。」說者以蒙孫直漢二十四帝，童蒙愚惑以弱亡。漢帝少時名爲董侯，名不正，蒙亂荒惑，其子孫以弱亡也。孝經中黃讖曰：「日載東，紀火光。不橫一，聖明聰〔二六〕。四百之外，易姓而王。天下歸功致太平。」此魏王之姓諱著見圖讖也。易運期曰：「言居東，西有午，兩日並光日居下。其爲主，反爲輔〔二七〕，五八四十，黃氣受，真人出。」言午「許」字，兩日「昌」字，漢當以許亡，魏當以許昌。今際會之期在許，是其大效也。易運期又曰：「鬼在山，禾女運，王天下〔二八〕。」

於是魏王受漢禪，柴於繁陽，有黃鳥銜丹書，集于尚書臺，於是改元爲黃初。漢中平二年，洛陽民譌言虎賁寺有黃人，觀者日數萬，道路斷絕。中平元年，黃巾賊起，云：「蒼天已死，黃天當立。」此魏氏依劉向自云土德之符也。先是周敬王之三十七年〔二九〕，宋景公問大夫邢史子臣：「天道何祥？」對曰：「後五年五月丁亥，臣將死。死後五年五月丁卯，吳將亡。亡後五年，君將終。終後四百年，郝王天下。」皆如其言。郝王天下，蓋謂魏國之後。言四百年則錯。疑年代久遠，傳記者謬誤。

高貴公初生，有光氣照燿室屋，其後即大位。

劉備身長七尺七寸，垂手過膝，顧自見耳。洛書甄燿度曰：「赤三日，德昌九世會備，合爲帝際〔三〇〕。」洛書寶予命曰：「天度帝道備稱皇，以統握契，百成不敗。」洛書録運期曰：「九侯七傑爭民命，炊骸道路，誰使主者玄且來。」備字玄德，故云「玄且來」也。孝經鉤命決曰：「帝三建，九會備。」先是，術士周羣言，西南數有黃氣，直立數丈，如此積年，每有景雲祥風，從璿璣下來應之〔三一〕。建安二十二年中，屢有氣如旗，從西竟東，中天而行。圖書曰：「必有天子出其方。」太白、熒惑、鎮星從歲星，又黃龍見犍爲武陽之赤水，九日乃去〔三二〕。關羽在襄陽，男子張嘉、王休獻玉璽，備後稱帝於蜀。

孫堅之祖名鍾，家在吳郡富春，獨與母居。性至孝。遭歲荒，以種瓜爲業。忽有三少年詣鍾乞瓜，鍾厚待之。三人謂鍾曰：「此山下善，可作冢，葬之，當出天子。君可下山百步許，顧見我去，即可葬也。」鍾去三十步，便反顧，見三人並乘白鶴飛去。鍾死，即葬其地。地在縣城東，冢上數有光怪，雲氣五色上屬天，衍數里。父老相謂此非凡氣，孫氏其興矣。堅母任堅，夢腸出繞吳昌門。以告鄰母，鄰母曰：「安知非吉祥也。」昌門，吳郭門也〔三三〕。堅生而容皃奇異。堅妻吴氏初任子策，夢月入其懷；後孕子權，又夢日入懷。告堅曰：「昔任策，夢月入懷，今又夢日入懷，何也？」堅曰：「日月陰陽之精，極貴之象，吾子孫其興乎。」權方頤大口紫顴，長上短下。漢世有劉琬者，能相人，見權兄弟，曰：「孫氏兄弟，雖各才智明達，然祿祚不終。唯中弟孝廉，形皃奇偉，骨體不恒，有大貴之表，年又最壽。爾其識之。」權時爲孝廉。初，秦始皇東巡，濟江。望氣者云：「五百年後，江東有天子氣出於吴，而金陵之地，有王者之勢。」於是秦始皇乃改金陵曰秣陵，鑿北山以絶其勢。至吴，又令囚徒十餘萬人掘汙其地，表以惡名，故曰囚卷縣，今嘉興縣也。漢世術士言：「黄旗紫蓋，見於斗、牛之間，江東有天子氣。」獻帝興平中，吴中謡言：「黄金車，斑闌耳。開昌門，出天子。」魏文帝黄初三年，舉口、武昌並言黄龍、鳳皇見〔三四〕。其年，權稱尊號。年至七十一而薨。權子休初封琅邪王，夢乘龍上天，顧不見尾。後得大位，其子被廢。

漢元、成之世，先識之士有言曰：「魏年有和，當有開石於西三千餘里，繫五馬，文曰討曹。」及魏之初興也，張掖删丹縣金山柳谷有石生焉，周圍七尋〔三五〕，中高一仞，蒼質素章，有五馬、麟、鹿、鳳皇、仙人之象。始見於建安，形成於黄初，文備於太和。至青龍三年〔三六〕，柳谷之玄川溢湧〔三七〕，石形改易，狀似雲龜，廣一丈六尺，長一丈七尺一寸〔三八〕，圍五丈八寸，立于川西。有石馬十二，其一仙人騎之，其一羈靽〔三九〕，其五有形而不善成，其五成形。又有一牛八卦列宿彗星之象。有玉匣開蓋於前，有玉玦二，玉璜一。又有麒麟、鳳皇、白虎、馬、牛於中布列。有文字曰：「上上三天王述大會討大曹金但取之金立中大金馬一疋中正大吉關壽此馬甲寅述水」凡三十五字〔四〇〕。石色蒼，而物形及字，並白石書之，皆隆起〔四一〕。魏明帝惡其文有「討曹」，鑿去爲「計」，以蒼石塞之，宿昔而白石滿焉。當時稱爲祥瑞，班下天下。處士張臶曰：「夫神兆未然，不追往事，此蓋將來之休徵，當今之怪異也。」既而晉以司馬氏受禪。太尉屬程猗說曰：「夫大者，盛之極也。金者，晉之行也。中者，物之會也。吉者，福之始也。此言司馬氏之王天下，感德而生，應正吉而王之符也。」猗又爲贊曰：「皇德遐通，實降嘉靈。乾生其象，坤育其形。玄石既表，素文以成。瑞虎合仁，白麟燿精。神馬自圖，金言其形。體正而王，中允克明。關壽無疆，於萬斯齡。」

宣帝有狼顧之相，能使面正向後，而身形不異。魏武帝嘗夢有三匹馬在一槽中共食，其後宣帝及景、文相係爲宰相，遂傾曹氏。文帝未立世子，有意於齊獻王攸。武帝時爲中撫軍，懼不立，以相兒示裴秀，秀言於文帝曰：「中撫軍振髮籍地，垂手過膝，天表如此，非人臣之相也。」由是得立。及嗣晉位，其月，襄武縣言有大人相，長三丈餘，足跡三尺一寸，白髮，黃單衣，黃巾，柱杖呼民王始語云：「今當太平。」頃之，受魏禪。

武帝咸寧元年，大風吹帝社樹折，有青氣出社中。占者以爲東莞有天子氣。時琅邪武王伷封東莞，伷，元帝祖也。元帝以咸寧二年夜生，有光照室，室內盡明，有白毛生於日角之左，眼有精光燿。隨惠帝幸鄴。成都王穎殺東安王繇，繇，元帝叔父也，帝懼，欲出奔，而月明，邀候急，四衢斷絕，不得去。有頃，天陰，風雨大至，候者皆休，乃得去。初，武帝伐吳，琅邪武王伷率衆出涂中〔四一〕，而王渾逼歷陽，王濬已次近路。孫皓欲降，送天子璽綬，近越二將，而遠送詣伷，識者咸怪之。吳之未亡也，吳郡臨平湖一旦自開，湖邊得石函，中有小青石，刻作皇帝字。舊言臨平湖塞天下亂，開則天下太平。吳人以爲美祥。俄而吳滅。後元帝興於江左。吳亡後，蔣山上常有紫雲，數術者亦云，江東猶有帝王氣。又謠言曰：「五馬游度江，一馬化爲龍。」元帝與西陽、汝南、南頓、彭城五王過江，而元帝升天位。讖書曰：「銅馬入海建業期。」元帝小字銅環〔四二〕。永嘉初，元帝以安東將軍鎮建業，時歲、鎮星、辰、太白四星聚於牛、女之間，常裴回進退。愍帝建興四年，晉陵武進人陳龍在田中得銅鐸五枚，柄口皆有龍虎形；又有將雛雞雀集其前，皆驅去復還，至于再三；又有鵝三四頭，高飛且鳴，周回東西，晝夜不下，如此者六七日。會稽剡縣陳清又於井中得棧鐘，長七寸二分，口徑四寸，其器雖小，形制甚精，上有古文書十八字，其四字可識，云：「會稽徽命。」豫章有大樟樹，大三十五圍，枯死積久，永嘉中，忽更榮茂。景純並言是元帝中興之應。初武帝太康三年，建鄴有寇，餘姚人伍振筮之，曰：「寇已滅矣。三十八年，揚州有天子。」至元帝即天位，果三十八年。先是，宣帝有寵將牛金，屢有功，宣帝作兩口榼，一口盛毒酒，一口盛善酒，自飲善酒，毒酒與金，金飲之即斃。景帝曰：「金名將，可大用，云何害之？」宣帝曰：「汝忘石瑞，馬後有牛乎？」元帝母夏侯妃與琅邪國小史姓牛私通，而生元帝。愍帝之立也，改毗陵爲晉陵，時元帝始霸江、揚，而戎翟稱制，西都微弱。干寶以爲晉將滅於西而興於東之符也。

宋武帝居在丹徒，始生之夜，有神光照室，其夕，甘露降于墓樹。皇考以高祖生有奇異，名爲奇奴。皇妣既殂，養於舅氏，改爲寄奴焉。少時誕節嗜酒，自京都還，息於逆旅。逆旅嫗曰：「室內有酒，自入取之。」帝入室，飲於盎側，醉卧地。時司徒王謐有門生居在丹徒，還家，亦至此逆旅。逆旅嫗曰：「劉郎在室內，可入共飲酒。」此門生入室，驚出謂嫗曰：「室內那得此異物？」嫗遽入之，見帝已覺矣。嫗密問：「向何所見？」門生曰：「見有一物，五采如蛟龍，非劉郎。」門生還以白謐，謐戒使勿言，而與結厚。帝嘗行至下邳，遇一沙門，沙門曰：「江表尋當喪亂，拯之必君也。」帝患手創積年，沙門出懷中黄散一裹與帝曰：「此創難治，非此藥不能瘳也。」倏忽不見沙門所在。以散傅創即愈。餘散帝寶録之，後征伐屢被傷，通中者數矣，以散傅之，無不立愈。自少至長，目中常見二龍在前，始尚小，及貴轉大。晉陵人車歎善相人〔四四〕，相帝曰：「君貴不可言，願無相忘。」晉安帝義熙初，帝始康晉亂，而興霸業焉。廬江霍山常有鐘聲十二。帝將征關、洛，霍山崩，有六鐘出，制度精奇，上有古文書一百六十字。冀州有沙門法稱將死，語其弟子普嚴曰：「嵩皇神告我云，江東有劉將軍，是漢家苗裔，當受天命。吾以三十二璧，鎮金一餠，與將軍爲信。三十二璧者，劉氏卜世之數也。」普嚴以告同學法義。法義以十三年七月，於嵩高廟石壇下得玉璧三十二枚，黄金一餠。漢中城固縣水際，忽有靁聲，俄而岸崩，得銅鐘十二枚〔四五〕。又鞏縣民宋燿得嘉禾九穗。後二年而受晉禪。孔子河雒讖曰：「二口建戈不能方，兩金相刻發神鋒，空穴無主奇入中，女子獨立又爲雙。」二口建戈，「劉」字也。晉氏金行〔四六〕，劉姓又有金，故曰兩金相刻。空穴無主奇入中，爲「寄」字。女子獨立又爲雙，「奴」字。晉既禪宋，太史令駱達奏陳天文符讖曰：「去義熙元年，至元熙元年十月，太白星晝見經天凡七。占曰：『天下革民更王，異姓興。』義熙元年至元熙元年十一月朔，日有蝕之凡四，皆蝕從上始，臣民失君之象也。義熙十一年五月三日，彗星出天市，其芒埽帝坐。天市在房、心之北，宋之分野。得彗柄者興，此除舊布新之徵。義熙七年七月二十五日，五虹見于東方。占曰：『五虹見，天子黜，聖人出。』義熙七年八月十一日，新天子氣見東南。十二年，北定中原，崇進宋公。歲星裴回房、心之間，大火，宋之分野。與武王克殷同，得歲星之分者應王也。十一年以來至元熙元年，月行失道，恒北入太微中。占：『月入太微廷，王入爲主。』十三年十月，鎮星入太微，積留七十餘日，到十四年八月十日，又入太微不去，到元熙元年，積二百餘日。占：『鎮星守太微，亡君之戒。有立王，有徙王。』十四年五月十七日，茀星出北斗魁中。占曰：『星茀北斗中，聖人受命。』十四年七月二十九日，彗星出太微中，彗柄起上相星下，芒尾漸長至十餘丈，進埽北斗及紫微中。占曰：『彗星出太微，社稷亡，天下易政。入北斗，帝宮空。』一占：『天下得召人。』召人，聖主也。一曰：『彗孛紫微，天下易主。』十四年十月一日，熒惑從入太微鉤己，至元年四月二十七日，從端門出積屍，留二百六日，繞鎮星。熒惑與鎮星鉤己天廷，天下更紀。十四年十二月，歲、太白、辰裴回居斗、牛之間經旬。斗、牛，曆數之起。占曰：『三星合，是謂改立。』元熙元年十二月二十四日，四黑龍登天。易傳曰：『冬，龍見，天子亡社稷，大人應天命之符。』金雌詩云：『大火有心水抱之，悠悠百年是其時。』火，宋之分野。水，宋之德也。金雌詩又曰：『云出而兩漸欲舉，短如之何乃相岨，交哉亂也當何所，唯有隱巖殖禾黍，西南之朋困桓父。』兩云，『玄』字也。短者，云胙短也。巖隱不見，唯應見谷，殖禾谷邊，則聖諱炳明也。易曰：『西南得朋。』故能困桓父也。劉向讖曰：『上五盡寄致太平，草付合成集羣英。』前句則陛下小諱，後句則太子諱也。十一年五月，西明門地陷，水涌出，毀門扉閾。西者，金鄉之門，爲水所毀，此金德將衰，水德方興之象也。太興中，民於井中得棧鐘，上有古文十八字，晉自宣帝至今，數滿十八傳〔四七〕。義熙八年，太社生桑，尤著明者也〔四八〕。夫六，亢位也。漢建安二十五年，一百九十六年而禪魏。魏自黃初至咸熙二年，四十六年而禪晉〔四九〕。晉自泰始至今元熙二年，一百五十六年。三代數窮，咸以六年。」

少帝即位，景平二年四月〔五〇〕，有五色雲見西方。時文帝爲荊州刺史，鎮江陵，尋即大位。文帝元嘉中，謡言錢唐當出天子，乃於錢唐置戍軍以防之。其後孝武帝即大位於新亭寺之禪堂。「禪」之與「錢」，音相近也。太宗爲徐州刺史，出鎮彭城，昭太后賜以大珠鹿盧劍，此劍是御服，占者以爲嘉祥。前廢帝永光初，又謡言湘州出天子，幼主欲南幸湘川以厭之，既而湘東王即尊位，是爲明帝。

史臣謹按，冀州道人法稱所云玉璧三十二枚，宋氏卜世之數者，蓋卜年之數也。謂卜世者，謬其言耳。三十二者，二三十，則六十矣。宋氏受命至於禪齊，凡六十年云。

校勘記

〔一〕常有黃雲覆護其上　「覆護」，原作「覆覆」，據南監本、北監本、汲本、殿本、局本改。

〔二〕赤玉爲字　「字」字原闕，據南監本、北監本、汲本、殿本、局本補。

〔三〕耕於歷山　「山」字原闕，據殿本、局本補。

〔四〕禮縵縵兮　「禮」，殿本、局本作「紕」。

〔五〕旦或旦兮　「或」，北監本、殿本、局本、御覽卷八引尚書大傳、樂府詩集卷八三作「復」。

〔六〕虎鼻大口　「大」字原闕，據類聚卷一一引帝王世紀、御覽卷八二引帝王世紀、册府卷四四補。

〔七〕文命治淫言訖　「訖」字原闕，據南監本、北監本、汲本、殿本、局本補。

〔八〕龍於是曳尾而逃　「逃」，南監本、殿本、局本作「逝」。

〔九〕后稷之孫曰公劉　詩經大雅公劉毛傳：「公劉者，后稷之曾孫也。」按史記卷四周本紀，后稷子不窋，不窋子鞠，鞠子公劉。則公劉正爲后稷之曾孫。

〔一〇〕及公劉之後十三世而生季歷　按史記卷四周本紀，自公劉而後，歷慶節、皇僕、差弗、毀隃、公非、高圉、亞圉、公叔祖類、古公亶父，至季歷前後凡十一世。此云「十三世」，誤。

〔一一〕昌爲西伯　「西伯」，原作「西北」，據南監本、北監本、汲本、殿本、局本、册府卷二一改。

〔一二〕賴先王兮恩澤臻　「臻」，原作「溱」，册府卷二二作「深」，今據南監本、北監本、汲本、殿本、局本改。

〔一三〕欲爲貴人　「爲」，南監本、殿本作「與」。按史記卷八高祖本紀、漢書卷一上高帝紀上亦作「與」。

〔一四〕張良遊於下邳沂水之上　「下邳沂水之上」，漢書卷四〇張良傳作「下邳圯上」，服虔曰：「圯音頤。楚人謂橋曰圯。」應劭曰：「汜水之上也。」文穎曰：「沂水上橋也。」師古曰：「下邳之水，非汜水也，又非沂水。服説是矣。」

〔一五〕昭帝元鳳三年正月　「三年」，原作「二年」，據漢書卷二七中之上五行志中之上、卷七五眭弘傳、册府卷二一改。

〔一六〕大四十八圍　原作「大三十八圍」，據漢書卷二七中之上五行志中之上、卷七五眭弘傳、册府卷二一改。

〔一七〕唐據火德而漢紹之　「唐」，原作「言」，據局本、漢書卷一〇〇上敍傳上、文選卷五二班叔皮王命論改。

〔一八〕越次妄據　「次」，原作「久」，據漢書卷一〇〇上敍傳上、文選卷五二班叔皮王命論改。

〔一九〕失天年之壽　「天年」，原作「大年」，據漢書卷一〇〇上敍傳上、文選卷五二班叔皮王命論改。

〔二〇〕堯夢攀天而上　原作「堯攀天而止」，據後漢書卷一〇上皇后紀上補正。按本卷上文云帝堯「夢攀天而上」。

〔二一〕湯夢及天而呧之　「呧」，後漢書卷一〇上皇后紀上作「咶」。按説文卷三上：「舓，以舌取食也。从舌，易聲。」段玉裁注：「或作䑛，或作狧。」朱駿聲説文通訓定聲云：「字亦作䑛，作咶。」此「哌」字，蓋又「舐」之省文。

〔二二〕光禄大夫橋玄問太史令單颺曰　「橋玄」，原作「喬玄」，據三國志卷二魏書文帝紀改。

〔二三〕四月饒安言白虎見　「四月」，原作「十月」，下又出八月，今據本書卷二八符瑞志中、三國志卷二魏書文帝紀改。按本書符瑞志中云：「延康元年四月丁巳，饒安縣言白虎見。」

〔二四〕昔光和七年　「七年」，原作「十七年」，據三國志卷二魏書文帝紀裴注引獻帝傳改。按後漢書卷八孝靈帝紀，光和止七年，七年十二月，改元中平。

〔二五〕魏以改制天下　「改」，原作「政」，據三國志卷二魏書文帝紀裴注引獻帝傳改。

〔二六〕日載東紀火光不横一聖明聰　「紀」，南監本作「絶」。按三國志卷二魏書文帝紀裴注引獻帝傳亦作「絶」。殿本考證：「日載東者，曹也。曹，古文作『曹』。不横一者，丕也。下文所謂帝之姓諱見圖讖也。然則『紀火光』，自應作『絶火光』，言炎漢亡也。」

〔二七〕反爲輔　「反」，原作「及」，據三國志卷二魏書文帝紀裴注引獻帝傳改。

〔二八〕鬼在山禾女運王天下　「禾女運」，三國志卷二魏書文帝紀裴注引獻帝傳作「禾女連」。「禾女」，合上之鬼在山，魏也，故曰「連」。疑裴注是。

〔二九〕周敬王之三十七年　「三十七」，原作「四十七」，據三國志卷二魏書文帝紀裴注引搜神記改。按史記卷四周本紀，周敬王無四十七年。

〔三〇〕赤三日德昌九世會備合爲帝際　「日」、「爲」二字原闕，據三國志卷三二蜀書先主傳補。

〔二一〕從璿璣下來應之　「來」字原闕，據三國志卷三二蜀書先主傳補。

〔二二〕九日乃去　「九」字原闕，據南監本、汲本、殿本、局本、本書卷二八符瑞志中、三國志卷三二蜀書先主傳補。

〔二三〕昌門吳郭門　「郭門」，三國志卷四七吳書吳主傳裴注作「西郭門」。

〔二四〕舉口武昌並言黃龍鳳皇見　「舉口」，南監本、北監本、汲本、殿本、局本作「舉兵」。三國志卷四七吳書吳主傳作「夏口」。按水經注卷三五江水：「舉水又東南歷赤亭下，謂之赤亭水。又分爲二水，南流注于江，謂之舉口，南對舉洲。」舉口位於舉水下游，約在今武漢市新洲區一帶。疑作「舉口」不誤。

〔二五〕周圍七尋　「七」字原闕，據三國志卷三魏書明帝紀裴注引搜神記補。

〔二六〕至青龍三年　「龍」字原闕，據南監本、北監本、汲本、殿本、局本補。按三國志卷三魏書明帝紀裴注引魏氏春秋繫此事於青龍三年。

〔二七〕柳谷之玄川溢湧　「溢湧」，原作「溢漏」，南監本、北監本作「溢漏」，今據局本、三國志卷三魏書明帝紀裴注引魏氏春秋改。

〔二八〕廣一丈六尺長一丈七尺一寸　「一丈六尺長」五字原闕，據三國志卷三魏書明帝紀裴注引魏氏春秋補。

〔二九〕其一羈靬　「羈」，原作「騎」，據三國志卷三魏書明帝紀裴注引魏氏春秋改。

〔四〇〕上上三天王述大會討大曹金但取之金立中大金馬一疋中正大吉關壽此馬甲寅述水凡三十五字　按此白石文三十五字，亦見三國志卷三魏書明帝紀裴注引魏氏春秋。「會」，南監本、北監本、魏氏春秋作「金」。「討大曹」，魏氏春秋作「大討曹」。「中正」，魏氏春秋作「在中」。「關」，魏氏春秋作「開」。

〔四一〕皆隆起　原作「昔起」，據南監本、北監本、汲本、殿本、局本、三國志卷三魏書明帝紀裴注引漢晉春秋補正。

〔四二〕琅邪武王伷率衆出涂中　「涂中」，原作「塗中」，據三國志卷四八吴書孫晧傳、晉書卷三八宣五王琅邪武王伷傳改。

〔四三〕元帝小字銅環　張森楷校勘記：「晉書后妃傳言元帝母夏侯氏小字銅環，此直以爲元帝。」

〔四四〕晉陵人車𧶽善相人　「車𧶽」，類聚卷一三引徐爰宋書作「韋𧶽」，南史卷一宋本紀上、御覽卷一二八引徐爰宋書、卷七三〇引宋書高祖紀作「韋叟」。

〔四五〕得銅鐘十二枚　「十二」，原作「十一」，據南監本、北監本、汲本、殿本、局本、建康實録卷一改。

〔四六〕晉氏金行　「金」，原作一字空格，據南監本、北監本、汲本、殿本、局本補。

〔四七〕數滿十八傳　「傳」，原作「年」，據殿本改。

〔四八〕尤著明者也　原作「明尤著者也」，據殿本乙正。

〔四九〕四十六年而禪晉　「四十六」，原作「三十六」，據南監本、殿本、局本改。

〔五〇〕景平二年四月　「二年」，原作「三年」。按宋景平無三年，據下文，當是景平二年，今改正。

宋書卷二十八

志第十八

符瑞中

麒麟者，仁獸也。牡曰麒，牝曰麟。不刳胎剖卵則至。麕身而牛尾，狼項而一角，黄色而馬足。含仁而戴義，音中鍾呂，步中規矩，不踐生蟲，不折生草，不食不義，不飲洿池，不入坑穽，不行羅網。明王動靜有儀則見。牡鳴曰逝聖，牝鳴曰歸和，春鳴曰扶幼，夏鳴曰養綏。

漢武帝元狩元年十月，行幸雍，祠五畤，獲白麟。

漢武帝太始二年三月，獲白麟。

漢章帝元和二年以來，至章和元年，凡三年，麒麟五十一見郡國。

漢安帝延光三年七月，麒麟見潁川陽翟。

延光三年八月戊子，麒麟見潁川陽翟。

延光四年正月壬午，麒麟見東郡濮陽。

漢獻帝延康元年，麒麟十見郡國。

吳孫權赤烏元年八月，武昌言麒麟見。又白麟見建業。

晉武帝泰始元年十二月，麒麟見南郡枝江。

晉武帝咸寧五年二月甲午，白麟見平原鬲縣。

咸寧五年九月甲午，麒麟見河南陽城。

晉武帝太康元年四月，白麟見頓丘。

晉愍帝建興二年九月丙戌，麒麟見襄平，州刺史崔毖以聞。

晉元帝太興元年正月戊子，麒麟見豫章。

晉成帝咸和八年五月己巳，麒麟見遼東。

鳳凰者，仁鳥也。不刳胎剖卵則至。或翔或集。雄曰鳳，雌曰凰。蛇頭燕頷，龜背鼈腹，鶴頸鷄喙，鴻前魚尾，青首駢翼，鷺立而鴛鴦思。首戴德而背負仁，項荷義而膺抱信，足履正而尾繫武。小音中鍾，大音中鼓。延頸奮翼，五光備舉。興八風，降時雨，食有節，飲有儀，往有文，來有嘉，遊必擇地，飲不妄下。其鳴，雄曰「節節」，雌曰「足足」。晨鳴曰發明，晝鳴曰上朔，夕鳴曰歸昌，昏鳴曰固常，夜鳴曰保長。其樂也，徘徘徊徊，雍雍喈喈。唯鳳皇爲能究萬物，通天祉，象百狀，達王道，率五音，成九德，備文武，正下國。故得鳳之象，一則過之，二則翔之，三則集之，四則春秋居之，五則終身居之。

漢昭帝始元三年十月，鳳皇集東海，遣使祠其處。

漢宣帝本始元年五月〔一〕，鳳皇集膠東。

本始四年五月，鳳皇集北海。

漢宣帝地節二年四月，鳳皇集魯，羣鳥從之。

漢宣帝元康元年三月，鳳皇集泰山、陳留。

元康四年，南郡獲威鳳。

漢宣帝神雀二年二月，鳳皇集京師，羣鳥從之以萬數。

神雀四年春，鳳皇集京師。

神雀四年十月，鳳皇十一集杜陵。

神雀四年十二月，鳳皇集上林。

漢宣帝甘露三年二月，鳳皇集新蔡，羣鳥四面行列，皆向鳳皇立，以萬數。

漢光武建武十七年十月，鳳皇五，高八九尺，毛羽五采，集潁川郡，羣鳥並從行列，蓋地數頃，留十七日乃去。

漢章帝元和二年以來，至章和元年，凡三年，鳳皇百三十九見郡國。

漢安帝延光三年二月，車駕東巡。其月戊子，鳳皇集濟南臺縣丞霍收舍樹上，賜臺長嶷帛十五匹，收二十匹，尉半之，吏卒人三匹；鳳皇所過亭部，無出今年田租；賜男子爵人二級。

延光三年十月壬午，鳳皇集京兆新豐西界槐樹。

漢桓帝元嘉元年十一月〔二〕，鳳皇見濟陰己氏。

漢靈帝光和四年秋，五色大鳥見新城，羣鳥隨之。民皆謂之鳳皇。

漢獻帝延康元年八月，石邑縣言鳳皇集。又郡國十三言鳳皇見。

吳孫權黃武五年七月，蒼梧言鳳皇見。

孫權黃龍元年四月，皋口、武昌並言鳳皇見〔三〕。

吳孫亮建興二年十一月，大鳥五見于春申。

吳孫晧寶鼎四年正月，西苑言鳳皇集〔四〕。

晉武帝泰始元年十二月，鳳皇見上黨高都。

泰始元年十二月，鳳皇二見河南山陽。

泰始元年十二月，鳳皇三見馮翊下邽。

晉穆帝升平四年二月辛亥，鳳皇將九子見鄖鄉之豐城。十二月甲子，又見豐城，衆鳥隨從。

升平五年四月己未，鳳皇集沔北，至于辛酉。百姓聚觀之。

宋武帝永初元年七月戊戌，鳳皇見會稽山陰。

文帝元嘉十四年三月丙申，大鳥二集秣陵民王顗園中李樹上，大如孔雀，頭足小高，毛羽鮮明，文采五色，聲音諧從，衆鳥如山雞者隨之，如行三十步頃，東南飛去。揚州刺史彭城王義康以聞。改鳥所集永昌里曰鳳皇里。

孝武帝孝建元年正月庚申，鳳皇見丹徒愒賢亭，雙鵠爲引，衆鳥陪從。征虜將軍武昌王渾以聞。

神鳥者，赤神之精也，知音聲清濁和調者也。雖赤色而備五采，雞身，鳴中五音，肅肅雝雝。喜則鳴舞，樂處幽隱。風俗從則至。

漢宣帝五鳳三年三月辛丑，神烏集長樂宮東闕樹上〔五〕，又飛下地，五采炳發，留十餘刻。

漢章帝元和中，神烏見郡國。

黃龍者，四龍之長也。不漉池而漁，德至淵泉，則黃龍游於池。能高能下，能細能大，能幽能冥，能短能長，乍存乍亡。

赤龍、河圖者，地之符也。王者德至淵泉，則河出龍圖。

漢惠帝二年正月癸酉，兩龍見蘭陵人家井中。

漢文帝十五年春，黃龍見成紀。

漢宣帝甘露元年四月，黃龍見新豐。

漢成帝鴻嘉元年冬，黃龍見真定。

漢成帝永始二年二月癸未〔六〕，黃龍見東萊。

漢光武建武十二年六月，黃龍見東阿。

漢章帝元和二年以來〔七〕，至章和元年，凡三年，黃龍四十四見郡國。

元和中，青龍見郡國。

元和中，白龍見郡國。

漢安帝延光元年八月辛卯，黄龍見九真。

延光三年九月辛亥，黄龍見濟南歷城。

延光三年十二月乙未，黄龍見琅邪諸縣。

延光四年正月壬午，黄龍二見東郡濮陽。

漢桓帝建和元年二月，黄龍見沛國譙。

漢桓帝元嘉二年八月，黄龍見濟陰句陽，又見金城允街。

漢桓帝永康元年八月〔八〕，黄龍見巴郡。

漢獻帝延康元年三月，黄龍見譙。又郡國十三言黄龍見。

魏明帝青龍元年正月甲申，青龍見郟之摩陂井。帝親與羣臣共觀之，既而詔畫工圖寫，龍潛而不見。

魏明帝景初元年二月壬辰，山茌縣言黄龍見〔九〕。

魏少帝正元元年十月戊戌，黄龍見鄴井中。

魏少帝甘露元年正月辛丑，青龍見軹縣井中凡二。

甘露元年六月，青龍見元城縣界井中。

甘露二年二月，青龍見温縣井中。

甘露三年八月甲戌，黄龍、青龍仍見頓丘、冠軍、陽夏縣井中。

甘露四年正月，黄龍二見寧陵縣井中。

魏元帝景元元年十二月甲申，黄龍見莘縣井中〔一〇〕。

景元三年二月，青龍見軹縣井中。

劉備未即位前，黄龍見武陽赤水，九日乃去。

吴孫權黄武元年三月，鄱陽言黄龍見。

吴孫權黄龍元年四月，舉口、武昌並言黄龍見〔一一〕。權因此改元。作黄龍牙，常在軍中，進退視其所向，命胡綜爲賦。

吴孫權赤烏五年三月，海鹽縣言黄龍見縣井中二。

赤烏十一年，雲陽言黄龍見。黄龍二又見武陵吴壽，光色炫燿。

吴孫休永安四年九月，布山言白龍見〔一二〕。

永安五年七月，始新言黄龍見。

永安六年四月，泉陵言黄龍見。

晉武帝泰始元年十二月，青龍二見濟陰定陶。

泰始元年十二月，青龍見魏郡湯陰。
泰始元年十二月，黃龍見河南洛陽洛濱。
泰始元年十二月，白龍二見太原祁。
泰始二年七月壬午，黃龍見巴西閬中。
泰始三年四月戊午，有司奏：「張掖太守焦勝言，氐池縣大柳谷口青龍見〔一三〕。」
晉武帝咸寧二年六月丙申，白龍二見于新興九原居民井中。
咸寧二年十月庚午，黃龍二見于漢嘉靈關。
咸寧二年十一月癸巳，白龍二見須度支部〔一四〕。
咸寧五年十一月甲寅，青龍見京兆霸城。
晉武帝太康元年八月，白龍三見于永昌〔一五〕。
太康三年閏月己丑，白龍二見濟南歷城。
太康五年正月癸卯，青龍二見武庫井中，帝親往觀之。
太康六年九月，白龍見京兆陰槃。
太康九年十二月戊申，青龍一見魯國公丘居民井中〔一六〕。
晉惠帝元康七年三月己酉朔，成皋縣獄有龍昇天。

宋武帝永初元年七月，青龍見義興陽羨。

永初元年八月，青龍二見南郡江陵。

文帝元嘉十三年九月己酉，會稽郡西南向曉，忽大光明，有青龍騰躍凌雲，久而後滅。吳興諸處並以其日同見光景。揚州刺史彭城王義康以聞。

元嘉二十一年十月己丑，永嘉永寧見黃龍自雲而下，太守臧藝以聞。

元嘉二十五年五月丁丑，黑龍見玄武湖北，苑丞王世宗以聞。

元嘉二十五年五月戊戌，黑龍見玄武湖東北隈，揚州野吏張立之以聞。

元嘉二十五年八月辛亥，黃龍見會稽，太守孟顗以聞。

元嘉二十五年，廣陵有龍自湖水中升天，百姓皆見。

孝武帝孝建二年七月癸丑，黃龍見石頭城外水濱，中護軍湘東王彧以聞。

孝建三年五月己未，龍見臨川郡，江州刺史東海王褘以聞〔一七〕。

孝武大明元年五月癸亥，黑龍見晉陵占石邨。改邨爲津里。

靈龜者，神龜也。王者德澤湛清，漁獵山川從時則出。五色鮮明，三百歲游於蕖葉之上，三千歲常游於卷耳之上。知存亡，明於吉凶。禹卑宮室，靈龜見。

玄龜書者，天符也。王者德至淵泉，則雒出龜書。

魏文帝初，神龜出於靈池。

吴孫權時，靈龜出會稽章安。

魏元帝咸熙二年二月甲辰，朐䏰縣獲靈龜以獻。

晉長沙王乂坐同産兄楚王瑋事，徙封常山，後還復國。在常山穿井，入地四丈，得白玉方三四尺。玉下有大石，其中有龜長二尺餘，時人以爲復國之祥。

宋文帝元嘉十九年四月戊申，白龜見吴興餘杭，太守文道恩以獻。

元嘉二十年四月辛卯，白龜見吴興餘杭，揚州刺史始興王濬以聞。

元嘉二十四年十月甲午，揚州刺史始興王濬獲白龜以獻。

孝武帝大明三年三月戊子，毛龜見宣城廣德，太守張辯以獻〔一八〕。

大明四年六月壬寅，車駕幸耤田，白龜見于千畝，尚書右僕射劉秀之以獻。

大明七年八月乙未，毛龜見新安王子鸞第〔一九〕，獲以獻。

明帝泰始二年八月丙辰朔，四眼龜見會稽，會稽太守巴陵王休若以獻。

泰始二年八月丙寅，六眼龜見東陽長山，文如爻卦，太守劉勰以獻。

泰始六年九月己巳，八眼龜見吴興故鄣，太守褚淵以獻。

明帝泰豫元年十月壬戌，義興陽羡縣獲毛龜，太守王藴以獻。

龍馬者，仁馬也，河水之精。高八尺五寸，長頸有翼，傍有垂毛，鳴聲九哀。一作音。

騰黄者，神馬也。其色黄。王者德御四方則出。白馬朱鬣，王者任賢良則見。澤馬者，王者勞來百姓則至。夏馬騂，黑身白鬣尾，殷馬駱，白身黑鬣尾，周馬騂，赤身黑鬣尾。

漢章帝元和中，神馬見郡國。

晉懷帝永嘉六年二月壬子，神馬鳴南城門。

晉孝武帝太元十四年六月甲申朔，寧州刺史費統上言：「所統晉寧之滇池縣，舊有河水，周回二百餘里。六月二十八日辛亥〔二〇〕，神馬二匹，一白一黑，忽出於河中，去岸百步。縣民董聰見之。」

白象者，人君自養有節則至。

宋文帝元嘉元年十二月丙辰，白象見零陵洮陽。

元嘉六年三月丁亥，白象見安成安復，江州刺史南譙王義宣以聞。

漢武帝元狩二年三月，南越獻馴象。

白狐，王者仁智則至。

晉成帝咸康八年七月，燕王慕容皝上言白狢見國内。

赤熊，佞人遠，姦猾息，則入國。

宋文帝元嘉二十年十二月，白熊見新安歙縣，太守到元度以獻。

九尾狐，文王得之，東夷歸焉。

漢章帝元和中，九尾狐見郡國。

魏文帝黄初元年十一月甲午，九尾狐見鄄城，又見譙。

白鹿，王者明惠及下則至。

漢章帝建初七年十月，車駕西巡，得白鹿於臨平觀。

漢章帝元和中，白鹿見郡國。

漢安帝延光三年六月辛未，白鹿見右扶風雍。

延光三年七月，白鹿見左馮翊〔三〕。

漢桓帝永興元年二月，白鹿見張掖。

魏文帝黄初元年，郡國十九言白鹿及白麋見。

晉武帝泰始八年十月，白鹿見扶風雍，州刺史嚴詢獲以獻。

晉武帝太康元年三月，白鹿見零陵泉陵。

太康元年五月甲辰，白鹿見天水西縣，太守劉辛獲以獻。

太康三年七月壬子，白鹿見零陵，零陵令蔣微獲以獻。

晉惠帝元康元年九月乙酉，白鹿見交趾武寧。

晉愍帝建武元年五月戊子，白鹿見高山縣。

晉元帝太興三年正月，白鹿二見豫章。

太興三年四月，白鹿見晉陵延陵。

晉元帝永昌元年九月，白鹿見江乘縣。

晉成帝咸和四年五月甲子，白鹿見零陵洮陽，獲以獻。

咸和四年七月壬寅，長沙郡邏吏黄光於南郡道遇白鹿，驅之不去，直來就光，追尋光三百餘步。光遂抱取，遣吏李堅奉獻。
咸和九年八月己未，白鹿見長沙臨湘。
晉成帝咸康二年七月，白鹿見豫章望蔡，太守桓景獲以獻。
晉孝武太元十六年三月癸酉，白鹿見豫章望蔡，獲以獻。
太元十八年五月辛酉，白鹿見江乘，江乘令田熙之獲以獻。
太元二十年九月丁丑，白鹿見巴陵清水山，荆州刺史殷仲堪以獻。
晉安帝隆安五年十一月，白鹿見長沙，荆州刺史桓玄以聞。
宋文帝元嘉五年七月丙戌，白鹿見東莞莒縣峋峨山，太守劉玄以聞。
元嘉九年正月，白鹿見南譙譙縣，豫州刺史長沙王義欣以獻。
元嘉十四年，白鹿見文鄉。
元嘉十七年五月甲午，白鹿見南汝陰宋縣，太守文道恩以獻。
元嘉二十年八月，白鹿見譙郡蘄縣，太守鄧琬以獻。
元嘉二十二年二月，白鹿見建康縣〔三〕，揚州刺史始興王濬以聞。
元嘉二十二年二月辛未，白鹿見南康灨縣，南康相劉興祖以獻。
元嘉二十三年二月戊戌，白鹿見交州，交州刺史檀和之以獻。

元嘉二十三年六月丙辰，白鹿見彭城彭城縣，征北將軍衡陽王義季獲以獻。

元嘉二十七年二月壬辰朔，白鹿見濟陰，徐州刺史武陵王駿以聞。

元嘉二十九年八月癸酉，白鹿見鄱陽，南中郎將武陵王駿以獻。

元嘉三十年十一月壬午，白鹿見南琅邪，南琅邪太守王僧虔以獻。

元嘉三十年十一月癸亥，白鹿見武建郡，雍州刺史朱脩之以獻。

孝武帝孝建三年三月庚子，白鹿見臨川西豐縣。

孝武帝大明元年四月甲申，白鹿見南平。

大明二年四月己丑，白鹿見桂陽郴縣，湘州刺史山陽王休祐以獻。

大明三年正月癸巳，白鹿見南琅邪江乘，南徐州刺史劉延孫以獻。

大明三年二月辛卯，白鹿見廣陵新市，太守柳光宗以聞。

大明五年五月丙寅，白鹿見南東海丹徒，南徐州刺史劉延孫以獻。

大明八年六月甲子，白鹿見衡陽郡，湘州刺史江夏王世子伯禽以獻。

明帝泰始二年二月乙亥，白鹿見宣城，宣城太守劉韞以聞。

泰始五年二月己亥，白鹿見長沙，湘州刺史劉韞以獻〔二三〕。

泰始六年十二月乙未，白鹿見梁州，梁州刺史杜幼文以聞。

後廢帝元徽三年二月甲子，白鹿見鬱洲，青冀二州刺史、西海太守劉善明以獻。

三角獸，先王法度修則至。闕

一角獸，天下平一則至。闕

六足獸，王者謀及衆庶則至。闕

比肩獸，王者德及矜寡則至。闕

解豸知曲直，獄訟平則至。闕

白虎，王者不暴虐，則白虎仁，不害物。

漢宣帝元康四年，南郡獲白虎。

漢章帝元和二年以來，至章和元年，凡三年，白虎二十九見郡國。

漢安帝延光三年八月戊子，白虎二見潁川陽翟。

漢獻帝延康元年四月丁巳，饒安縣言白虎見。又郡國二十七言白虎見。

吴孫權赤烏六年正月，新都言白虎見。

赤烏十一年五月，鄱陽言白虎仁。

晉武帝泰始元年十二月，白虎見河南陽翟。

泰始元年十二月，白虎見弘農陸渾。

泰始二年正月己亥，白虎見遼東樂浪。

泰始二年正月辛丑，白虎見天水西。

晉武帝咸寧三年二月乙丑，白虎見沛國。

晉武帝太康元年八月，白虎見永昌南罕〔二四〕。

太康四年七月丙辰，白虎見建平北井。

太康十年十月丁酉，白虎見犍爲。

晉成帝咸和八年五月己巳，白虎見新昌縣。

晉簡文帝咸安二年三月，白虎見豫章南昌縣西鄉石馬山前。

晉孝武太元十四年十一月辛亥，白虎見豫章郡。

太元十九年二月，行聳令劉啓期言白虎頻見。

太元十九年二月，行温令趙邳言白虎頻見。

晉安帝隆安五年十一月，襄陽言騶虞見於新野。

宋武帝永初元年八月癸巳，白虎見枝江。

少帝景平元年十月，白虎見桂陽耒陽。

文帝元嘉十九年十月，白虎見弋陽、期思二縣，南豫州刺史武陵王駿以聞。

元嘉二十五年二月己亥，白虎見武昌，武昌太守蔡興宗以聞。

元嘉二十五年十一月丁丑，白虎見蜀郡二，赤虎導前，益州刺史陸徽以聞。

元嘉二十六年四月戊戌，白虎見南琅邪半陽山，二虎隨從，太守王僧達以聞。

孝武孝建三年三月壬子，白虎見臨川西豐。

白狼，宣王得之而犬戎服。闕

白麞，王者刑罰理則至。

晉武帝咸寧元年四月丙戌、乙卯，白麞見琅邪，趙王倫以獻。

咸寧三年七月壬辰，白麞見魏郡。

晉武帝太康三年八月，白麞見梁國蒙，梁相解隆獲以獻。

太康五年九月己酉，白麞見義陽。

太康七年五月戊辰，白麞見汲郡。

晉成帝咸和九年五月癸酉，白麞見吴國吴縣，内史虞潭獲以獻。

晉穆帝永和元年八月，白麞見吴國吴縣西界包山，獲以獻。

永和八年十二月，白麞見丹陽永世，永世令徐該獲以獻。

永和十二年十一月庚午，白麞見梁郡，梁郡太守劉遂獲以獻。

晉安帝隆安五年十一月，白麞見荆州，荆州刺史桓玄以聞。

宋少帝景平元年五月癸未，白麞見義興陽羨，太守王準之獲以獻。

景平二年六月，白麞見南郡江陽，太守王華獻之太祖。太祖時入奉大統，以爲休祥。

文帝元嘉五年四月乙巳，白麞見汝南武津，太守鄭據獲以獻。

元嘉十二年正月，白麞見東萊黄縣，青、冀州刺史王方回以獻。

元嘉十九年五月，山陽張休宗獲白麞，南兗州刺史臨川王義慶以獻。

元嘉二十年八月，白麞見江夏安陸，内史劉思考以獻。

元嘉二十五年二月己丑，白麞見淮南，太守王休獲以獻。

元嘉二十五年四月戊午，白麞見南琅邪，太守王遠獲以獻。

元嘉二十五年五月辛未朔，華林園白麞生二子皆白，園丞梅道念以聞。

元嘉二十六年五月丙戌，白麞見馬頭，豫州刺史南平王鑠以獻。

元嘉二十七年正月己丑，白麞見濟陰，徐州刺史武陵王駿以聞。
元嘉二十七年四月癸丑，華林園白麞生一白子，園丞梅道念以聞。
元嘉二十九年六月壬戌，白麞見晉陵暨陽〔二五〕，南徐州刺史始興王濬以獻。
孝武帝孝建三年六月癸巳，白麞見廣陵，南兗州以獻。
孝武帝大明元年七月丁丑，白麞見東萊曲城縣，獲以獻。
大明二年正月壬戌，白麞見山陽，山陽內史程天祚以獻。
大明二年二月辛丑，白麞見濟北，濟北太守殷孝祖以獻。
大明五年九月己巳，白麞見南陽，雍州刺史永嘉王子仁以獻。
大明六年四月戊辰，白麞見營陽，湘州刺史建安王休仁以獻〔二六〕。
大明七年正月庚寅，白麞見南陽，荆州刺史臨海王子頊以獻。
大明七年六月己巳，白麞見武陵臨沅，太守劉衍以獻。
大明七年九月癸未，白麞見南陽，雍州刺史劉秀之以獻。
明帝泰始三年五月癸酉，白麞見南東海丹徒，南徐州刺史桂陽王休範以獻。
泰始三年五月己卯，白麞見北海都昌，青州刺史沈文秀以獻。
泰始五年正月癸卯，白麞見汝陰樓煩，豫州刺史劉勔以獻。

明帝泰豫元年十月壬戌，白麞見義興國山，太守王藴以獻。
後廢帝元徽元年正月甲午，白麞見海陵寧海，太守孫嗣之以獻〔二七〕。
文帝元嘉二十三年五月甲寅，東宫隊白從陳超獲黑麞於肥如縣，皇太子以獻。
元嘉二十三年十月辛巳，東宫將魏榮獲青麞於秣陵。
元嘉十年十二月，營城縣民成公會之於廣陵高郵界獲白麞鹿以獻。
孝武帝大明元年二月己亥，白鹿見會稽諸暨縣，獲以獻。

銀鹿，刑罰得共〔二八〕，民不爲非則至。闕
赤兔，王者德盛則至。闕
比翼鳥，王者德及高遠則至。闕

赤雀，周文王時銜丹書來至。
晉愍帝建興三年四月癸酉，赤雀見平州府舍。
宋文帝元嘉二十年五月，赤雀集南平郡府，内史臧綽以聞。
孝武帝孝建元年五月己亥，臨沂縣魯尚斯軍人於城上獲赤雀，太傅假黃鉞江夏王義

恭以獻。

福草者，宗廟肅，則生宗廟之中。闕

蒼烏者，賢君修行孝慈於萬姓，不好殺生則來。

宋孝武帝大明元年五月丁丑，蒼烏見襄陽縣。

大明二年四月甲申，蒼烏見襄陽，雍州刺史王玄謨以獻。

甘露，王者德至大，和氣盛，則降。

柏受甘露，王者耆老見敬，則柏受甘露。

竹受甘露，王者尊賢愛老，不失細微，則竹葦受甘露〔二九〕。

漢宣帝元康元年三月，甘露降未央宮。

漢宣帝神雀二年二月，甘露降京師〔三〇〕。

神雀四年春，甘露降京師。

漢宣帝五鳳二年正月，甘露降京師。

漢成帝元延四年三月，甘露降京師。

漢光武建武中元元年五月，郡國上甘露降。

漢明帝永平十七年五月戊子夜〔三二〕，帝夢見光武帝、光烈皇后，夢中喜覺，悲不能寐。明旦上陵，百官、胡客悉會。太常丞上言，其日陵樹葉有甘露，帝令百官采甘露。帝自伏御牀，視太后莊器奩中物，流涕，敕易奩中脂澤之具。

永平十七年春，甘露仍降京師。

漢章帝元和中，甘露降郡國。

漢安帝延光三年四月丙戌，甘露下沛國豐。

延光三年七月，甘露下左馮翊頻陽。

漢桓帝延熹三年四月，甘露降上郡。

漢桓帝永康元年八月，甘露降巴郡〔三三〕。

魏文帝初，郡國三十七言甘露降。

魏少帝甘露元年五月，鄴及上洛並言甘露降。

魏元帝咸熙二年四月，南深澤縣言甘露降。

吳孫權黃武前，建業言甘露降。

黄武二年五月，曲阿言甘露降。
吴孫權嘉禾五年三月，武昌言甘露降於禮賓殿〔三三〕。
吴孫權赤烏二年三月〔三四〕，零陵言甘露降。
赤烏九年四月，武昌言甘露降。
吴孫晧甘露元年四月，蔣陵言甘露降。
晉武帝泰始十年四月乙亥，甘露降西河離石。
晉武帝咸寧元年四月丙戌，甘露降張掖。
咸寧元年五月戊午，甘露降清河繹幕。
咸寧元年九月，甘露降太原晉陽。
咸寧二年五月戊子，甘露降玄菟郡治。
咸寧五年六月戊申，甘露降巴郡南充國。
晉武帝太康五年三月乙卯，甘露降東宮。
太康七年四月，甘露降京兆杜陵。
太康七年五月，甘露降魏郡鄴。
晉惠帝元康四年五月，甘露降樂陵郡。

晉愍帝建興元年六月，甘露降西平縣。

建興三年八月己未，甘露降新昌縣。

晉愍帝建武元年六月丁丑，甘露降壽春。

晉元帝太興三年四月，甘露降琅邪費。

晉明帝太寧二年正月〔三五〕，巴郡言甘露降。

晉成帝咸和四年四月，甘露降武昌郡閤前柳樹，太守詡以聞。

咸和六年三月，甘露降寧州城內北園榛桃樹，刺史以聞。

咸和七年四月癸巳，甘露降京邑，揚州刺史王導以聞。

咸和八年四月癸卯，甘露降廬江襄安縣蔣胄家。

咸和八年四月癸卯，甘露降宣城宛陵縣之須里。

咸和九年四月甲寅，甘露降吴國錢唐縣右鄉康巷之柳樹〔三六〕。

咸和九年十二月丙辰，甘露降建平陵。

咸和九年十二月丁巳，甘露降武平陵。

晉成帝咸康元年四月癸卯，甘露降西堂桃樹。

咸康二年三月甲戌，甘露降鬱林城內。

咸康二年四月，甘露降西堂，又降尚書都坐桃樹，又降會稽永興縣，衆官畢賀。戊午，甘露降會稽山陰縣，又降吴興武康縣。庚申，又降武康。

咸康三年四月戊午，甘露降殿後桃李樹。五月，甘露降義興陽羨縣柞樹，東西十四步，南北十五步。

咸康七年四月丙子，甘露降彭城王紘第内，衆官畢賀。

晉穆帝永和元年三月，甘露降廬江郡内桃李樹，太守永以聞。

永和五年十一月，太常劉邵上崇平陵令王昂即日奉行陵内，甘露降于玄宫前殿。

永和五年十二月己酉，甘露降丹陽湖熟縣西界劉敷墓松樹，縣令王恬以聞，衆官畢賀。

晉簡文帝咸安二年正月，甘露降隨郡灄陽縣界桑木，沾凝十餘里中。

晉孝武帝太元十二年八月〔二七〕，甘露降寧州界内，刺史費統以聞。

太元十五年閏月，甘露降永平陵。

太元十六年十一月庚午，甘露降句陽縣。

太元十七年二月，甘露降南海番禺縣楊樹。

晉安帝元興二年十月，甘露降武昌王成基家竹。

元興三年三月己卯，甘露降丹徒。

元興三年四月己酉，甘露降蘭臺。

宋武帝永初元年九月庚辰，甘露降丹徒峴山〔三八〕。

永初元年十月庚午，甘露降興寧、永寧二陵，彌冠百餘里。

文帝元嘉三年閏正月己丑，甘露降吳興烏程，太守王韶之以聞。

元嘉四年五月辛巳，甘露降齊郡西安臨朐城。

元嘉四年十一月辛未朔，甘露降初寧陵。

元嘉四年十一月己丑，甘露降南海熙安，廣州刺史江桓以聞。

元嘉八年五月，甘露降南海番禺。

元嘉九年十一月壬子，甘露降初寧陵。

元嘉十一年八月甲辰，甘露降費縣之沙里，琅邪太守呂綽以聞。

元嘉十三年二月丁卯，甘露降上明巴山。

元嘉十三年二月，甘露降吳興武康董道益家園樹〔三九〕。

元嘉十三年三月甲午，甘露降初寧陵。

元嘉十六年三月己卯，甘露降廣州城北門楊樹，刺史陸徽以聞。

元嘉十七年四月丁丑，甘露降廣陵永福里梁昌季家樹，南兗州刺史江夏王義恭以聞。

元嘉十七年，甘露降高平金鄉富民邨方三十里中。徐州刺史趙伯符以聞。

元嘉十七年十一月乙酉，甘露降樂游苑。

元嘉十八年五月甲申，甘露降丹陽秣陵衞將軍臨川王義慶園，揚州刺史始興王濬以聞。

元嘉十八年六月，甘露降廣陵廣陵孟玉秀家樹，南兗州刺史臨川王義慶以聞。

元嘉十九年五月丁卯，甘露降建康司徒參軍督護顧俊之宅竹柳。

元嘉十九年五月乙亥，甘露降馬頭濟陽宋慶之園樹，太守荀預以聞。

元嘉二十一年，甘露降益州府内梨李樹，刺史庾俊之以聞。

元嘉二十一年四月，甘露頻降樂遊苑。

元嘉二十一年四月，甘露降彭城綏輿里，徐州刺史臧質以聞。

元嘉二十一年四月，甘露降義陽平陽，太守龐秀之以聞。

元嘉二十二年十一月辛巳，甘露降南郡江陵方城里，荆州刺史南譙王義宣以聞。

元嘉二十二年十二月丁酉，甘露降長寧陵，陵令包誕以聞。

元嘉二十三年二月丁未，甘露降樂遊苑，苑丞張寶以聞。

元嘉二十三年九月丙子，甘露降長寧陵，陵令華林以聞。

元嘉二十三年十二月庚子，甘露降襄陽郡治，雍州刺史武陵王駿以聞。

元嘉二十三年十二月辛丑，甘露頻降樂遊苑，苑丞何道之以聞。

元嘉二十四年二月己亥、庚子，甘露頻降景陽山，山監張績以聞。

元嘉二十四年二月己亥、癸卯、三月丙辰，甘露頻降景陽山，華林園丞陳襲祖以聞。

元嘉二十四年三月甲寅，甘露降尋陽松滋，江州刺史盧陵王紹以聞。

元嘉二十四年四月癸未，甘露降尋陽松滋；丙申，又降江州城内桐樹；丁酉，又降城北數里之中，江州刺史盧陵王紹以聞。

元嘉二十四年七月乙卯，甘露降京師，揚州刺史始興王濬以聞。

元嘉二十四年七月，甘露降襄城治下无量寺，雍州刺史武陵王駿以聞。

元嘉二十四年十月甲午，甘露降魏興郡内，太守韋寧民以聞。

元嘉二十三年至二十四年十二月，甘露頻降，狀如細雪，京都及郡國處處皆然，不可稱紀。

元嘉二十五年十一月庚辰，甘露降南郡，荆州刺史南譙王義宣以聞。

元嘉二十五年十一月乙未，甘露降丹陽秣陵巖山。

元嘉二十六年三月壬午，甘露降景陽山，華林園丞梅道念以聞。

元嘉二十六年三月庚寅、癸巳，甘露頻降武昌，江州刺史廬陵王紹以聞。

元嘉二十六年四月甲辰、丙午、戊申，甘露頻降豫章南昌，太守劉思考以聞。

元嘉二十六年七月，甘露降南郡江陵，荆州刺史南譙王義宣以聞。

元嘉二十七年四月乙卯、丙辰、丁巳，甘露頻降豫章南昌。戊午午時，天氣清明，有綵霧映覆郡邑，甘露又自雲降。太守劉思考以聞。

元嘉二十七年五月甲戌，甘露降東海丹徒，南徐州刺史始興王濬以聞。

元嘉二十八年二月戊辰，甘露降鍾山延賢寺，揚州刺史廬陵王紹以聞。

元嘉二十八年二月壬午，甘露降徽音殿前果樹。

元嘉二十八年二月，甘露降合歡殿後香花諸草。

孝武帝孝建元年三月丙辰，甘露降華林園。

孝建二年三月己酉，甘露降丹陽秣陵中里路與之墓樹。

孝建二年三月辛亥，甘露降長寧陵松樹。

孝建二年三月，甘露降襄陽民家梨樹。

孝建二年三月戊午，甘露降丹陽秣陵尚書謝莊園竹林，莊以聞。

孝武帝大明元年四月癸卯，甘露降華林園桐樹。

大明三年三月己卯，甘露降樂游苑梅樹。

大明三年三月戊子，甘露降宣城郡舍，太守張辯以聞。

大明四年正月壬辰，甘露降初寧陵松樹。

大明四年二月丙申，甘露降長寧陵松樹。

大明四年二月乙巳，甘露降丹陽秣陵龍山，丹陽尹孔靈符以聞。

大明五年四月辛亥，甘露降吴興安吉，太守歷陽王子頊以聞。

大明五年四月乙卯，甘露降吴興烏程，太守歷陽王子頊以聞。

大明六年二月戊午，甘露降建康靈燿寺及諸苑園，及秣陵龍山，至于婁湖。是日，又降句容、江寧二縣。

大明七年三月丙申，甘露降尋陽松滋，太守劉矇以聞。

大明七年四月己未，甘露降荆州城内，刺史臨海王子頊以聞。

大明七年十二月辛丑朔，甘露降吴興烏程，令苟卞之以聞。

明帝泰始二年四月己未，甘露降上林苑，苑令徐承道以獻。

泰始二年四月庚申，甘露降華林園，園令臧延之以獻。
泰始二年五月己亥，甘露降丹陽秣陵縣舍齋前竹，丹陽尹王景文以獻。
泰始三年十一月庚申，甘露降晉陵，晉陵太守王蘊以聞。
泰始三年十一月癸亥，甘露降南東海丹徒建岡，徐州刺史桂陽王休範以聞〔四〇〕。
泰始三年十二月壬午，甘露降崇寧陵，揚州刺史建安王休仁以聞。
後廢帝元徽四年十一月乙巳，甘露降吳興烏程，太守蕭惠明以聞。
順帝昇明二年十二月，甘露降建康禁中里〔四一〕。
昇明二年十一月，甘露降南東海武進彭山，太守謝朏以聞。
昇明二年十一月，甘露降吳興長城卞山，太守王奐以聞。

威香者，王者禮備則常生。闕

校勘記

〔一〕漢宣帝本始元年五月　「本始」，原作「太始」，據殿本、局本、漢書卷八宣帝紀改。下並改。

〔二〕漢桓帝元嘉元年十一月　「元嘉」，後漢書卷七孝桓帝紀作「建和」。

〔三〕舉口武昌並言鳳皇見　「舉口」，南監本、北監本、汲本、殿本、局本作「樊口」，三國志卷四七吳書吳主傳、册府卷二〇一作「夏口」。按水經注卷三五江水：「舉水又東南歷赤亭下，謂之赤亭水。又分爲二水，南流注于江，謂之舉口，南對舉洲。」舉口位於舉水下游，約在今武漢市新洲區一帶。疑作「舉口」不誤。

〔四〕吳孫晧寶鼎四年正月西苑言鳳皇集　按寶鼎無四年。又三國志卷四八吳書孫晧傳，建衡三年「西苑言鳳皇集」。建康實録卷四，建衡三年十一月，「鳳皇集西苑」，所記當是一事。疑「寶鼎四年正月」爲「建衡三年十一月」之訛。

〔五〕神鳥集長樂宮東闕樹上　「神鳥」，漢書卷八宣帝紀作「鸞鳳」。蓋本書避齊明帝諱改。下「神鳥」同。

〔六〕漢成帝永始二年二月癸未　「二月」二字原闕，據漢書卷一〇成帝紀補。

〔七〕漢章帝元和二年以來　「和二」二字原闕，據册府卷二二補。

〔八〕漢桓帝永康元年八月　「永康」，原作「永光」，據局本、後漢書卷七孝桓帝紀改。

〔九〕魏明帝景初元年二月壬辰山茌縣言黄龍見　「山茌」，原作「山荏」，據南監本、殿本、局本、三國志卷三魏書明帝紀改。「見」下原有「蜀」字，今據局本、三國志魏書明帝紀删。按此條舊在「魏明帝青龍元年正月甲申」條之上。查青龍元年爲公元二三三年，當在前；景初元年爲公元二三七年，當在後。今訂正。

〔一〇〕黄龍見莘縣井中　「莘縣」，三國志卷四魏書陳留王紀作「華陰縣」。按元和郡縣圖志卷一六云莘縣「本衞地，漢爲陽平縣，屬東郡。魏改屬陽平郡。（中略）大業二年改爲莘縣，因縣北古莘亭爲名」，是魏時無莘縣，疑作「華陰縣」是。

〔一一〕舉口武昌並言黄龍見　「舉口」，汲本作「舉兵」，南監本、北監本、殿本、局本、類聚卷九八引吴志作「樊口」。三國志卷四七吴書吴主傳、册府卷二〇一作「夏口」。

〔一二〕布山言白龍見　「布山」，原作「市山」，據南監本、局本、三國志卷四八吴書孫休傳改。按布山，前漢縣，晉尚未廢。即今廣西桂平市。時無縣名「市山」者。

〔一三〕氐池縣大柳谷口青龍見　「氐池縣」，原作「玄池縣」，據晉書卷三武帝紀改。按續漢書郡國志五，張掖郡有氐池縣。

〔一四〕白龍二見須度支部　「須度支部」四字，晉書卷三武帝紀作「于梁國」。

〔一五〕白龍三見于永昌　「于永昌」三字原闕，據晉書卷三武帝紀補。

〔一六〕太康九年十二月戊申青龍一見魯國公丘居民井中　按晉書卷三武帝紀云太康九年十二月戊申，「青龍、黄龍各一見於魯國」，册府卷二二亦云是年「十二月，青龍、黄龍各一見于魯國」。疑「青龍」下有脱文。

〔一七〕江州刺史東海王禕以聞　「禕」，原作「諱」，北監本、殿本作「禕」，今據汲本、局本改。按東海王禕見本書卷七九文五王廬江王禕傳。

〔一八〕太守張辯以獻　「張辯」，原作「張辨」，據本卷下文改正。按張辯事附見本書卷五三張永傳。

〔一九〕毛龜見新安王子鸞第　「新」，原作一字空格，據南監本、北監本、汲本、殿本、局本、册府卷二〇一補。

〔二〇〕六月二十八日辛亥　按六月甲申朔上言，不應言及是月二十八日事，當有誤。

〔二一〕白鹿見左馮翊　「左馮翊」，後漢書卷五孝安帝紀作「陽翟」。按續漢書郡國志二，陽翟時屬潁川郡。

〔二二〕白鹿見建康縣　「白鹿」，原作「白虎」，據北監本、殿本、局本、册府卷二〇一改。

〔二三〕泰始五年二月己亥白鹿見長沙湘州刺史劉韞以獻　按本書卷八明帝紀，劉韞泰始四年五月已由湘州刺史改任南兗州刺史。此云泰始五年二月，湘州刺史劉韞獻白鹿於長沙者，誤。

〔二四〕白虎見永昌南罕　「南罕」，疑爲「南涪」之誤。晉書卷一四地理志上，益州永昌郡有南涪，無「南罕」。

〔二五〕白麞見晉陵暨陽　「暨陽」，原作「既陽」，據南監本、殿本、局本、册府卷二〇一改。按本書卷三五州郡志一，暨陽屬晉陵郡。

〔二六〕白麞見營陽湘州刺史建安王休仁以獻　「營陽」，原作「滎陽」，據局本、册府卷二〇一改。按本書卷三六州郡志二、卷三七州郡志三，滎陽屬司州，營陽屬湘州。

〔二七〕太守孫嗣之以獻　「太守」上原有「寧海」二字，據册府卷二〇二刪。洪頤煊諸史考異卷四：

「案州郡志，寧海令屬海陵太守，未嘗自立郡。其言太守者，海陵太守也。」

〔二八〕銀麂刑罰得共　宋羅願爾雅翼卷二〇引宋書符瑞志作「銀麂刑罰得中」。按殿本考證：「『共』疑作『中』。」

〔二九〕則竹葦受甘露　「葦」，原作「簟」，據南監本、殿本、局本改。

〔三〇〕漢宣帝神雀二年二月甘露降京師　按漢書卷八宣帝紀載是年春二月詔曰：「乃者正月乙丑，鳳皇、甘露降集京師，羣鳥從以萬數。」是甘露之降，實在二年正月。

〔三一〕漢明帝永平十七年五月戊子夜　「五月」，後漢書卷一〇上皇后紀上作「正月」。

〔三二〕漢桓帝永康元年八月甘露降巴郡　疑「巴郡」乃「魏郡」之訛。按後漢書卷七孝桓帝紀，是年秋八月，「魏郡言嘉禾生，甘露降。巴郡言黃龍見」。是降甘露者，乃魏郡。此處所載祥瑞乃甘露，本卷上文又云是年八月「黃龍見巴郡」。

〔三三〕吳孫權嘉禾五年三月武昌言甘露降於禮賓殿　按此條舊在「吳孫權赤烏二年」、「赤烏九年」二條之下。考嘉禾五年爲公元二三六年，當在前；赤烏二年爲公元二三九年，赤烏九年爲公元二四六年，當在後。今乙正。

〔三四〕吳孫權赤烏二年三月　「二年」，原作「元年」，據局本、三國志卷四七吳書吳主傳改。

〔三五〕晉明帝太寧二年正月　「太寧」，原作「泰寧」，據晉書卷六明帝紀改。按晉明帝年號無「泰寧」。下同改，不另出校。

〔三六〕咸和九年四月甲寅甘露降吴國錢唐縣右鄉康巷之柳樹　「吴國」，原作「兵國」，據殿本、局本、册府卷二二改。

〔三七〕晉孝武帝太元十二年八月　「太元」，原作「泰元」，據殿本、局本改。按晉孝武帝年號無「泰元」。下同改，不另出校。

〔三八〕甘露降丹徒峴山　「峴山」，原作「現山」，據册府卷二〇一改。按宋鮑照有從拜陵登京峴詩。

〔三九〕甘露降吴興武康董道益家園樹　「吴興」，原作「吴縣」。按本書卷三五州郡志一，吴興太守領武康令。今改正。

〔四〇〕甘露降南東海丹徒建岡徐州刺史桂陽王休範以聞　按南東海時屬南徐州，據本書卷五文帝紀、卷七九文五王桂陽王休範傳，休範時所任乃南徐州刺史。疑「徐州」前佚「南」字。

〔四一〕順帝昇明二年十二月甘露降建康禁中里　按此條下又記是年十一月，甘露降南東海武進彭山及甘露降吴興長城卞山二事。考南齊書卷一八祥瑞志：「昇明二年十月，甘露降建康縣。」是甘露降建康，實在是年十月，故本卷記在十一月事前。疑「十二月」乃「十月」之訛。

宋書卷二十九

志第十九

符瑞下

嘉禾，五穀之長，王者德盛，則二苗共秀。於周德，三苗共穗；於商德，同本異穟；於夏德，異本同秀。

漢宣帝元康四年，嘉穀玄稷，降于郡國。

漢章帝元和中，嘉禾生郡國。

漢安帝延光二年六月，嘉禾生九真，百五十六本〔一〕，七百六十八穗。

漢桓帝建和二年四月，嘉禾生大司農帑。

漢桓帝永康元年八月，嘉禾生魏郡。

魏文帝黄初元年，郡國三言嘉禾生。

吴孫權黄龍三年十月，會稽南始平言嘉禾生〔二〕。

孫權赤烏七年秋，宛陵言嘉禾生。

晉武帝泰始八年十月，瀘水胡王彭護獻嘉禾。

晉武帝太康四年十二月，嘉禾生扶風雍。

太康五年七月，嘉禾生豫章南昌。

太康八年閏三月，嘉禾生東夷校尉園。

太康八年九月，嘉禾生東萊掖。

晉愍帝建興元年八月癸亥，嘉禾生襄平縣，一莖七穗。

建興二年六月，嘉禾生平州治，三實同蔕。

建興三年七月，嘉禾生襄平縣〔三〕，異體同蔕。

宋文帝元嘉二年十月，嘉禾生潁川陽翟，太守垣苗以聞。

元嘉九年三月，嘉禾生義陽，豫州刺史長沙王義欣以獻。

元嘉十年八月，嘉禾生汝南苞信，豫州刺史長沙王義欣以獻。

元嘉十一年八月，嘉禾一莖九穗生北汝陰，太守王玄謨以獻。

元嘉二十年六月，嘉禾一莖九穗生上庸新安，梁州刺史劉真道以獻〔四〕。

元嘉二十一年，嘉禾生新野鄧縣，雍州刺史蕭思話以獻。

元嘉二十二年六月，嘉禾生藉田，一莖九穗。

元嘉二十二年七月癸酉，嘉禾生平虜陵，徐州刺史臧質以獻。

元嘉二十二年九月，嘉禾生太尉府田，太尉江夏王義恭以聞。

元嘉二十二年九月，嘉禾生揚州東耕田，刺史始興王濬以聞。

元嘉二十二年，嘉禾生華林園，百六十穗，園丞陳襲祖以聞。

元嘉二十二年，嘉禾生潁川曲陽〔五〕，豫州刺史趙伯符以獻。

元嘉二十三年七月乙丑，嘉禾旅生藉田，藉田令褚熙伯以聞。

元嘉二十三年七月庚午，嘉禾生丹陽椒唐里，揚州刺史始興王濬以聞。

元嘉二十三年七月庚辰，嘉禾生醴湖屯，屯主王世宗以聞。

元嘉二十三年八月己酉，嘉禾生華林園，園丞陳襲祖以聞。

元嘉二十三年九月庚申，嘉禾生沛郡蕭，征北大將軍衡陽王義季以聞。

元嘉二十三年，嘉禾生江夏汝南，荆州刺史南譙王義宣以聞。

元嘉二十四年七月乙卯，嘉禾旅生華林園及景陽山，園丞梅道念以聞。太尉江夏王義恭上表曰：

臣聞居高聽卑，上帝之功；天且弗違，聖王之德。故能影響二儀，甄陶萬有。鑒觀今古，採驗圖緯，未有道闕化虧，而禎物著明者也。自皇運受終，辰曜交和，是以卉木表靈，山淵効寶。伏惟陛下體乾統極，休符襲逮。若乃鳳儀西郊，龍見東邑，海酋獻改緇之羽，河祇開俟清之源。三代象德，不能過也。有幽必闡，無遠弗屆，重譯歲至，休瑞月臻。前者躬藉南畝，嘉穀仍植，神明之應，在斯尤盛。四海既穆，五民樂業，思述汾陽，經始靈囿。蘭林甫樹，嘉露頻流，板築初就，祥穟如積。太平之符，於是乎在。臣以寡立，承乏槐鉉，沐浴芳津，預覩冥慶，不勝抃儛之情。謹上嘉禾甘露頌一篇，不足稱揚美烈，追用悚汗。其頌曰：

二象攸分，三靈樂主。齊應合從，在今猶古。天道誰親，唯仁斯輔。皇功帝績，理冠區宇。四民均極，我后體茲。惟機惟神，敬昭文思。九族既睦，萬邦允釐。德以位敍，道致雍熙。於穆不已，顯允東儲。生知夙叡〔六〕，嶽茂淵虛。因心則哲，令問弘敷。繼徽下武，儷景辰居。軒制合宮，漢興未央。矧伊聖朝，九有已康。率由舊典，思燭前王。乃造陵霄，遂作景陽。有藹景陽，天淵之涘。清暑爽立，雲堂特起。植類斯育，動類斯止。極望江波，遍對岳峙。化德惟達，休瑞惟懋。誕降嘉種，呈祥初構。

甘露春凝，禎穟秋秀。含滋匪烈〔七〕，嗣歲仍富。昔在放勳，曆莢數朝。降及重華，倚扇清庖。鑠矣皇慶，比物競昭。倫彼典策，被此風謠。資臣六蔽，任兼兩司。既悉仲衮，又慙鄭緇。豈忘衡泌，樂道明時。敢述休祉，愧闕令辭。

中領軍吉陽縣侯沈演之奏上嘉禾頌曰〔八〕：「煥炳禎圖，昭晰瑞典。運傾方闓，時亨始顯。綈狀既章，鳥文斯辯。於皇聖辟，承物紀遠。明兩辰麗，昌輝天衍。其一　理妙位崇，事神業盛。淵渥德澤，虛寂道政。協化安心，調樂移性。玉衡從體，瑶光得正。巨星垂采〔九〕，景雲立慶。其二　極仁所被，罔幽不攘。至和所感，靡況弗彰。鴛出丹穴，鸎起西湘。白鹿踰海，素鳥越江。結轡穹陰，儀形鍾陽。其三　治人奉天，迺勤迺格。黛耒俶載，高廩已積。嘉禾重穋，甘露流液。擢秀辰畦，揚穎角澤。離穟合豪，榮區蔭斥。其四　盈箱徵殷，貫桑表周。今我大宋，靈貺綢繆。帝終撝謙，繹思勿休。躬薦宗廟，温恭率由。降福以誠，孝享虔羞。其五　頒趾推功，登徽叡詔。恩覃隱顯，賞延荒徼。河溓海夷，山華岳燿。憬琛夐賮，兼澤委效。日表地外，改服請教。其六　茂對盛時，綏萬屢豐。厭厭歸素，秩秩大同。上藏諸用，下知所從。仰式王度，俯歌南風。鴻名稱首，永保無窮。其七」

元嘉二十四年八月乙巳，嘉禾生魚城內晉陵，南徐州刺史廣陵王誕以聞。

元嘉二十五年六月壬寅，嘉禾旅生華林園，十株七百穗，園丞梅道念以聞。

元嘉二十五年六月壬子，嘉禾生藉田，藉田令褚熙伯以獻。

元嘉二十五年七月壬辰，嘉禾生北海，青、冀二州刺史杜坦以獻。

元嘉二十五年八月丙午，嘉禾生太尉江夏王義恭果園，江夏國典書令陳穎以聞。

元嘉二十五年八月壬子，嘉禾生建康化義里，令丘珍孫以獻。

元嘉二十五年八月癸丑，嘉禾生華林園，園丞梅道念以獻。

元嘉二十五年十一月，嘉禾生巴東，荆州刺史南譙王義宣以聞。

元嘉二十六年五月癸酉〔一〇〕，嘉禾生建康禁中里，揚州刺史始興王濬以獻。

元嘉二十六年六月甲寅，嘉禾生藉田，藉田令褚熙伯以獻。

元嘉二十六年七月，嘉禾生巴東朐䏰，荆州刺史南譙王義宣以獻。

元嘉二十七年十月己丑，嘉禾生北海，青州刺史杜坦以聞。

元嘉二十八年七月戊戌，嘉禾生廣陵邵伯埭，兗州刺史江夏王義恭以聞。

孝武帝孝建二年六月癸巳，嘉禾二株生江夏王義恭東田。

孝建二年九月己丑朔，嘉禾異畝同穎生齊郡廣饒縣。

孝建三年七月庚午，嘉禾生吴興武康。

孝武帝大明元年五月戊午，嘉禾一株五莖生清暑殿鴟尾中。

大明元年八月甲申，嘉禾生青州，異根同穗。

大明三年九月乙亥，嘉禾生北海都昌縣，青州刺史顏師伯以聞。

大明六年八月辛未，嘉禾生樂陵，青、冀二州刺史劉道隆以聞。

明帝泰始二年七月己酉，嘉禾生會稽永興，太守巴陵王休若以獻。

漢章帝元和中，嘉麥生郡國。

晉武帝太康十年六月，嘉麥生扶風郡[一一]，一莖四穗。是歲收三倍。

宋文帝元嘉二十三年，醴湖屯生嘉粟，一莖九穗，屯主王世宗以聞。

元嘉二十五年六月壬子，嘉黍生耤田，耤田令褚熙伯以獻。

吳孫權黃龍三年，由拳野稻生，改由拳爲禾興。

吳孫亮五鳳元年，交阯稗草化爲稻。

宋文帝元嘉二十三年，吳郡嘉興鹽官縣野稻自生三十許種，揚州刺史始興王濬以聞。

元嘉二十八年七月癸卯，尋陽柴桑菽粟旅生，彌漫原野，江州刺史建平王宏以聞。

漢章帝元和中，嘉瓜生郡國。

漢安帝元初三年三月，東平陵有瓜異處共生，八瓜同蔕。

漢桓帝建和二年七月，河東有嘉瓜，兩體共蔕。

晉武帝太康三年六月，嘉瓜異體同蔕，生河南洛陽輔國大將軍王濬園。

晉武帝太康元年十二月戊子，嘉瓠生寧州，寧州刺史費統以聞。

宋文帝元嘉二十五年四月戊辰，嘉瓠生京邑新園，園丞徐道興以獻。

孝武帝大明五年五月，嘉瓜生建康蔣陵里，丹陽尹王僧朗以獻。

明帝泰始二年八月戊午，嘉瓜生南豫州，南豫州刺史山陽王休祐以獻〔二二〕。

文帝元嘉七年七月乙酉，建康頟檐湖二蓮一蔕。

元嘉十六年七月壬申，華林池雙蓮同榦。

元嘉十年七月己丑〔二三〕，華林天淵池芙蓉異花同蔕。

元嘉十九年八月壬子，揚州後池二蓮合華，刺史始興王濬以獻。

元嘉二十年五月，廬陵郡池芙蓉二花一蔕，太守王淵以聞。

元嘉二十年六月壬寅〔一四〕，華林天淵池芙蓉二花一蔕，園丞陳襲祖以聞。

元嘉二十年夏，永嘉郡後池芙蓉二花一蔕，太守臧藝以聞。

元嘉二十年七月，吳興郡後池芙蓉二花一蔕，太守孔山士以聞。

元嘉二十年，揚州後池芙蓉二花一蔕，刺史始興王濬以獻。

元嘉二十一年六月丙午，華林園天淵池二蓮同榦，園丞陳襲祖以聞。

元嘉二十二年四月〔一五〕，樂游苑池二蓮同榦，苑丞梅道念以聞。

元嘉二十二年七月，東宮玄圃園池二蓮同榦，内監殿守舍人宮勇民以聞。

元嘉二十三年六月壬寅，華林天淵池芙蓉二花一蔕，園丞陳襲祖以聞。

元嘉二十三年六月辛丑，太子西池二蓮共榦，池統胡永祖以聞。

元嘉二十三年八月己酉，魚邑三周池二蓮同榦，園丞徐道興以聞。

孝武帝孝建二年六月庚寅，玄武湖二蓮同榦。

孝武帝大明五年，耤田芙蓉二花同蔕，大司農蕭邃以獻。

明帝泰始二年八月丙辰，五城澳池二蓮同榦，都水使者羅僧愍以獻。

泰始二年八月己未，豫州刺史山陽王休祐獻蓮，二花一蔕。

泰始五年六月甲子，嘉蓮生湖熟，南臺侍御史竺曾度以聞。

泰始六年六月壬子，嘉蓮生東宮玄圃池，皇太子以聞。

晉武帝泰始二年六月壬申，嘉柰一蔕十實，生酒泉。

泰始七年六月己亥，東宮玄圃池芙蓉二花一蔕，皇太子以獻。

晉成帝咸和六年，鎮西將軍庾亮獻嘉橘，一蔕十二實。

晉安帝隆安三年，武陵臨沅獻安石榴，一蔕六實。

雲有五色，太平之應也，曰慶雲。若雲非雲，若煙非煙，五色紛緼，謂之慶雲。

漢宣帝神爵四年春〔一六〕，齋戒之莫，神光顯著。薦鬯之夕，神光交錯，或降于天，或登于地，或從四方，來集于壇上。

漢章帝元和三年正月，車駕北巡，以太牢祠北岳山，見黄白氣。

宋孝武帝大明元年五月壬子，紫氣從景陽樓上層出，狀如煙，回薄良久。

明帝泰始二年三月丙午，黄紫雲從景陽樓出，隨風回，久乃消，華林園令臧延之以聞。

泰始二年六月己卯，日入後，有黄白赤白氣東西竟天，光明潤澤，久乃消。

泰始四年十一月辛未，崇寧陵令上書言，自大明八年至今四年二月，宣太后陵明堂前後數有光及五色雲，又芳香四滿，又五采雲在松下，狀如車蓋。

泰始七年四月戊申夜，京邑崇虛館堂前有黃氣，狀如寶蓋，高十許丈，漸有五色，道士陸脩靜以聞。

白兔，王者敬耆老則見。

漢光武建武十三年九月，南越獻白兔。

章帝元和中，白兔見郡國。

魏文帝黃初中，郡國十九言白兔見。

晉武帝泰始五年七月己亥，白兔見北海即墨，即墨長獲以獻。

晉武帝咸寧二年十月癸亥，白兔二見河南陽翟，陽翟令華衍獲以獻。

咸寧四年六月，白兔見天水。

晉武帝太康二年八月壬子，白兔見彭城。

太康二年十月，白兔見趙國平鄉，趙王倫獲以獻。

太康四年十一月癸未，白兔見北地富平。

太康八年十二月庚戌，白兔見陳留酸棗，關内侯成公忠獲以獻。

晉穆帝永和十二年九月甲申，白兔見鄱陽，太守王耆之以獻，并上頌一篇。

晉穆帝升平三年十二月庚申，北中郎將郗曇獻白兔。

晉海西公太和九年四月〔一七〕，陽穀獻白兔。

晉孝武帝太元十五年三月，白兔見淮南壽陽。

晉安帝義熙二年四月，無錫獻白兔。

義熙二年四月，壽陽獻白兔。

宋文帝元嘉六年九月，長廣昌陽淳于邈獲白兔，青州刺史蕭思話以獻。

元嘉八年閏六月丁亥，司徒府白從伊生於淮南繁昌獲白兔以獻。

元嘉十三年七月甲戌，濟南朝陽王道獲白兔，青州刺史段宏以獻。

元嘉十四年正月丙申，白兔見山陽縣，山陽太守劉懷之以獻。

元嘉十五年七月壬申，山陽師齊獲白兔，南兗州刺史江夏王義恭以獻。

元嘉二十二年三月，白兔見東萊當利，青州刺史杜驥以聞〔一八〕。

元嘉二十四年七月丁巳，白兔見兗州，刺史徐瓊以聞。

元嘉二十四年七月己酉，白兔見東莞，太守趙球以獻。

元嘉二十七年二月壬辰，白兔見竟陵，荆州刺史南譙王義宣以獻。

元嘉二十七年六月丙午，白兔見南汝陰，豫州刺史南平王鑠以獻。

孝武帝孝建二年正月庚戌，白兔見淮南，太守申坦以聞。

孝建三年閏三月乙丑〔一九〕，白兔見平原，獲以獻。

孝武大明元年六月庚子，白兔見即墨，獲以獻。

大明六年八月辛未，白兔見北海，青、冀二州刺史劉道隆以獻。

大明六年六月乙丑，白兔見，青、冀二州刺史劉道隆以獻。

斗殞精，王者孝行溢則見。闕

赤烏，周武王時銜穀至，兵不血刃而殷服。

漢章帝元和中，赤烏見郡國。

吴孫權赤烏元年，有赤烏集於殿前。

吴孫休永安三年三月，西陵言赤烏見。

晉元帝永昌二年正月，赤烏見暨陽。

宋武帝永初二年二月，赤烏六見北海都昌。

孝武帝大明五年六月戊子，赤烏見蜀郡，益州刺史劉思考以獻。

白燕者，師曠時，銜丹書來至。

漢章帝元和中，白燕見郡國。

晉惠帝元康元年七月，白燕二見酒泉禄福〔二〇〕，太守索靖以聞。

宋文帝元嘉元年七月壬戌，白燕集齊郡城，游翔庭宇，經九日乃去，衆燕隨從無數。

元嘉十四年，白燕集荆州府門，刺史臨川王義慶以聞。

元嘉十八年六月，白燕産丹徒縣，南徐州刺史南譙王義宣以聞。

元嘉二十年五月，白燕集南平郡府内〔二一〕，内史臧綽以聞。

元嘉二十一年，白燕見廣陵，南兗州刺史廣陵王誕以獻。

元嘉二十四年五月辛未，白燕集司徒府西園，太尉江夏王義恭以聞。

元嘉二十五年八月壬子，白燕見廣陵城，南兗州刺史徐湛之以聞。

元嘉二十六年五月戊寅，白燕産衡陽王墓亭，郎中令朱曠之獲以聞。

元嘉二十七年五月甲戌，白燕産京口，南徐州刺史始興王濬以聞。

元嘉二十七年六月壬辰，白燕見秣陵，丹陽尹徐湛之以獻。
孝武帝大明二年五月乙巳，白燕産南郡江陵民家，荆州刺史朱脩之以獻。
大明二年五月甲子，白燕二産山陽縣舍，南兗州刺史竟陵王誕以獻。
大明二年六月甲戌，白燕産吴郡城内，太守王翼之以獻。
大明三年五月甲申，白燕産武陵臨沅民家，郢州刺史孔靈符以聞。
大明四年六月乙卯，白燕見平昌，青州刺史劉道隆以獻。
明帝泰始二年六月，白燕見零陵，獲以獻。

金車，王者至孝則出。闕

三足烏，王者慈孝天地則至。
漢章帝元和中，三足烏見郡國。

象車者，山之精也。王者德澤流洽四境則出。闕白烏，王者宗廟肅敬則至。

漢桓帝永壽元年四月，白烏見齊國〔二二〕。

晉武帝咸寧五年七月戊辰，白烏見濟南隰陰〔二三〕，太守獲以獻。

晉武帝太康元年五月庚午，白烏見襄城〔二四〕。

太康十年五月丁丑，白烏見京兆長安。

晉惠帝元康元年四月，白烏見河南成皋，縣令劉機獲以聞。

元康元年五月戊戌，白烏見梁國睢陽。

元康元年七月辛丑，白烏見陳留，獲以獻。

元康四年十月，白烏見鄱陽。

晉明帝太寧二年十一月，白烏見京都。

太寧三年三月，白烏見吴郡海虞，獲以獻，羣官畢賀。

晉孝武帝太元十一年八月乙酉，白烏集江州寺庭，羣烏翔衞。

太元二十一年五月癸卯，白烏見吴國，獲以獻。

宋武帝永初二年六月丁酉，白烏見吴郡婁縣，太守孟顗以獻。

文帝元嘉二年十一月丙辰，白烏見山陽，太守阮寶以聞。

元嘉三年三月甲戌，丹陽湖熟薛爽之獲白烏以獻。
元嘉十一年六月乙巳，吴郡海鹽王説獲白烏，揚州刺史彭城王義康以獻。
元嘉十三年三月戊辰，義興陽羨令獲白烏，太守劉禎以獻。
元嘉十九年五月，海陵王文秀獲白烏，南兗州刺史臨川王義慶以獻。
元嘉十九年十月，白烏産晉陵暨陽僑民彭城劉原秀宅樹，原秀以聞。
元嘉二十年七月，彭城劉原秀又獲白烏以獻。
元嘉二十四年八月乙巳，白烏見晉陵，南徐州刺史廣陵王誕以獻。
孝武帝大明元年四月甲申，白烏見南郡江陵。
明帝泰始二年六月丁巳，白烏見吴郡海鹽，太守顧覬之以獻。
泰始二年九月壬寅，白烏見吴興烏程，太守郄顒以獻。

白雀者，王者爵禄均則至。
漢章帝元和初，白雀見郡國。
魏文帝初，郡國十九言白雀見。
晉武帝咸寧元年，白雀見梁國，梁王肜獲以獻〔二五〕。

晉武帝太康二年六月丁卯，白雀二見河内南陽〔二六〕，太守阮侃獲以獻。

太康二年六月，白雀二見河南，河南尹向雄獲以獻。

太康七年七月庚午，白雀見豫章。

太康八年八月，白雀見河南洛陽。

太康十年五月丁亥，白雀見宣光北門，華林園令孫邵獲以獻。

晉愍帝建武元年四月，尚書僕射刁協獻白雀於晉王。

晉孝武帝太元十六年十二月〔二七〕，白雀見南海增城縣民吴比屋。

晉安帝隆安五年十一月，白雀見宜都。

晉安帝元興三年六月丙申，白雀見豫章新淦，獲以獻。

宋文帝元嘉元年七月己巳，白雀見齊郡昌國〔二八〕。

元嘉四年七月乙酉，白雀見北海劇。

元嘉八年五月辛丑，白雀集左衞府。

元嘉十一年五月丁丑，齊郡西安宗顯獲白雀，青州刺史段宏以獻。

元嘉十四年五月甲午，白雀集費縣員外散騎侍郎顏敬家，獲以獻。

元嘉十四年，白雀二見荆州府客館。

元嘉十五年五月辛未，白雀集建康都亭里，揚州刺史彭城王義康以聞。
元嘉十五年六月，白雀見建康定陰里，彭城王義康以獻。
元嘉十五年八月，白雀見西陽，江州刺史南譙王義宣以獻。
元嘉十七年五月壬寅，白雀二集荆州後園，刺史衡陽王義季以聞。
元嘉十八年七月，吴郡鹽官于玄獲白雀，太守劉禎以獻。
元嘉二十年五月乙卯，秣陵衛猗之獲白雀，丹陽尹徐湛之以獻。
元嘉二十二年四月丙子，白雀見東安郡，徐州刺史臧質以獻。
元嘉二十二年閏五月丙午，白雀見華林園，員外散騎侍郎長沙王瑾獲以獻。
元嘉二十二年六月庚申，南彭城蕃縣時佛護獲白雀以獻。
元嘉二十四年四月，白雀産吴郡鹽官民家，太守劉禎以獻。
元嘉二十四年六月己亥，白雀五集長沙廟，長沙王瑾以聞〔二九〕。
元嘉二十五年五月丁丑，白雀二見京都，材官吏黄公歡、軍人丁田夫各獲以獻。
元嘉二十七年六月乙卯，白雀見濟南郡，薛榮以獻。
元嘉二十八年八月己巳，崇義軍人獲白雀一雙，太子左率王錫以獻。
元嘉二十九年四月癸丑，白雀見會稽山陰，太守東海王褘獲以獻。

孝武帝孝建元年五月己亥，臨沂縣魯尚期於城上得白雀，太傅假黄鉞江夏王義恭以獻。

孝建二年六月丙子，左衛軍獲白雀以獻。

孝建三年閏三月辛酉，黄門侍郎庾徽之家獲白雀以獻。

孝建三年五月丁卯，白雀見建康，獲以獻。

孝武帝大明元年四月戊申，白雀見尋陽。

大明元年五月甲寅，白雀二見渤海，獲以獻。

大明元年五月甲子，白雀見建康，獲以獻。

大明元年六月丁亥，白雀見零陵祁陽，獲以獻。

大明元年七月辛亥，白雀見南陽宛，獲以獻。

大明二年五月丁未，白雀見建康，揚州刺史西陽王子尚以獻。

大明二年六月丁亥，白雀見河東定襄縣，荆州刺史朱脩之以聞。

大明三年四月庚戌，白雀見秣陵，丹陽尹劉秀之以獻。

大明三年五月壬午，太宰府崇藝軍人獲白雀，太宰江夏王義恭以獻。

大明四年五月辛巳，白雀見廣陵，侍中顔師伯以獻。

大明五年四月庚戌，白雀見晉陵，太守沈文叔以獻。
大明五年五月癸未，白雀二見尋陽，江州刺史桂陽王休範以獻〔三〇〕。
大明五年五月癸未，白雀二見濟南，青州刺史劉道隆以獻。
大明五年十月，白雀見太原，青州刺史劉道隆以獻。
大明六年八月辛巳，白雀見齊郡，青、冀二州刺史劉道隆以獻。
大明七年四月乙未，白雀集廬陵王第，廬陵王敬先以獻。
大明七年四月乙丑，白雀見歷陽，太守建平王景素以獻。
大明七年五月辛未，白雀見汝陰，豫州刺史垣護之以獻。
大明七年六月，白雀見寶城〔三一〕，南豫州刺史尋陽王子房以獻。
大明七年十月丁卯，白雀見建康，丹陽尹永嘉王子仁以獻。
大明七年十一月，車駕南巡，肆水師於梁山〔三二〕，中江，白雀二集華蓋。
前廢帝永光元年四月乙亥，白雀見會稽，東揚州刺史尋陽王子房以獻。
永光元年六月丙子，白雀見彭城，徐州刺史義陽王昶以聞。
明帝泰始二年七月戊子，白雀見虎檻洲，都督征討諸軍建安王休仁以聞。
泰始六年七月壬午，白雀二見廬陵吉陽，內史江孜以聞。

明帝泰豫元年六月辛丑，白雀見廣州，刺史孫超以獻。

後廢帝元徽五年四月己巳，白雀二見尋陽柴桑，江州刺史邵陵王友以獻。

孝武帝大明六年三月丙午，青雀見華林園。

明帝泰始二年九月庚寅，青雀見京城内，南徐州刺史桂陽王休範以獻。

玉馬，王者精明，尊賢者則出。闕

根車者，德及山陵則出。闕

白鳩，成湯時來至。

魏文帝黄初初，郡國十九言白鳩見。

吴孫權赤烏十二年八月癸丑，白鳩見章安。

晉武帝泰始八年五月甲辰，白鳩二集太廟南門，議郎董胄獲以獻。

晉武帝太康二年七月，白鳩見太僕寺。

太康四年十二月，白鳩見安定臨涇。

太康十年正月乙亥，白鳩見河南新城。

宋文帝元嘉十八年八月庚午，會稽山陰商世寶獲白鳩，眼足並赤，揚州刺史始興王濬以獻。太子率更令何承天上表曰：

謹考尋先典，稽之前志，王德所覃，物以應顯。是以玄扈之鳳，昭帝軒之鴻烈，鄷宮之雀，徽姬文之徽祚。伏惟陛下重光嗣服，永言祖武，洽惠和於地絡，燭皇明於天區。故能九服混心，萬邦含愛，圓神降祥，方祇薦裕，休珍雜沓，景瑞畢臻。去七月上旬，時在昧旦，黄暉洞照，宇宙開朗，徽風協律，甘液灑津。雖朱晃瑰瑋於運衡，榮光圖靈於河紀，蔑以尚茲。臣不量卑懵，竊慕擊轅有作，相杵成謳。近又豫白鳩之觀，目翫奇偉，心懽盛烈。謹獻頌一篇。野思古拙，意及庸陋，不足以發揮清英，敷讚幽旨，瞻前顧後，亦各其志。謹冒以聞。其白鳩頌曰：

三極協情，五靈會性。理感冥符，道實玄聖。於赫有皇，先天配命。朝景升躔，八維同映。休祥載臻，榮光播慶。宇宙照爛，日月光華。陶山練澤，是生柔嘉。回龍表粹，離穗合柯。翩翩者鳩，亦皎其暉。理翮台領，揚鮮帝畿。匪仁莫集〔三〕，匪德莫歸。暮從儀鳳，棲閣廕闈。

烝哉明后，昧旦乾乾。惟德之崇，其峻如山。惟澤之贍，其潤如淵。禮樂四達，頌聲遐宣。窮髮納貢，九譯導言。伊昔唐萌，愛逢慶祚。余生既辰，而年之暮。提心命耋，式歌王度。晨晞永風，夕漱甘露。思樂靈臺〔三四〕，不遐有固。

元嘉二十四年九月，白鳩又見。庚戌，中領軍沈演之上表曰：

臣聞貞裕之美，介於盛王，休瑞之臻，罔違哲后。故鳴鳳表垂衣之化，翔鵠徵解網之仁。陛下道德嗣基，聖明纘世，教清鳥紀，治昌雲官，禮漸同川，澤浹朱徼。天嘉明懿，民樂薰風，星辰以之炳煥，日月以之光華。神圖祇緯，盈觀闕序，白質黑章，充牣靈囿。應感之符畢臻，而因心之祥未屬。以素鳩自遠，毬翰歸飛，資性閑淑，羽貌鮮麗，既聞之先說，又親覩嘉祥，不勝藻抃，上頌一首。辭不稽典，文乏采章〔三五〕，愧不足式昭皇慶，崇讚盛美，蓋率輿誦，備之篇末。其頌曰：

有哲其儀，時惟皓鳩。性緦五教，名編素丘。殷曆方昌，婉翮來遊。漢録克韡，爰降爰休。其一　於顯盛宋，叡慶遐傳。聖皇在上，道照鴻軒。稱施既平，孝思永言。人和於地，神豫于天。其二　禮樂孔秩，靈物咸昭。白雀集苞，丹鳳棲郊。文騶儷跡，嘉穎擢苗。灼灼縞羽，從化馴朝。其三　豈伊赴林，必周之栩。豈伊歸義，必商之所。惟德是依，惟仁是處。育景陽嶽，濯姿帝宇。其四　刑曆頒興，理感迭通。雉飛越常，鷺起西雍。烝然戾止，實兼斯容。壹茲民聽，穆是王風。其五

玉羊，師曠時來至。闕

玉雞，王者至孝則至。闕

璧流離，王者不隱過則至。闕

玉英，五常並脩則見。闕

玄圭，水泉流通，四海會同則出。闕

漢桓帝永興二年四月，光祿勳府吏舍，夜壁下有青氣，得玉鉤、玦各一。鉤長七寸三分，玦周五寸四分，身中皆雕鏤。

晉懷帝永嘉六年二月壬子，玉龜出灞水。

晉愍帝建興二年十月，大將軍劉琨掘地得玉璽，使參軍郎碩奉之歸于京師。

建興二年十二月，涼州刺史張寔遣使獻行璽一紐，封送璽使關內侯。

晉愍帝建武元年三月己酉，丹陽江寧民虞由墾土得白麒麟璽一紐，文曰「長壽萬年」。獻晉王。

晉成帝咸康八年九月，廬江舂穀縣留珪夜見門內有光，取得玉鼎一枚，外圍四寸。豫州刺史路永以獻。著作郎曹毗上玉鼎頌。

晉安帝義熙十二年六月，左衞兵陳陽於東府前淮水中得玉璽一枚。

宋孝武帝大明元年五月戊寅，江乘縣民朱伯地中得玉璧，徑五寸八分，以獻。

大明四年二月乙巳，徐州刺史劉道隆於汴水得白玉戟，以獻。

明帝泰始五年十月庚辰，郢州獲玄璧，廣八寸五分，安西將軍蔡興宗以獻〔三六〕。

後廢帝元徽四年十一月乙巳，吴興烏程余山道人慧獲蒼玉璧，太守蕭惠明以獻〔三七〕。

金勝，國平盜賊，四夷賓服則出。

晉穆帝永和元年二月，春穀民得金勝一枚，長五寸，狀如織勝。明年，桓温平蜀。

永和元年三月，廬江太守路永上言，於春穀城北，見水岸邊有紫赤光，取得金狀如印，遣主簿李邁表送。

吴孫晧天璽元年，吴郡言掘地得銀一，長尺，廣三分，刻上有年月字。

丹甑，五穀豐熟則出。　闕

白魚，武王度孟津，中流入于王舟。

宋明帝泰始二年十月己巳，幸華林天淵池，白魚躍入御舟。

漢章帝元和三年正月，車駕北巡，以太牢具祠北岳，有神魚躍出十數。

金人，王者有盛德則游後池。闕

木連理，王者德澤純洽，八方合爲一，則生〔三八〕。

漢章帝元和中，木連理生郡國。

安帝元初三年正月丁丑，東平陵樹連理〔三九〕。

漢安帝延光三年七月，左馮翊衙有木連理。

延光三年七月，潁川定陵有木連理。

漢桓帝建和二年七月，河東有木連理。

吴孫權黄武四年六月，皖口言有木連理。

魏文帝黄初初，郡國二言木連理。

晉武帝泰始元年十二月，木連理生遼東力城〔四〇〕。

泰始二年八月，木連理生河南成皋。
泰始八年正月，木連理生東平范。
泰始八年五月甲辰，木連理生東平壽張。
泰始八年十月，木連理生建寧。
晉武帝咸寧元年正月，木連理生汝陰南頓。
咸寧二年四月，木連理生清河靈。
咸寧二年六月，木連理生燕國。
咸寧三年七月壬辰，木連理生始平鄠。
咸寧四年八月，木連理生陳留長垣。
咸寧五年，木連理生義陽。
咸寧五年，木連理生樂安臨濟。
晉武帝太康元年正月，木連理生涪陵永平。
太康元年四月，木連理生頓丘。
太康元年五月，木連理二生濟陰乘氏，沛國。
太康元年七月，木連理生馮翊粟邑。

太康二年正月，木連理生滎陽密。
太康二年十月，木連理十三生南安豲道〔四一〕。
太康三年四月，木連理生琅邪華。
太康三年六月，木連理生廣陵海西。
太康四年正月，木連理生馮翊臨晉，蜀郡成都。
太康四年十二月，木連理生扶風。
太康七年三月，木連理生河南新安。
太康七年六月，木連理生始興中宿，南鄉筑陽〔四二〕。
太康八年四月，木連理生廬陵東昌。
太康八年九月，木連理生東萊盧鄉。
太康九年九月，木連理生陳留浚儀。
太康十年十一月，木連理生鄱陽鄡陽〔四三〕。
晉武帝太熙元年二月，木連理生河南梁。
晉惠帝元康元年五月，木連理三生成都臨邛。
元康元年七月辛丑，梁國内史任式上言，武平界有柞櫟二樹，合爲一體，連理。

晉愍帝建興二年三月庚辰，木連理生朱提。

建興二年三月，木連理二生益州雙柏。

建興二年六月，木連理生襄平。

晉愍帝建武元年閏月乙丑，木連理生嵩山。

建武元年八月甲午，木連理生汝陰。

建武元年十一月，木連理生武昌，大將軍王敦以聞晉王。

建武元年十一月癸酉，木連理生汝陰，太守以聞。

晉元帝太興元年七月戊辰，木連理生武昌，大將軍王敦以聞。

太興三年十一月，木連理生零陵永昌。

晉成帝咸和八年五月己巳，木連理生昌黎咸和。

咸康三年三月庚戌，木連理生平州世子府治故園中。

咸康七年十二月，吴國内史王恬上言，木連理生吴縣沙里。

晉穆帝永和五年二月癸丑，臨海太守藍田侯述言郡界木連理。

晉孝武帝寧康三年六月辛卯，江寧縣建興里僑民留康家樹，異本連理。

晉孝武帝太元十一年四月壬申，琅邪費有榆木，異根連理，相去四尺九寸。

太元十八年十月戊午，臨川東興令惠欣之言，縣東南溪傍有白銀樹、芳靈樹、李樹，並連理。

太元十九年正月丁亥，華林園延賢堂西北李樹連理。

太元二十一年正月丙子，木連理生南康寧都縣社後。

晉安帝隆安三年十一月，木連理生汝陽，太守垣苗以聞。

元興元年正月，木連理生泰山武陽。

宋文帝元嘉八年四月乙亥，東莞莒縣松樹連理，太守劉玄以聞。

元嘉八年八月，木連理生東安新泰縣。

元嘉九年六月，木連理生營陽泠道，太守展禽以聞。

元嘉十二年二月丁卯，南郡江陵庾和園甘樹連理，荆州刺史臨川王義慶以獻。

元嘉十二年三月，馬頭濟陽柞樹連理，豫州刺史長沙王義欣以聞。

元嘉十四年二月，宮内螽斯堂前梨樹連理，豫州刺史長沙王義欣以聞。

元嘉十四年，南郡江陵光褘之園甘李二連理。

元嘉十五年二月，太子家令劉徵園中林檎樹連理，徵以聞。

元嘉十七年七月，武昌崇讓鄉程僧愛家候風木連理，江州刺史臨川王義慶以聞。

元嘉十七年十月，尋陽弘農祐幾湖芙蓉連理，臨川王義慶以聞。

元嘉十八年十二月，木連理生歷陽劉成之家，南豫州刺史武陵王駿以聞。

元嘉二十年七月，盱眙考城縣柞樹二株連理，南兗州刺史臨川王義慶以聞。

元嘉二十年八月，木連理生汝陰，豫州刺史劉遵考以聞。

元嘉二十一年，木連理生歷陽烏江，南豫州刺史武陵王駿以聞。

元嘉二十一年，木連理生晉陵無錫，南徐州刺史南譙王義宣以聞。

元嘉二十二年七月辛巳，南頓櫟連理，豫州刺史趙伯符以聞。

元嘉二十二年九月，木連理生建康，建康令張永以聞。

元嘉二十二年，木連理生武昌，江州刺史廬陵王紹以聞。

元嘉二十三年二月辛亥，木連理生南陰柔縣，太守以聞〔四四〕。

元嘉二十三年，木連理生淮南當塗，揚州刺史始興王濬以聞。

元嘉二十四年二月壬午，臨川王第梨樹連理，臨川王燁以聞。

元嘉二十四年七月壬子，晉陵無錫穀櫟樹連理，南徐州刺史廣陵王誕以聞。

元嘉二十四年七月乙卯，木連理生會稽諸暨，揚州刺史始興王濬以聞。會稽太守羊玄保上改連理所生處康亭村爲「木連理」。

元嘉二十四年七月乙卯，臨川王第梨樹連理，臨川王爗以聞。
元嘉二十五年四月戊辰，木連理生晉陵，南徐州刺史廣陵王誕以聞。
元嘉二十八年正月戊子，木連理生尋陽柴桑，又生州城內，江州刺史建平王宏以聞。
元嘉二十九年十月丁未，木連理生南琅邪，太守劉成以聞。
孝武帝孝建二年三月己酉，木連理生南郡江陵，荆州刺史朱脩之以聞。
孝建三年五月，木連理生北海都昌，冀州刺史垣護之以聞。
孝建三年七月癸未，木連理生歷陽，歷陽太守袁敳以聞。
孝武帝大明元年正月乙亥，木連理生高平。
大明元年二月壬寅，華林園雙橘樹連理。
大明元年九月乙丑，華林園梨樹連理。
大明元年十月丁丑朔，木連理生豫章南昌。
大明二年四月辛丑，木連理生汝南，豫州刺史宗慤以聞。
大明三年九月甲午，木連理生丹陽秣陵，材官將軍范悦時以聞。
大明四年三月丁亥，木連理生華林園曜靈殿北。
大明四年四月壬子，木連理生華林園日觀臺北。

大明四年六月戊戌，木連理生會稽山陰，揚州刺史西陽王子尚以聞。

大明五年閏九月，木連理生邊城，豫州刺史垣護之以聞。

大明五年十二月戊寅，淮南松木連理，豫州刺史尋陽王子房以聞〔四五〕。

大明六年二月乙丑，木連理生晉陵，南徐州刺史新安王子鸞以聞。

大明六年四月戊辰，木連理生營陽，湘州刺史建安王休仁以聞。

大明六年八月乙丑，木連理生彭城城內，徐州刺史王玄謨以聞。

大明七年正月己酉，珊瑚連理生鬱林安始，太守劉勔以聞〔四六〕。

明帝泰始二年七月，木連理生丹陽秣陵。

泰始四年三月庚戌，太子西池冬生樹連理，園丞周獝猗以獻。

泰始六年四月丙午〔四七〕，木連理生會稽永興，太守蔡興宗以聞。

泰始六年十二月壬辰，木連理生豫章南昌，太守劉愔之以聞。

泰始七年二月戊寅，木連理生吳郡錢唐，太守王延之以聞。

昇明二年，木連理生豫州界內，刺史劉懷珍以聞〔四八〕。

比目魚，王者德及幽隱則見。闕

珊瑚鉤，王者恭信則見。闕

芝草，王者慈仁則生。食之令人度世。
漢武帝元封二年，甘泉宮內產芝，九莖連葉。
漢宣帝元康四年，金芝九莖，產于函德殿銅池中。
漢明帝永平十七年春，芝生前殿。
漢桓帝建和元年四月〔四九〕，芝草生中黃藏府。
宋從帝昇明二年，宣城山中生紫芝一株，在所獲以獻。

明月珠，王者不盡介鱗之物則出。
漢高后景帝時，會稽人朱仲獻三寸四寸珠。
漢章帝元和中，郡國獻明珠。

巨鬯，三禺之禾，一稃二米，王者宗廟脩則出。
黃帝時，南夷乘白鹿來獻鬯。

漢章帝元和中，秬秠生郡國。

華平，其枝正平，王者有德則生。德剛則仰，德弱則低。

漢章帝元和中，華平生郡國。

平露，如蓋，以察四方之政。其國不平，則隨方而傾。闕

蓂莢，一名歷莢，夾階而生，一日生一葉，從朔而生，望而止，十六日，日落一葉，若月小，則一葉萎而不落。堯時生階。闕

蓮甫，一名倚扇，狀如蓬，大枝葉小，根根如絲，轉而成風，殺蠅。堯時生於廚。闕

朱草，草之精也，世有聖人之德則生。

漢光武建武中元元年五月〔五〇〕，京師有赤草生水涯。

漢章帝元和中，朱草生郡國。

魏文帝初，朱草生文昌殿側〔五一〕。

宋文帝元嘉十一年，朱草生蜀郡郫縣王之家，益州刺史甄法崇以聞。

景星，大星也。狀如半月，於晦朔助月爲明。闕

賓連闊達，生於房室，王者御后妃有節則生。闕

渠搜，禹時來獻裘。闕

浪井，不鑿自成，王者清靜則應。闕

西王母，舜時來獻白環白琯。闕

越常，周公時來獻白雉、象牙。闕

漢平帝元始元年正月，越常重譯獻白雉一，黑雉二，詔三公薦宗廟。

漢光武建武十三年九月〔五二〕，南越獻白雉。

漢章帝元和中，白雉見郡國。

漢桓帝永康元年十一月，白雉見西河。

漢獻帝延康元年四月丁巳，饒安縣言白雉見；又郡國十九言白雉見。

晉武帝咸寧元年四月丁巳，白雉見安豐松滋。

咸寧元年十二月丙午，白雉見梁國睢陽，梁王肜獲以獻。

咸寧三年十一月，白雉見渤海饒安，相阮温獲以獻。

晉武帝太康元年九月庚戌〔五三〕，白雉見中山。

晉愍帝建興三年十二月戊午，白雉見襄平。

建興三年十二月戊午，白雉見。

安帝義熙七年五月，白雉見豫章南昌。

宋文帝元嘉五年五月庚辰，白雉見東莞莒縣，太守劉玄以聞。

元嘉十六年二月，白雉見陳郡，豫州刺史長沙王義欣以獻。

元嘉十八年二月癸亥，白雉見南汝陰宋縣，太守文道恩以獻。

元嘉二十年六月，白雉見高平方與縣，徐州刺史臧質以獻。

元嘉二十六年三月戊寅，白雉見東安、沛郡各一，徐、兗二州刺史武陵王獲以獻。

孝武帝大明二年三月己巳，白雉雌雄各一見海陵，南兗州刺史竟陵王誕以獻。

大明五年十二月，白雉見秦郡〔五四〕，南兗州刺史晉安王子勛以獻。

大明八年二月丁卯，白雉見南郡江陵，荆州刺史臨海王子頊以獻〔五五〕。

前廢帝永光元年正月丙午，白雉見渤海，青州刺史王玄謨以獻。

永光元年三月甲午朔，白雉見新蔡，豫州刺史劉德願以獻。

黃銀紫玉，王者不藏金玉，則黃銀紫玉光見深山。宋明帝泰始二年八月，於赭圻城南得紫玉一段，圍三尺二寸，長一尺，厚七尺。太宗攻爲二爵，以獻武、文二廟。

玉女，天賜妾也。禮含文嘉曰：「禹卑宮室，盡力溝洫，百穀用成，神龍女降。」闕

地珠，王者不以財爲寶則生珠。闕

天鹿者，純靈之獸也。五色光耀洞明，王者道備則至。闕

角端者，日行萬八千里，又曉四夷之語，明君聖主在位，明達方外幽遠之事，則奉書而至。闕

周印者，神獸之名也，星宿之變化。王者德盛則至。闕

飛菟者，神馬之名也，日行三萬里。禹治水勤勞歷年，救民之害，天應其德而至。闕

澤獸，黃帝時巡狩至於東濱，澤獸出，能言，達知萬物之精，以戒於民，爲時除害。賢君明德幽遠則來。闕

鯀者，幽隱之獸也，有明王在位則來，爲時辟除災害。闕

騕褭者，神馬也，與飛菟同，亦各隨其方而至，以明君德也。闕

同心鳥，王者德及遐方，四夷合同則至。闕

趹蹄者，后土之獸，自能言語。王者仁孝於國則來。禹治水而至。闕

紫達，王者仁義行則見。闕

小鳥生大鳥，王者土地開闢則至。闕

河精者，人頭魚身，師曠時所受讖也。闕

延嬉，王者孝道行則至。闕

大貝，王者不貪財寶則出。闕

威蕤，王者禮備則生於殿前。闕

醴泉，水之精也，甘美。王者脩理則出。

漢光武建武中元元年五月，醴泉出京師及郡國。飲醴泉者，痼病皆愈，獨眇者蹇者不差。

魏文帝初，郡國三言醴泉出。

宋文帝元嘉十二年，衡陽湘鄉醴泉出縣庭，荆州刺史臨川王義慶以聞。

孝武帝孝建三年九月甲戌，細仗隊省井泉春夏深不盈尺，忽至一丈，有五色，水清澄，醴味，汲引不窮。

孝武帝大明二年三月壬子，北汝陰樓煩平地出醴泉，豫州刺史宗慤以聞。

明帝泰豫元年四月乙酉，會稽山陰思義醴泉出，太守蔡興宗以聞。

日月揚光，日者，人君象也，人君不假臣下之權，則日月揚光明。闕

芝英者，王者親近耆老，養有道，則生。

漢章帝元和中，芝英生郡國。

碧石者，玩好之物棄則至。闕

玉甕者，不汲而滿，王者清廉則出。闕〔五六〕

山車者，山藏之精也。不藏金玉，山澤以時，通山海之饒，以給天下，則山成其車。闕

雞駭犀，王者賤難得之物則出。闕

陵出黑丹，王者脩至孝則出。闕

神鼎者，質文之精也。知吉知凶，能重能輕，不炊而沸，五味自生，王者盛德則出。

漢武帝元鼎元年五月五日，得鼎汾水上。

漢明帝永平六年三月〔五七〕，廬江太守獻寶鼎。出王雒山。雒或作雄。

漢章帝建初七年十月，車駕西巡至槐里，右扶風禁上美陽得銅器於岐山，似酒尊。詔在道晨夕以爲百官熱酒。

漢和帝永元元年，竇憲征匈奴，於漢北酒泉得仲山甫鼎，容五斗。

吳孫權赤烏十二年六月戊戌，寶鼎出臨平湖。又出東部鄮縣。

吳孫晧寶鼎元年八月，在所言得大鼎。

晉愍帝建興二年十二月，晉陵武進縣民陳龍在田中得銅鐸五枚。

晉成帝咸和元年十月辛卯，宣城春穀縣山岸崩，獲石鼎重二斤，受斛餘〔五八〕。

晉成帝咸康五年，豫章南昌民掘地得銅鍾四枚，太守褚裒以獻。

晉穆帝升平五年二月乙未，南掖門有馬足陷地，得銅鍾一枚。

宋文帝元嘉十三年四月辛丑，武昌縣章山水側自開出神鼎，江州刺史南譙王義宣以獻。

元嘉十九年九月戊申，廣陵肥如石梁澗中出石鍾九口，大小行次，引列南向，南兗州刺史臨川王義慶以獻。

元嘉二十一年十二月，新陽獲古鼎於水側，有篆書四十二字，雍州刺史蕭思話以獻。

元嘉二十二年，豫章豫寧縣出銅鍾，江州刺史廣陵王紹以獻。

孝武帝孝建三年四月丁亥，臨川宜黄縣民田中得銅鍾七口，内史傅徽以獻。

孝建三年四月甲辰，晉陵延陵得古鍾六口，徐州刺史竟陵王誕以獻〔五九〕。

孝武帝大明七年六月，江夏蒲圻獲銅路鼓，四面獨足，郢州刺史安陸王子綏以獻。

明帝泰始四年二月丙申，豫章望蔡獲古銅鍾，高一尺七寸，圍二尺八寸，太守張辯以獻。

泰始五年五月壬戌，豫章南昌獲古銅鼎，容斛七斗，江州刺史王景文以獻。

泰始七年六月甲寅，義陽郡獲銅鼎，受一斛，并蓋並隱起鏤，豫州刺史段佛榮以獻。

從帝昇明二年九月，建寧萬歲山澗中得銅鍾，長二尺一寸，豫州刺史劉懷珍以獻。

漢宣帝元康二年夏，神雀集雍。

元康三年春，神雀集泰山。

宣帝元康三年春〔六〇〕，五色雀以萬數，飛過屬縣。元康四年三月，神雀五采以萬數，飛過集長樂、未央、北宮、高寢、甘泉泰時殿。元康四年，神雀仍集。

漢宣帝五鳳三年正月，神雀集京師。

漢明帝永平十七年春，神雀五色集京師。

漢章帝元和中，神雀見郡國。

宋文帝元嘉二十二年，白鵲見新野鄧縣，雍州刺史蕭思話以聞。

元嘉二十六年五月癸酉，白鵲見建康崇孝里，揚州刺史始興王濬以獻。

孝武帝大明七年三月辛巳，白鵲見汝南安陽，太守申令孫以獻。

晉惠帝永嘉元年五月，白鼠見東宮，皇太子獲以獻。

宋明帝泰始三年二月壬寅，白鼠見樂安，青州刺史沈文秀以獻。

漢昭帝始元元年二月，黃鵠下建章宮太液池中。

漢章帝元和二年二月〔六二〕，車駕東巡，柴祭岱宗。禮畢，黃鵠三十從西南來，經祠壇上東北過。

漢武帝太初三年二月五日，行幸東海，獲赤鴈。

魏文帝初，鑊中生赤魚。

孫權時，神雀巢朱雀門。

孫晧天璽元年，臨海郡吏伍曜在海水際得石樹，高三尺餘，枝莖紫色，詰屈傾靡，有光采。山海經所載玉碧樹之類也。

晉武帝泰始二年六月壬申，白鴿見酒泉延壽，延壽長王音以獻。

晉成帝咸和九年五月癸酉，白鵝見吳國錢塘，內史虞潭以獻。

安帝義熙元年，南康雩都嵩山有金雞，青黄色，飛集巖間。

宋文帝元嘉二十二年，湘州刺史南平王鑠獻赤鸜鵒。

孝武帝大明三年正月丙申，磐皇國獻赤白鸜鵒各一。

宋文帝元嘉二十四年十月甲午，揚州刺史始興王濬獻白鸜鵒。

孝武帝大明五年正月丙子，交州刺史垣閎獻白孔雀。

明帝泰始三年五月乙亥，白鵁鶄見京兆，雍州刺史巴陵王休若以獻。

漢桓帝延熹九年四月，濟陰、東郡、濟北、平原河水清。

宋文帝元嘉二十四年二月戊戌，河、濟俱清，龍驤將軍、青冀二州刺史杜坦以聞。

文帝元嘉二十五年五月，征北長史、廣陵太守范邈上言：「所領輿縣，前有大浦，控引潮流，水常淤濁。自比以來，源流清潔，纖鱗呈形。古老相傳，以爲休瑞。」

孝武帝孝建三年九月，濟、河清，冀州刺史垣護之以聞。

孝武帝大明五年九月庚戌，河、濟俱清，平原太守申纂以聞。

明帝泰始元年二月丙寅，揚、淮水清潔有異於常，州治中從事史張緒以聞。

漢光武建武初，野繭、穀充給百姓。其後耕蠶稍廣，二事漸息。

吳孫權黃龍三年夏，野蠶繭大如卵。

宋文帝元嘉十六年，宣城宛陵廣野蠶成繭，大如雉卵，彌漫林谷，年年轉盛。

孝武帝大明三年五月癸巳，宣城宛陵縣石亭山生野蠶，三百餘里，太守張辯以聞。

孝武帝大明三年十一月己巳，肅愼氏獻楛矢石砮，高麗國譯而至。

大明五年正月戊午元日，花雪降殿庭。時右衞將軍謝莊下殿，雪集衣。還白，上以爲瑞。於是公卿並作花雪詩。史臣按詩云：「先集爲霰。」韓詩曰：「霰，英也。」花葉謂之英。離騷云：「秋菊之落英。」左思云「落英飄颻」是也。然則霰爲花雪矣。草木花多五出，花雪獨六出。

明帝泰始二年五月甲寅，赭中獲石柏長三尺二寸，廣三尺五寸，揚州刺史建安王休仁以獻。

泰始三年十一月乙卯，盱眙獲石柏，寧朔將軍段佛榮以獻〔六二〕。

漢和帝在位十七年，郡國言瑞應八十餘品，帝讓而不宣。

校勘記

〔一〕百五十六本　「五」字原闕，據局本、後漢書卷五孝安帝紀注引東觀記、類聚卷八五引崔豹古今注、御覽卷八三九引崔豹古今注補。

〔二〕會稽南始平言嘉禾生　「南始平」，原作「南平始」，據三國志卷四七吴書吴主傳改。按本書卷三五州郡志一：臨海太守領始豐令，「吴立曰始平，晉武帝太康元年更名」。

〔三〕嘉禾生襄平縣　「襄平縣」，原作「襄平興」，據汲本、殿本、局本、册府卷二二改。

〔四〕梁州刺史劉真道以獻　「劉真道」，原作「劉道」，據本書卷四七劉懷肅傳附劉真道傳補正。按本書卷五文帝紀，元嘉十九年秋七月，劉真道遷雍州刺史，時梁州刺史爲申坦。

〔五〕嘉禾生潁川曲陽　「曲陽」，原作「陽白」，册府卷二〇一作「陽曲」。孫彪考論卷二：「『陽白』

疑是『曲陽』。」按本書卷三六州郡志二，豫州潁川太守領曲陽令。孫說是，今改正。

〔六〕生知夙叡 「生」，原作「王」，據殿本、局本改。

〔七〕含滋匪烈 「含滋」，原作二字空格，南監本、北監本、汲本、殿本、局本作「子令」，今據册府卷一九二補。

〔八〕中領軍吉陽縣侯沈演之奏上嘉禾頌曰 按本書卷六三沈演之傳，演之襲其父叔任別爵吉陽縣五等侯。

〔九〕巨星垂采 「巨」，原作「臣」，據局本、册府卷一九二改。

〔一〇〕元嘉二十六年五月癸酉 「二十六年」，原作「二十五年」，據三朝本、南監本、北監本、汲本、殿本、局本改。按上條「二十五年十一月」，此作「二十五年五月」誤。

〔一一〕嘉麥生扶風郡 「郡」，御覽卷八三八引晉起居注作「郿」。

〔一二〕南豫州刺史山陽王休祐以獻 按本書卷八明帝紀，泰始二年正月辛亥，山陽王休祐由南豫州刺史改任豫州刺史，而仍留南豫州之歷陽。疑此乃涉上衍「南」字。本卷下文云「泰始二年八月己未，豫州刺史山陽王休祐獻蓮，二花一蔕」，可證。

〔一三〕元嘉十年七月己丑 按元嘉十年七月戊戌朔，是月無己丑。此條之前載元嘉十六年七月壬申事，此條之後載元嘉十九年事。元嘉十六年七月癸亥朔，初十日壬申，二十七日己丑。元嘉十七年七月丁亥朔，初三日己丑；元嘉十八年七月辛巳朔，初九日己丑。此三年之七月，並有己丑日。則此處之「十年」恐爲「十六年」、「十七年」或「十八年」之誤。

〔一四〕元嘉二十年六月壬寅　「壬寅」，明本册府卷二〇一作「壬子」。按是年六月庚午朔，無壬寅，亦無壬子。日干支當有誤。

〔一五〕元嘉二十二年四月　「二十二年」，原作「二十年」，據册府卷二〇一訂正。按上條有「二十一年六月」，下條有「二十二年七月」，此條當是二十二年四月事。

〔一六〕漢宣帝神爵四年春　「四年」，原作「元年」，據局本、漢書卷八宣帝紀改。

〔一七〕晉海西公太和九年四月　「太和」，原作「泰和」。按晉海西公年號有「太和」無「泰和」，今改正。

〔一八〕元嘉二十二年三月白兔見東萊當利青州刺史杜驥以聞　「二十二年」，册府卷二〇一作「二十一年」。「杜驥」，原作「杜冀」，按本書卷六五杜驥傳，驥時爲青冀二州刺史，今改正。

〔一九〕孝建三年閏三月乙丑　「閏三月」，原作「閏二月」，册府卷二〇一作「二月」，今據建康實録卷一三改。按是年閏三月丙辰朔，初十日乙丑。

〔二〇〕白燕二見酒泉禄福　「禄福」，原作「祥福」，册府卷二二作「福禄」，據漢書卷二八下地理志下、三國志卷一八魏書龐淯傳改。按漢書地理志下，酒泉郡有禄福。三國志魏書龐淯傳及皇甫謐列女傳載龐娥事云，禄福趙君安之女，又云禄福長尹嘉。曹全碑亦云拜酒泉禄福長。續漢書郡國志五、晉書卷一四地理志上始作「福禄」。

〔二一〕白燕集南平郡府內　「郡」，原作「鄉」，據宋本册府卷二〇一改。

〔二二〕白烏見齊國　「齊國」，原作「商國」，據後漢書卷七孝桓帝紀改。

〔二三〕白烏見濟南隰陰　「濟南隰陰」，原作「齊南隰」。按齊國無南隰縣。晉初濟南郡有隰陰縣，左傳哀公五年杜預注云濟南有隰陰縣是也。今改正。隰陰，二漢屬平原郡，晉初改隸濟南郡。晉書地理志已無此縣，蓋旋廢縣。

〔二四〕白烏見襄城　「城」字原闕，據册府卷二二二補。

〔二五〕梁王肜獲以獻　「肜」，原作「彤」，據晉書卷三八梁王肜傳改。

〔二六〕白雀二見河內南陽　據晉書卷一四地理志上，河內郡屬縣有河陽、山陽，無南陽。南陽當是河陽或山陽之訛。按册府卷二二二無「南陽」二字。

〔二七〕晉孝武帝太元十六年十二月　「太元」，原作「太康」，據册府卷二二二改。按太康爲晉武帝年號，孝武帝年號爲太元。「十二月」，册府作「十一月」。

〔二八〕白雀見齊郡昌國　「昌國」，原作「都國」，據南監本、北監本、殿本、局本、册府卷二〇一改。按本書卷三六州郡志二，青州齊郡有「昌國」無「都國」。

〔二九〕長沙王瑾以聞　「王」，原作「死」，南監本作「宛」，今據北監本、汲本、殿本、局本、册府卷二〇一改。按本書卷五一宗室長沙景王道憐傳，瑾，道憐之孫，元嘉三十年爲元凶所殺。

〔三〇〕大明五年五月癸未白雀二見尋陽江州刺史桂陽王休範以獻　按此條原重出，據北監本、殿本、局本删正。

〔三一〕白雀見寶城　「寶城」，原作「寶成」，按本書卷三六州郡志二司州義陽郡下有寶城令，今改正。

〔三二〕肄水師於梁山　「肄」，原作「隸」。張森楷校勘記、孫虨考論卷二並云「隸」當作「肄」。按張、孫説是，今據改。

〔三三〕匪仁莫集　原作四字空格，據册府卷一九二補。

〔三四〕思樂靈臺　「靈臺」，原作「靈基」，據册府卷一九二改。按此用周文王靈臺事。

〔三五〕文乏采章　「文」，原作「分」，據册府卷一九二改。

〔三六〕明帝泰始五年十月庚辰郢州獲玄璧廣八寸五分安西將軍蔡興宗以獻　按本書卷八明帝紀，泰始五年十月，蔡興宗離郢州任已久，且亦不爲安西將軍。疑此條所記年月有誤。

〔三七〕後廢帝元徽四年十一月乙巳吴興烏程余山道人慧獲蒼玉璧太守蕭惠明以獻　「蕭惠明」，原作「蕭惠開」。按本書卷七八蕭思話傳、卷八七蕭惠開傳，南史卷一八蕭思話傳，惠開於泰始七年卒，元徽四年時惠開已卒數年。惠明，惠開同母弟，本書蕭思話傳附蕭惠明傳云惠明：「歷黄門郎，（中略）吴興太守。後廢帝元徽末，卒官。」元徽四年時惠明正在吴興太守任，本書卷二八符瑞志中云：「後廢帝元徽四年十一月乙巳，甘露降吴興烏程，太守蕭惠明以聞。」是其證。「惠開」乃「惠明」之訛，今改正。

〔三八〕則生　「則」下原衍「爲」字，據南監本、北監本、殿本删。

〔三九〕東平陵樹連理　「東平陵」，後漢書卷五孝安帝紀作「東平陸」。按續漢書郡國志三，東平國有東平陸縣。

〔四〇〕木連理生遼東力城　「力城」，原作「方城」。按晉書卷一四地理志上，遼東國統力城縣。「方城」當是「力城」之訛，今改正。

〔四一〕木連理十三生南安獂道　「獂道」，原作「源道」，據局本、漢書卷二八下地理志八下、續漢書郡國志五改。按晉書卷一四地理志上作「㺏道」，「㺏」「獂」通。

〔四二〕木連理生始興中宿南鄉筑陽　「筑陽」，原作「范陽」。按續漢書郡國志四，筑陽縣屬南陽郡，晉初筑陽改屬南鄉郡，左傳桓公七年杜預注有南鄉筑陽縣可證。晉書卷一五地理志下，筑陽屬順陽郡，蓋晉武帝平吳後，改南鄉爲順陽。「范陽」當是「筑陽」之誤，今改正。

〔四三〕木連理生鄱陽鄡陽　「鄡陽」，原作「鄡鄉」。按晉書卷一五地理志下，鄱陽郡有「鄡陽」，無「鄡鄉」。今據改。

〔四四〕木連理生南陰柔縣太守以聞　按本書州郡志無「南陰柔縣」，此處太守上又無郡名，疑文有訛脱。

〔四五〕大明五年十二月戊寅淮南松木連理豫州刺史尋陽王子房以聞　按本書卷六孝武帝紀、卷七前廢帝紀、卷五〇垣護之傳，是時垣護之爲豫州刺史，子房爲南豫州刺史。南豫州刺史治淮南于湖，淮南祥瑞當由南豫州刺史以獻。疑「豫州」前佚「南」字。

〔四六〕珊瑚連理生鬱林安始太守劉勔以聞　「安始」，原作「始安」，據局本乙正。按本書卷三八州郡志四，鬱林太守下有安始令。

〔四七〕泰始六年四月丙午　「丙午」，原作「景午」。按本書不當避唐諱，蓋後人所追改，今改回。

〔四八〕刺史劉懷珍以聞　「刺」字原闕，據南齊書卷二七劉懷珍傳補。懷珍昇明初爲豫州刺史。

〔四九〕漢桓帝建和元年四月　「桓帝」，原作「明帝」，據殿本、局本、後漢書卷七孝桓帝紀改。

〔五〇〕漢光武建武中元元年五月　「中元」二字原闕，據後漢書卷一下光武帝紀下補。

〔五一〕魏文帝初朱草生文昌殿側　本條舊在「漢章帝元和中，朱草生郡國」條上。按年代次序，今前後對易。

〔五二〕漢光武建武十三年九月　「建武」，原作「建元」，據後漢書卷一下光武帝紀下改。

〔五三〕晉武帝太康元年九月庚戌　「九月」二字原闕，據册府卷二二補。按是年九月乙酉朔，二十六日庚戌。

〔五四〕白雉見秦郡　「秦郡」，原作「泰郡」，據明本册府卷二〇一改。按本書卷三五州郡志一，南兗州下有秦郡，無「泰郡」。

〔五五〕荆州刺史臨海王子頊以獻　「子頊」，原作「子玉」，據殿本、局本、册府卷二一改。按臨海王子頊本書卷八〇有傳。

〔五六〕玉甕者不汲而滿王者清廉則出闕　小字注「闕」字原闕。按此下當有佚文，今據上下文例補。

〔五七〕漢明帝永平六年三月　「三月」，後漢書卷二顯宗孝明帝紀作「二月」。

〔五八〕獲石鼎重二斤受斛餘　「二斤」，疑當作「二百斤」。按受斛餘之鼎，豈有僅重二斤之理，文有訛奪無疑。御覽卷七五六引晉中興書：「成帝咸和元年，宣城春穀山崩，得古鼎重三百斤，容可三斛餘。」「二斤」作「三百斤」，「斛餘」作「三斛餘」，「石鼎」作「古鼎」，義皆較本書爲長。

〔五九〕晉陵延陵得古鍾六口徐州刺史竟陵王誕以獻　據本書卷六孝武帝紀、卷七九文五王竟陵王誕傳，時誕爲南徐州刺史。晉陵延陵屬南徐州，延陵得古鍾，應由南徐州刺史以獻。上文載元嘉二十四年八月乙巳，白烏見晉陵時云「南徐州刺史廣陵王誕以獻」，是其例。疑「徐州」前佚「南」字。

〔六〇〕宣帝元康三年春　「三年」，原作「二年」，據漢書卷八宣帝紀改。按上條云「元康三年春」，此作「三年」是。

〔六一〕漢章帝元和二年二月　「二月」，原作「正月」，據局本、後漢書卷三肅宗孝章帝紀改。

〔六二〕寧朔將軍段佛榮以獻　「段佛榮」，原作「段榮」，據册府卷二〇二補正。按本卷「泰始七年六月甲寅，義陽郡獲銅鼎」條有豫州刺史段佛榮，本書卷七二文九王建平宣簡王宏傳有南豫州刺史段佛榮，蓋即其人。

宋書卷三十

志第二十

五行一

昔八卦兆而天人之理著，九疇序而帝王之應明。雖可以知從德獲自天之祐，違道陷神聽之辜，然未詳舉徵效，備考幽明，雖時列鼎雉庭穀之異，然而未究者衆矣。至於鑑悟後王，多有所闕。故仲尼作春秋，具書祥眚，以驗行事。是則九疇陳其義於前，春秋列其效於後也。逮至伏生𢽾紀大傳，五行之體始詳；劉向廣演鴻範，休咎之文益備。故班固斟酌經、傳，詳紀條流，誠以一王之典，不可獨闕故也。夫天道雖無聲無臭，然而應若影響，天人之驗，理不可誣。司馬彪纂集光武以來，以究漢事；王沈魏書志篇闕，凡厥災異，但編帝紀而已。自黃初以降，二百餘年，覽其灾妖，以考之事，常若重規沓矩，不謬前說。

又高堂隆、郭景純等，據經立辭，終皆顯應。闕而不序，史體將虧。今自司馬彪以後，皆撰次論序，斯亦班固遠采春秋，舉遠明近之例也。又按言之不從，有介蟲之孽，劉歆以爲毛蟲；視之不明，有嬴蟲之孽，劉歆以爲羽蟲。按月令，夏蟲羽，秋蟲毛，宜如歆說，是以舊史從之。五行精微，非末學所究。凡已經前議者，並即其言以釋之；未有舊說者，推準事理，以俟來哲。

五行傳曰：「田獵不宿，飲食不享，出入不節，奪民農時，及有姦謀，則木不曲直，謂木失其性而爲災也。」又曰：「皃之不恭，是謂不肅。厥咎狂，厥罰恒雨，厥極惡。時則有服妖，時則有龜孽，時則有雞禍，時則有下體生上之痾，時則有青眚、青祥。惟金沴木。」班固曰：「蓋工匠爲輪矢者多傷敗，及木爲變怪。」皆爲不曲直也。

木不曲直

魏文帝黃初六年正月，雨，木冰。按劉歆說，木不曲直也。劉向曰：「冰者陰之盛，木者少陽，貴臣象也。此人將有害，則陰氣脅木，木先寒，故得雨而冰也。」是年六月，利成郡兵蔡方等殺太守徐質，據郡反，多所脅略，并聚亡命。遣二校尉與青州刺史共討平之。太守，古之諸侯，貴臣有害之應也。一說以木冰爲甲兵之象。是歲，既討蔡方，又八月，天子自將以舟師征吴，戎卒十餘萬，連旍數百里，臨江觀兵。

晉元帝太興三年二月辛未，雨，木冰。後二年，周顗、戴淵、刁協、劉隗皆遇害〔一〕，與春秋同事，是其應也。一曰，是後王敦攻京師，又其象也。

晉穆帝永和八年正月乙巳，雨，木冰。是年，殷浩北伐，明年，軍敗，十年，廢黜。又曰，荀羨、殷浩北伐，桓温入關之象也。

晉孝武帝太元十四年十二月乙巳，雨，木冰。明年二月，王恭爲北蕃；八月，庾楷爲西蕃；九月，王國寶爲中書令，尋加領軍將軍；十七年，殷仲堪爲荆州。雖邪正異規，而終同摧滅，是其應也。一曰，苻堅雖敗，關、河未一，丁零鮮卑，侵略司、兖，竇揚勝扇逼梁、雍，兵役不已，又其象也。

吴孫亮建興二年，諸葛恪征淮南，行後，所坐聽事棟中折。恪妄興徵役，奪民農時，作爲邪謀，傷國財力，故木失其性，致毁折也。及旋師而誅滅，於周易又爲棟橈之凶也。

晉武帝太康五年五月，宣帝廟地陷梁折。八年正月，太廟殿又陷，改作廟，築基及泉。其年九月，遂更營新廟，遠致名材，雜以銅柱。陳勰爲匠，作者六萬人。十年四月，乃成。十一月庚寅，梁又折。按地陷者，分離之象，梁折者，木不曲直也。孫盛曰：于時後宮殿有孽火，又廟梁無故自折。先是帝多不豫，益惡之。明年，帝崩，而王室頻亂，遂亡天下。

晉惠帝太安二年，成都王穎使陸機率衆向京師，擊長沙王乂。軍始引而牙竿折，俄而戰敗，機被誅。穎尋奔潰，卒賜死。初，河間王顒謀先誅長沙，廢太子，立穎。長沙知之，誅其黨卞粹等，故穎來伐。機又以穎得遐邇心，將爲漢之代王，遂委質於穎，爲犯從之將。此皆姦謀之罰，木不曲直也。

王敦在武昌，鈴下儀仗生華如蓮花狀，五六日而萎落。此木失其性而爲變也。干寶曰：「鈴閤，尊貴者之儀；鈴下，主威儀之官。今狂花生於枯木，又在鈴閤之間，言威儀之富，榮華之盛，皆如狂花之發，不可久也。」其後終以逆命，没又加戮，是其應也。一說此花孽也，於周易爲「枯楊生華」。

桓玄始篡，龍旂竿折。玄田獵出入，不絶昏夜，飲食恣奓，土木妨農，又多姦謀，故木失其性也。夫旂所以擬三辰，章著明也。旂竿之折，高明去矣。在位八十日而敗。

宋明帝泰始二年五月丙午，南琅邪臨沂黄城山道士盛道度堂屋一柱自然，夜光照室内。此木失其性也。或云木腐自光。

廢帝昇明元年，吴興餘杭舍亭禾蕈樹生李實。禾蕈樹，民間所謂胡頹樹。

貌不恭

魏文帝居諒闇之始，便數出遊獵，體貌不重，風尚通脱。故戴凌以直諫抵罪，鮑勛以迕旨極刑。天下化之，咸賤守節，此貌之不恭也。是以享國不永，後祚短促。春秋魯君居喪不哀，在慼而有嘉容，穆叔謂之不度，後終出奔。蓋同事也。

魏尚書鄧颺，行步弛縱〔二〕，筋不束體，坐起傾倚，若無手足。此貌之不恭也。管輅謂之鬼躁。鬼躁者，凶終之徵。後卒誅死。

晉惠帝元康中，貴遊子弟相與爲散髮倮身之飲，對弄婢妾。逆之者傷好，非之者負譏。希世之士，恥不與焉。蓋胡、翟侵中國之萌也。豈徒伊川之民，一被髮而祭者乎。

晉惠帝元康中，賈謐親貴，數入二宮，與儲君遊戲，无降下心。又嘗同弈棊爭道，成都王穎厲色曰：「皇太子，國之儲貳。賈謐何敢無禮！」謐猶不悛，故及於禍。

齊王冏既誅趙倫，因留輔政，坐拜百官，符敕臺府，淫醟專驕，不一朝覲。此狂恣不肅之容也。天下莫不高其功〔三〕，而慮其亡也。冏終弗改，遂至夷滅。

太元中，人不復著帩頭。頭者，元首，帩者，令髮不垂，助元首爲儀飾者也。今忽廢之，若人君獨立無輔，以至危亡也。其後桓玄篡位。

舊爲屐者，齒皆達楄上，名曰「露卯」。太元中，忽不徹，名曰「陰卯」。其後多陰謀，遂致大亂。

晉安帝義熙七年，晉朝拜授劉毅世子。毅以王命之重，當設饗宴親，請吏佐臨視。至日，國僚不重白，默拜於廄中。王人將反命，毅方知，大以爲恨，免郎中令劉敬叔官。識者怪焉。此墮略嘉禮，不肅之妖也。

陳郡謝靈運有逸才，每出入，自扶接者常數人。民間謠曰「四人挈衣裙，三人捉坐席」是也。此蓋不肅之咎，後坐誅。

宋明帝泰始中，幸臣阮佃夫勢傾朝廷，室宇豪麗，車服鮮明，乘車常偏向一邊，違正立執綏之體。時人多慕効。此亦貌不恭之失也。時偏左之化行，方正之道廢矣。

後廢帝常單騎遊遨，出入市里營寺，未嘗御輦。終以殞滅。

恒雨

魏明帝太和元年秋，數大雨，多暴雷電，非常，至殺鳥雀〔四〕。案楊阜上疏，此恒雨之罰也。時帝居喪不哀，出入弋獵無度，奢侈繁興，奪民農時，故木失其性而恒雨爲災也。

太和四年八月，大雨霖三十餘日，伊、洛、河、漢皆溢，歲以凶饑。

孫亮太平二年二月甲寅，大雨震電；乙卯，雪，大寒。案劉歆說，此時當雨而不當大，大雨，恒雨之罰也。於始震電之明日而雪大寒，又恒寒之罰也。劉向以爲既已震電〔五〕，則雪不當復降，皆失時之異也。天戒若曰，爲君失時，賊臣將起。先震電而後雪者，陰見間隙，起而勝陽。逆殺之禍將及也。亮不悟，尋見廢。此與春秋魯隱同也。

晉武帝泰始六年六月，大雨霖，甲辰，河、洛、沁水同時並溢，流四千九百餘家，殺二百餘人，没秋稼千三百六十餘頃。晉武太康五年七月，任城、梁國暴雨，害豆麥。太康五年九月，南安霖雨暴雪，折樹木，害秋稼；魏郡、淮南、平原雨水，傷秋稼。是秋，魏郡、西平郡九縣霖雨暴水，霜傷秋稼。

晉惠帝永寧元年十月，義陽、南陽、東海霖雨，淹害秋麥。

晉成帝咸康元年八月乙丑，荆州之長沙攸、醴陵、武陵之龍陽三縣，雨水浮漂屋室，殺人，傷損秋稼。

宋文帝元嘉二十一年六月，京邑連雨百餘日，大水。

孝武帝大明元年正月，京邑雨水。

大明五年七月，京邑雨水。

大明八年八月，京邑雨水。

明帝泰始二年六月，京邑雨水。

順帝昇明三年四月乙亥，吴郡桐廬縣暴風雷電，揚砂折木，水平地二丈，流漂居民。

服妖

魏武帝以天下凶荒，資財乏匱，始擬古皮弁，裁縑帛爲白帢，以易舊服。傅玄曰：「白乃軍容，非國容也。」干寶以爲縞素，凶喪之象〔六〕，帢，毁辱之言也。蓋革代之後，攻殺之妖也。初爲白帢，横縫其前以别後，名之曰「顔」，俗傳行之。至晉永嘉之間，稍去其縫，名「無顔帢」。而婦人束髮，其緩彌甚，紒之堅不能自立，髮被于額，目出而已。無顔者，愧之言也；覆額者，慙之貌；其緩彌甚，言天下忘禮與義，放縱情性，及其終極，至乎大恥也。永嘉之後，二帝不反，天下愧焉。魏明帝著繡帽，被縹紈半袖，嘗以見直臣楊阜。阜諫曰：「此於禮何法服邪？」帝默然。近服妖也。縹，非禮之色，褻服不貳。今之人主，親御非法之章，所謂自作孽不可禳也。帝既不享永年，身没而禄去王室，後嗣不終，遂亡天下。

魏明帝景初元年，發銅鑄爲巨人二，號曰「翁仲」。置之司馬門外。案古長人見，爲國亡；長狄見臨洮，爲秦亡之禍。始皇不悟，反以爲嘉祥，鑄銅人以象之。魏法亡國之器，而於義竟無取焉。蓋服妖也。

魏尚書何晏，好服婦人之服。傅玄曰：「此服妖也。」夫衣裳之制，所以定上下，殊內外也。大雅云：「玄衮赤舄，鉤膺鏤鍚。」歌其文也。小雅云：「有嚴有翼，共武之服。」詠其武也。若內外不殊，王制失敍，服妖既作，身隨之亡。末嬉冠男子之冠，桀亡天下；何晏服婦人之服，亦亡其家。其咎均也。

吳婦人之脩容者，急束其髮，而劘角過于耳。蓋其俗自操束太急，而廉隅失中之謂也。故吳之風俗，相驅以急，言論彈射，以刻薄相尚。居三年之喪者，往往有致毀以死。諸葛患之，著正交論，雖不可以經訓整亂，蓋亦救時之作也。孫休後，衣服之制，上長下短，又積領五六而裳居一二。干寶曰：「上饒奢，下儉逼，上有餘下不足之妖也。」至孫晧，果奢暴恣情於上，而百姓彫困於下，卒以亡國。是其應也。

晉興後，衣服上儉下豐，著衣者皆厭褄蓋裙。君衰弱，臣放縱，下掩上之象也。陵遲至元康末，婦人出兩襠，加乎脛之上，此內出外也。爲車乘者，苟貴輕細，又數變易其形，皆以白篾爲純，古喪車之遺象。乘者，君子之器，蓋君子立心無恒，事不崇實也。干寶曰：「及晉之禍，天子失柄，權制寵臣，下掩上之應也。永嘉末，六宮才人，流徙戎、翟，內出外之應也。及天下亂擾，宰輔方伯，多負其任，又數改易，不崇實之應也。」

晉武帝泰始後，中國相尚用胡牀、貊盤，及爲羌煮、貊炙。貴人富室，必置其器，吉享嘉會，皆此爲先。太康中，天下又以氈爲絈頭及絡帶、衿口。百姓相戲曰，中國必爲胡所破也。氈產於胡，而天下以爲絈頭、帶身、衿口，胡既三制之矣，能无敗乎。干寶曰：「元康中，氐、羌反，至于永嘉，劉淵、石勒遂有中都。自後四夷迭據華土，是其應也。」

晉武帝太康後，天下爲家者，移婦人於東方，空萊北庭，以爲園囿。干寶曰：「夫王朝南向，正陽也；后北宮，位太陰也；世子居東宮，位少陽也。今居內於東，是與外俱南面也。亢陽无陰，婦人失位而干少陽之象也。賈后讒戮愍懷，俄而禍敗亦及。」

昔初作履者，婦人圓頭，男子方頭。圓者，順從之義，所以別男女也。晉太康初，婦人皆履方頭，此去其圓從，與男無別也。

太康之中，天下爲晉世寧之舞，手接栖槃反覆之，歌曰：「晉世寧，舞栖槃。」夫樂生人心，所以觀事。故記曰：「總干山立，武王之事也；發揚蹈厲，太公之志也；武亂皆坐，周、召之治也。」又曰：「其治民勞者，舞行綴遠；其治民逸者，舞行綴近。」今接栖槃於手上而反覆之，至危也。栖槃者，酒食之器也，而名曰晉世寧者，言晉世之士，偷苟於酒食之間，而其知不及遠，晉世之寧，猶栖槃之在手也。」

晉惠帝元康中，婦人之飾有五兵佩，又以金、銀、瑇瑁之屬爲斧、鉞、戈、戟，以當笄□〔七〕。干寶曰：「男女之別，國之大節，故服物異等，贄幣不同。今婦人而以兵器爲飾，又妖之大也。遂有賈后之事，終以兵亡天下。」

元康中，婦人結髮者，既成，以繒急束其環，名曰擷子紒。始自中宮，天下化之。其後賈后果害太子。

元康中，天下始相倣爲鳩杖以柱掖，其後稍施其錞，住則植之。夫木，東方之行，金之臣也。杖者，扶體之器，鳩其頭者，尤便用也。必傍柱掖者，傍救之象也。王室多故，而元帝以蕃臣樹德東方，維持天下，柱掖之應也。至社稷無主，海内歸之，遂承天命，建都江外，獨立之應也。

元康末至太安間，江、淮之城，有敗編自聚于道〔八〕，多者或至四五十量。干寶嘗使人散而去之，或投林草，或投坑谷。明日視之，悉復如故。民或云見狸銜而聚之，亦未察也。寶説曰：「夫編者，人之賤服，最處于下，而當勞辱，下民之象也。敗者，疲斃之象也。道者，地理四方，所以交通王命所由往來也。故今敗編聚於道者，象下民罷病，將相聚爲亂，絶四方而壅王命之象也。」在位者莫察。太安中，發壬午兵，百姓嗟怨。江夏男子張昌遂首亂荆楚，從之者如流。於是兵革歲起，天下因之，遂大破壞。此近服妖也。

晉孝懷永嘉以來，士大夫竟服生箋單衣。遠識者怪之，竊指擿曰：「此則古者繐衰之布，諸侯大夫所以服天子也。今無故畢服之，殆有應乎？」其後愍、懷晏駕，不獲厥所。

晉元帝太興以來，兵士以絳囊縛紒。紒在首，莫上焉。周易乾爲首，坤爲囊。坤，臣道也。晉金行，赤火色，金之賊也。以朱囊縛紒，臣道上侵之象也。到永昌元年，大將軍王敦舉兵內攻，六軍散潰。

舊爲羽扇，柄刻木，象其骨形，羽用十，取全數也。晉中興初，王敦南征，始改爲長柄下出，可捉，而減其羽用八。識者尤之曰：「夫羽扇，翼之名也。創爲長柄者，執其柄制羽翼也。以十改八者〔九〕，將以未備奪已備也。」是時爲衣者，又上短，帶至于掖；著帽者，以帶縛項。下逼上，上無地也。下袴者，直幅爲口無殺，下大失裁也。尋有兵亂，三年而再攻京師。

晉海西初嗣位，迎官忘設豹尾。識者以爲不終之象，近服妖也。

晉司馬道子於府北園內爲酒鑪列肆〔一〇〕，使姬人酤鬻酒肴，如裨販者，數遊其中，身自買易，因醉寓寢，動連日夜。漢靈帝嘗若此。干寶以爲：「君將失位，降在皁隸之象也。」道子卒見廢徙，以庶人終。

桓玄篡立，殿上施絳綾帳，鏤黃金爲顏，四角金龍，銜五色羽葆流蘇。羣下竊相謂曰：「頗類輀車。」此服妖也。

晉末皆冠小冠，而衣裳博大，風流相倣，輿臺成俗。識者曰：「此禪代之象也。」永初以後，冠還大云。

宋文帝元嘉六年，民間婦人結髮者，三分髮，抽其鬟直向上，謂之「飛天紒」。始自東府，流被民庶。時司徒彭城王義康居東府，其後卒以陵上徙廢。

孝武帝世，豫州刺史劉德願善御車，世祖嘗使之御畫輪，幸太宰江夏王義恭第。德願挾牛杖催世祖云：「日暮宜歸！」又求益僦車。世祖甚懽。此事與漢靈帝西園蓄私錢同也。

孝武世，幸臣戴法興權亞人主，造圓頭履，世人莫不俲之。其時圓進之俗大行，方格之風盡矣。

明帝初，司徒建安王休仁統軍赭圻，制烏紗帽，反抽帽裙，民間謂之「司徒狀」，京邑翕然相尚。休仁後果以疑逼致禍。

龜孽

晉惠帝永熙初，衞瓘家人炊飯，墮地，盡化爲螺，出足起行。螺，龜類，近龜孽也。干寶曰：「螺被甲，兵象也。於周易爲離，離爲戈兵。」明年，瓘誅。

雞禍

魏明帝景初二年，廷尉府中有雌雞變爲雄，不鳴不將。干寶曰：「是歲，晉宣帝平遼東，百姓始有與能之議，此其象也。」然晉三后並以人臣終，不鳴不將，又天意也。

晉惠帝元康六年，陳國有雞生雄雞無翅，既大，墜坑而死。王隱曰：「雄，胤嗣象，坑地事爲母象，賈后誣殺愍懷，殆其應也。」

晉惠帝太安中，周玘家有雌雞逃承霤中，六七日而下，奮翼鳴將〔一一〕，獨毛羽不變。其後有陳敏之事。敏雖控制江表〔一二〕，終無綱紀文章，殆其象也。卒爲玘所滅。雞禍見玘家，又天意也。

晉元帝太興中，王敦鎮武昌，有雌雞化爲雄。天戒若曰：「雌化爲雄，臣陵其上。」其後王敦再攻京師。

晉孝武太元十三年四月，廣陵高平閻嵩家雄雞，生無右翅；彭城到象之家雞，無右足。京房易傳曰：「君用婦人言，則雞生妖。」

晉安帝隆安元年八月，琅邪王道子家青雌雞化爲赤雄，不鳴不將。後有桓玄之事，具如其象。

隆安四年，荆州有雞生角，角尋墮落。是時桓玄始擅西夏，狂慢不肅，故有雞禍。角，兵象;尋墮落者,暫起不終之妖也。

晉安帝元興二年,衡陽有雌雞化爲雄,八十日而冠萎。衡陽,桓玄楚國封略也。後篡位八十日而敗,徐廣以爲玄之象也。

宋文帝元嘉十二年,華林園雌雞漸化爲雄。後孝武即位,皇太后令行于外,亦猶漢宣帝時,雌雞爲雄,至哀帝時,元后與政也。

明帝泰始中,吳興東遷沈法符家雞有四距〔三〕。

青眚青祥

晉武帝咸寧元年八月丁酉,大風折太社樹,有青氣出焉。此青祥也。占曰:「東莞當有帝者。」明年,元帝生。是時帝大父武王封東莞,由是徙封琅邪。孫盛以爲中興之表。晉室之亂,武帝子孫無孑遺,社樹折之應,又恒風之罰也。

晉惠帝元康中,洛陽南山有虻作聲曰:「韓屍屍。」識者曰:「韓氏將死也。言屍屍者,盡死意也。」其後韓謐誅而韓族殲焉。此青祥也。

金沴木

魏文帝黃初七年正月，幸許昌。許昌城南門無故自崩，帝心惡之，遂不入，還洛陽。此金沴木，木動也。五月，宮車晏駕。京房易傳曰：「上下咸悖，厥妖城門壞。」

晉元帝太興二年六月，吳郡米廩無故自壞。是歲大饑，死者數千。

晉明帝太寧元年，周莚自歸王敦〔一四〕，既立宅宇，而所起五間，六架一時躍出墮地〔一五〕，餘桁猶亘柱頭。此金沴木也。明年五月，錢鳳謀亂，遂族滅莚，而湖熟尋亦爲墟矣。

晉安帝元興元年正月丙子，司馬元顯將西討桓玄，建牙揚州南門，其東者難立，良久乃正。近沴妖也。尋爲桓玄所禽。

元興三年五月，樂賢堂壞。天意若曰，安帝嚚眊，不及有樂賢之心，故此堂見沴也。

晉安帝義熙九年五月乙酉，國子聖堂壞。

宋文帝元嘉十七年，劉斌爲吳郡，郡堂屋西頭鴟尾無故落地，治之未畢，東頭鴟尾復落。頃之，斌誅。

校勘記

〔一〕周顗戴淵刁協劉隗皆遇害　按晉書卷六元帝紀，是時周顗、戴淵、刁協爲王敦所殺，劉隗奔于石勒。晉書卷六九劉隗傳，劉隗奔于石勒後，勒以爲從事中郎、太子太傅。

〔二〕行步弛縱　「弛」，原作「施」，據殿本、晉書卷二七五行志上改。

〔三〕天下莫不高其功　「功」，原作「攺」，據南監本、北監本、汲本、殿本、局本、晉書卷二七五行志上、册府卷二九四改。

〔四〕數大雨多暴雷電非常至殺鳥雀　晉書卷二七五行志上「暴」下有「卒」字，點校本在「卒」下斷句，吴金華宋書校點本偶記疑晉志是。

〔五〕劉向以爲既已震電　「電」，原作「雷」，據局本、晉書卷二七五行志上改。按上文云「大雨震電」。

〔六〕凶喪之象　「象」，原作「爲」，據南監本、局本、晉書卷二七五行志上改。

〔七〕以當笄□　按晉書卷二七五行志上、御覽卷三三九引搜神記作「以當笄」。

〔八〕有敗編自聚于道　「編」，南監本、殿本作「鞾」，晉書卷二七五行志上作「屩」。下並同。按廣韻卷五：「屩，草履也。」疑此編、鞾皆指草履言之。

〔九〕以十改八者　原作「以八改十者」，晉書卷二七五行志上作「改十爲八者」。按上文云「羽用十」，又云「減其羽用八」，則此當作「以十改八者」，今訂正。

〔一〇〕晉司馬道子於府北園内爲酒鑪列肆　「晉司馬道子」，原作五字空格，據北監本、汲本、殿本、局本補。

〔一一〕奮翼鳴將　「奮」，原作「大」，據晉書卷二七五行志上改。

〔二〕其後有陳敏之事敏雖控制江表　兩「敏」字，原並作「愍」，據殿本、晉書卷二七五行志上改。按晉書卷一〇〇有陳敏傳。

〔三〕吳興東遷沈法符家雞有四距　「吳」字原闕，據南監本、殿本、局本補。

〔四〕周莚自歸王敦　「周莚」，原作「周延」，據晉書卷二七五行志上改。下並改。按周莚附見晉書卷五八周處傳，莚，處之孫。

〔五〕六架一時躍出墮地　「架」，晉書卷二七五行志上、卷五八周處傳附周莚傳作「梁」。

宋書卷三十一

志第二十一

五行二

五行傳曰：「好戰攻，輕百姓，飾城郭，侵邊境，則金不從革。」謂金失其性而爲災也。又曰：「言之不從，是謂不乂。厥咎僭，厥罰恒陽，厥極憂。時則有詩妖，時則有介蟲之孽，時則有犬禍，時則有口舌之痾，時則有白眚、白祥。惟木沴金。」介蟲，劉歆傳以爲毛蟲。

金不從革

魏世張掖石瑞，雖是晉氏之符命，而於魏爲妖。好攻戰，輕百姓，飾城郭，侵邊境，魏氏三祖皆有其事。劉歆以爲金石同類，石圖發非常之文，此不從革之異也。晉定大業，多敝曹氏，石瑞文「大討曹」之應也。

魏明帝青龍中，盛脩宫室，西取長安金狄，承露槃折，聲聞數十里，金狄泣，於是因留霸城。此金失其性而爲異也。

吴時，歷陽縣有巖穿似印〔一〕，咸云「石印封發，天下太平」。孫晧天璽元年印發。又陽羨山有石穴，長十餘丈。晧初脩武昌宫，有遷都之意。是時武昌爲離宫。班固云：「離宫與城郭同占。」飾城郭之謂也。寶鼎三年，晧出東關，遣丁奉至合肥；建衡三年，晧又大舉出華里。侵邊境之謂也。故令金失其性，卒面縛而吴亡。

晉惠帝永興元年，成都伐長沙，每夜戈戟鋒有火光如縣燭。此輕民命，好攻戰，金失其性而爲變也。天戒若曰，兵猶火也，不戢將自焚。成都不悟，終以敗亡。

晉懷帝永嘉元年，項縣有魏豫州刺史賈逵石碑，生金可采。此金不從革而爲變也。五月，汲桑作亂，羣寇飇起。

晉清河王覃爲世子時，所佩金鈴忽生起如粟者。康王母疑不祥，毁棄之。及後爲惠帝太子，不終于位〔二〕，卒爲司馬越所殺。

晉元帝永昌元年，甘卓將襲王敦，既而中止。及還，家多變怪，照鏡不見其頭。此金失其性而爲妖也。尋爲敦所襲，遂夷滅。

石虎時，鄴城鳳陽門上金鳳皇二頭，飛入漳河。

晉海西太和中，會稽山陰縣起倉，鑿地得兩大船，滿中錢，錢皆輪文大形。時日向莫，鑿者馳以告官。官夜遣防守甚嚴。至明旦，失錢所在，唯有船存，視其狀，悉有錢處。

晉安帝義熙初，東陽太守殷仲文照鏡不見其頭，尋亦誅翦，占與甘同。

宋後廢帝元徽四年，義熙、晉陵二郡，並有霹靂車墜地，如青石，草木燋死。

言之不從

魏齊王嘉平初，東郡有譌言云，白馬河出妖馬，夜過官牧邊鳴呼，衆馬皆應。明日見其迹，大如斛，行數里，還入河。楚王彪本封白馬，兗州刺史令狐愚以彪有智勇，及聞此言，遂與王淩謀共立之。遣人謂曰：「天下事未可知，願王自愛。」彪答曰：「知厚意。」事泄，淩、愚被誅〔三〕，彪賜死。此言不從之罰也。詩云：「民之譌言，寧莫之懲。」

劉禪嗣位，譙周引晉穆侯、漢靈帝命子事譏之曰：「先主諱備，其訓具也。後主諱禪，其訓授也。若言劉已具矣，當授與人，甚於穆侯、靈帝之祥也。」蜀果亡，此言之不從也。

劉備卒，劉禪即位，未葬，亦未踰月，而改元爲建興。此言之不從也。習鑿齒曰：

「禮，國君即位踰年而後改元者，緣臣子之心，不忍一年而有二君也。今可謂亟而不知禮矣。君子是以知蜀之不能東遷也。」後又降晉。吳孫亮、晉惠帝、宋元凶亦然。亮不終其位，惠帝號令非己，元凶尋誅。言不從也。

魏太和中，姜維歸蜀，失其母。魏人使其母手書呼維令反，并送當歸以譬之。維報書曰：「良田百頃，不計一畝。但見遠志，無有當歸。」維卒不免。

魏明帝景初元年，有司奏帝爲烈祖，與太祖、高祖並爲不毀之廟。從之。按宗廟之制，祖宗之號，皆身没名成，乃正其禮。故雖功赫天壤，德邁前王，未有豫定之典。此蓋言之不從，失之甚者也。後二年而宫車晏駕，於是統微政逸。

吳孫休世，烏程民有得困疾，及差，能以響言者，言於此而聞於彼。自其所聽之，不覺其聲之大也；自遠聽之，如人對言，不覺聲之自遠來也。聲之所往，隨其所向，遠者不過十數里。其鄰人有責息於外，歷年不還。乃假之使爲責讓，懼以禍福，負物者以爲鬼神，即傾倒畀之[四]。其人亦不自知所以然也。言不從之咎也。

魏世起安世殿，晉武帝後居之。安世，武帝字也。

晉武帝每延羣臣，多説平生常事，未嘗及經國遠圖。此言之不從也。何曾謂子遵曰：「國家無貽厥之謀，及身而已，後嗣其殆乎，此子孫之憂也。」自永熙後，王室漸亂。永嘉中，天下大壞。及何綏以非辜被誅，皆如曾言。

趙王倫廢惠帝於金墉城，改號金墉爲永安宮。帝尋復位而倫誅。

晉惠帝永興元年，詔廢太子覃還爲清河王，立成都王穎爲皇太弟，猶加侍中，大都督，領丞相，備九錫，封二十郡，如魏王故事。案周禮，傳國以胤不以勳，故雖公旦之聖，不易成王之嗣。所以遠絶覬覦，永壹宗祧。後代遵履，改之則亂。今擬非其實，僭差已甚。且既爲國副，則不應復開封土，兼領庶職。此言之不從，進退乖爽。故帝既播越，穎亦不終，是其咎也。後猶不悟，又立懷帝爲皇太弟。懷終流弑，不永厥祚，又其應也。語曰：「變古易常，不亂則亡。」此之謂乎。

晉惠帝太安中，周玘於陽羨起宅，始成，而邊户有聲如人嘆咤者。玘亡後，家誅滅。此近言不從也。

晉元帝太興四年，吴郡民訛言有大蟲在紵中及樗樹上，嚙人即死。晉陵民又言曰，見一老女子居市，被髮從肆人乞飲，自言：「天帝令我從水門出，而我誤由蟲門。若還，天帝必殺我。如何？」於是百姓共相恐動，云死者已十數也。西及京都，諸家有樗紵者，伐去之。無幾自止。

晉元帝永昌元年，寧州刺史王遜遣子澄入質，將渝、濮雜夷數百人。京邑民忽訛言寧州人大食人家小兒，親有見其蒸煮滿釜甑中者。又云失兒皆有主名，婦人尋道，拊心而哭。於是百姓各禁録小兒，不得出門。尋又言已得食人之主，官當大航頭大杖考竟。而日有四五百人晨聚航頭，以待觀行刑。朝廷之士相問者，皆曰信然，或言郡縣文書已上。王澄大懼，檢測之，事了無形，民家亦未嘗有失小兒者，然後知其訛言也。此二事，干寶云「未之能論」。

永昌二年，大將軍王敦下據姑孰。百姓訛言行蟲病，食人大孔，數日入腹，入腹則死。治之有方，當得白犬膽以爲藥。自淮、泗遂及京都，數日之間，百姓驚擾，人人皆自云已得蟲病。又云，始在外時，當燒鐵以灼之。於是翕然被燒灼者十七八矣。而白犬暴貴，至相請奪，其價十倍。或有自云能行燒鐵者，賃灼百姓，日得五六萬，憊而後已。四五日漸靜。說曰，夫裸蟲人類，而人爲之主，今云蟲食人，言本同臭類而相殘賊也。自下而上，斯其逆也。必入腹者，言害由中不由外也。犬有守禦之性，白者金色，而膽用武之主也。帝王之運，五霸會於戌，戌主用兵。金者晉行，火燒鐵以治疾者，言必去其類而來，火與金合德，共治蟲害也。案中興之際，大將軍本以腹心受伊、呂之任，而元帝末年，遂攻京邑，明帝諒闇，又有異謀。是以下逆上，腹心内爛也。及錢鳳、沈充等逆兵四合，而爲王師所挫，踰月而不能濟。北中郎將劉遐及淮陵内史蘇峻率淮、泗之衆以救朝廷，故其謡言首作於淮、泗也。朝廷卒以弱制强，罪人授首，是用白犬膽可救之效也。

晉海西時，庾晞四五年中，喜爲挽歌，自摇大鈴爲唱，使左右齊和。又燕會，輒令倡妓作新安人歌儛離别之辭，其聲悲切。時人怪之，後亦果敗〔五〕。

晉海西公太和以來，大家婦女，緩鬢傾髻，以爲盛飾。用髮既多，不恒戴。乃先作假髻，施於木上，呼曰「假頭」。人欲借，名曰「借頭」。遂布天下。自此以來，人士多離事故，或亡失頭首，或以草木爲之。假頭之言，此其先兆也。

晉孝武太元中，立内殿名曰清暑，少時而崩。時人曰，「『清暑』者，反言楚聲也。果有哀楚之聲。有人曰：『非此之謂，豈可極言乎。』讖云，代晉者楚，其在兹乎？」及桓玄篡逆，自號曰楚。

太元中，小兒以兩鐵相打於土中，名曰「鬬族」。後王國寶、王孝伯一姓之中，自相攻擊也。

桓玄出鎮南州，立齋名曰蟠龍。後劉毅居此齋。蟠龍，毅小字也。

桓玄初改年爲大亨，遐邇讙言曰：「二月了。」故義謀以仲春發也。玄篡立，又改年爲建始，以與趙王倫同，又易爲永始。永始，復是王莽受封之年也。始徙司馬道子于安成，晉主遜位，出永安宫，封晉主爲平固王，琅邪王德文爲石陽公，並使住尋陽城。識者皆以爲言不從之妖也。厥咎僭。

晉興，何曾薄太官御膳，自取私食，子劭又過之，而王愷又過劭。王愷、羊琇之疇，盛致聲色，窮珍極麗。至元康中，夸恣成俗，轉相高尚，石崇之侈，遂兼王、何而儷人主矣。崇既誅死，天下尋亦淪喪。僭踰之咎也。

恒陽

魏明帝太和二年五月，大旱〔六〕。元年以來，崇廣宮府之應也。又是春，晉宣帝南禽孟達，置二郡；張郃西破諸葛亮，斃馬謖。亢陽自大，又其應也。京房易傳曰：「欲德不用，茲謂張。厥災荒。其旱陰雲不雨，變而赤煙四際。衆出過時，茲謂廣。其旱不生。上下皆蔽，茲謂隔。其旱天赤三月，時有雹殺飛禽。上緣求妃，茲謂僭。其旱三月大溫亡雲。君高臺府，茲謂犯。陰侵陽。其旱萬物根死，數有火災。庶位踰節，茲謂僭。其旱澤物枯，爲火所傷。」

太和五年三月，自去冬十月至此月不雨，辛巳，大雩。是春，諸葛亮寇天水，晉宣王距卻之，亢陽動衆。又是時三隅分據，衆出多過時也。春秋說曰：「傷二穀，謂之不雨。」

魏齊王正始元年二月，自去冬十二月至此月不雨。去歲正月，明帝崩。二月，曹爽白嗣主，轉晉宣王爲太傅，外示尊崇，内實欲令事先由己。是時宣王功蓋魏朝，欲德不用之應也。

魏高貴鄉公甘露三年正月，自去秋至此月旱。時晉文王圍諸葛誕，衆出過時之應也。初，壽春秋夏常雨潦，常淹城，而此旱踰年，城陷乃大雨。咸以爲天亡。

吴孫亮五鳳二年，大旱，民饑。是歲閏月，魏將文欽以淮南衆數萬口來奔；孫峻又破魏將曹珍于高亭。三月，朱異襲安豐，不克。七月，城廣陵、東海二郡。十二月，以馮朝爲監軍使者，督徐州諸軍，軍士怨叛。此亢陽自大，勞民失衆之罰也。其役彌歲，故旱亦竟年。

吴孫晧寶鼎元年春夏旱。是時晧遷都武昌，勞民動衆之應也。

晉武帝泰始七年五月閏月，旱，大雩。是春，孫晧出華里，大司馬望帥衆次于淮北。四月，北地胡寇金城西平，涼州刺史牽弘出戰，敗没。

泰始八年五月，旱。是時帝納荀勗邪説，留賈充不復西鎮，而任愷稍疏，上下皆蔽之應也。又李憙、魯芝、李胤等並在散職〔七〕，近欲德不用之謂也。

泰始九年，自正月旱，至于六月，祈宗廟社稷山川，癸未雨。去年九月〔八〕，吴西陵督步闡據城來降，遣羊祜統楊肇等衆八萬救迎闡。十二月，陸抗大破肇軍，攻闡滅之。

泰始十年四月，旱。去年秋冬，采擇卿校諸葛沖等女，是春五十餘人入殿簡選。又取小將吏女數十人，母子號哭於宮中，聲聞于外，行人悲酸。是殆積陰生陽之應也。

晉武帝咸寧二年五月，旱，大雩，及社稷山川。至六月，乃澍雨。

晉武帝太康二年，自去冬旱至此春。平吳，亢陽動衆自大之應也。

太康三年四月，旱。乙酉，詔司空齊王攸與尚書、廷尉、河南尹録訊繫囚，事從蠲宥。

太康五年六月，旱。此年正月，天陰，解而復合。劉毅上疏曰：「必有阿黨之臣，姦以事君者，當誅而不赦也。」帝不答。是時荀勗、馮紞僭作威福，亂朝尤甚。

太康六年三月，青、涼、幽、冀郡國旱。

太康六年六月，濟陰、武陵旱〔九〕，傷麥。

太康七年夏，郡國十三旱。

太康八年四月，冀州旱。

太康九年夏，郡國三十三旱。

太康九年六月，扶風、始平、京兆、安定旱，傷麥。

太康十年二月，旱。

晉武帝太熙元年二月，旱。自太康以後，雖正人滿朝，不被親仗；而賈充、荀勗、楊駿、馮紞等，迭居要重。所以無年不旱者，欲德不用，上下皆蔽，庶位踰節之罰也。

晉惠帝元康元年七月，雍州大旱，殞霜疾疫。關中飢，米斛萬錢。

元康七年七月，秦雍二州大旱。故其年氐羌反叛，雍州刺史解系敗績。是年正月，周處、盧播等復敗，關西震亂。交兵彌歲，至是飢疫荐臻，戎、晉並困，朝廷不能振，詔聽相賣鬻。

元康七年九月，郡國五旱。

晉惠帝永寧元年，自夏及秋，青、徐、幽、并四州旱。是年春，三王討趙王倫，六旬之中，大小數十戰，死者十餘萬人。十二月，郡國十二又旱。

晉懷帝永嘉三年五月，大旱。襄平縣梁水淡淵竭，河、洛、江、漢皆可涉。是年三月，司馬越歸京都，遣兵入宮，收中書令繆播等九人殺之。此僭踰之罰也。又四方諸侯，多懷無君之心，劉淵、石勒、王彌、李雄之徒，賊害民命，流血成泥，又其應也。

永嘉五年，自去冬旱至此春。去歲十二月，司馬越棄京都〔一〇〕，以大衆南出，多將王公朝士，及以行臺自隨，斥黜禁衞，代以國人。宮省蕭然，無復君臣之節矣。

晉陽秋云：「愍帝在西京，旱傷荐臻。」無注記年月也。

晉愍帝建武元年六月，揚州旱。去年十二月，淳于伯冤死，其年即旱，而太興元年六月又旱。干寶曰「殺伯之後旱三年」是也。案前漢殺孝婦則旱，後漢有囚亦旱，見謝見理，並獲雨澍，此其類也。班固曰：「刑罰妄加，羣陰不附，則陽氣勝，故其罰恒陽。」建武元年四月，麴允等悉衆禦寇。五月，祖逖攻譙。其冬，周訪討杜曾。又衆出之應也。

晉元帝太興四年五月，旱。是時王敦彊僭之釁漸著。又去歲蔡豹、祖逖等，並有征役。

晉元帝永昌元年，大旱。是年三月，王敦有石頭之變，二宮陵辱，大臣誅死。僭踰無上，故旱尤甚也。

永昌元年閏十一月，京都大旱，川谷並竭。

晉明帝太寧三年，自春不雨，至于六月。去年秋，滅王敦，亢陽動衆自大之應也。

晉成帝咸和元年秋，旱。是時庾太后臨朝稱制，羣臣奏事稱「皇太后陛下」。此婦人專王事，言不從而僭踰之罰也。與漢鄧太后同事。

咸和二年夏，旱。

咸和五年五月，旱。去年殄蘇峻之黨，此春又討郭默滅之。亢陽動衆之應也。

咸和六年四月，旱。去年八月，石勒遣郭敬寇襄陽，南中郎將周撫奔武昌。十月，李雄使李壽寇建平，建平太守楊謙奔宜都。此正月，劉徵略婁縣，於是起衆警備。

咸和八年七月，旱。

咸和九年，自四月不雨，至于八月。

晉成帝咸康元年六月，旱。是時成帝沖弱，不親萬機，内外之政，委之將相。此僭踰之罰，故連歲旱也。至四年，王導固讓太傅〔一一〕，復子明辟，是後不旱，殆其應也。時天下普旱，會稽餘姚特甚，米斗直五百〔一二〕，民有相鬻。

咸康二年三月，旱。

咸康三年六月，旱。

晉康帝建元元年五月，旱。是時宰相專政，方伯擅重兵，又與咸康初同事也。

晉穆帝永和元年五月，旱。有司奏依董仲舒術，徙市開水門，遣謁者祭太社。是時帝在繦抱，褚太后臨朝如明穆太后故事。

永和五年七月，不雨，至于十月。是年二月，征北將軍褚裒遣軍伐沛〔一三〕，納其民以歸。六月，又遣西中郎將陳逵進據壽陽〔一四〕，自以舟師二萬至于下邳，喪其前驅而還，逵亦退。

永和六年閏月，旱。是春，桓温以大衆出夏口，上疏欲以舟軍北伐，朝廷駐之。蕭敬文盜涪〔一五〕，西蠻校尉采壽敗績。

晉穆帝升平三年十二月，大旱。此冬十月，北中郎將郗曇帥萬餘人出高平，經略河、兖；又遣將軍諸葛悠以舟軍入河，敗績。西中郎將謝萬次下蔡，衆潰而歸。

升平四年十二月，大旱。

晉哀帝隆和元年夏，旱。是時桓温强恣，權制朝廷，僭踰之罰也。又去年慕容恪圍冀州刺史吕護，桓温出次宛陵，范汪、袁真並北伐，衆出過時也。

晉海西太和四年十二月，涼州春旱至夏。

晉簡文帝咸安二年十月，大旱民飢。是時嗣主幼沖，桓温陵僭。

晉孝武帝寧康元年二月，旱。是時桓温入覲高平陵，闔朝致拜，踰僭之應也。

寧康三年冬，旱。先是，氐賊破梁、益州，刺史楊亮、周仲孫奔退。明年，威遠將軍桓石虔擊姚萇墊江，破之，退至五城。益州刺史竺瑶帥衆戍巴東。

晉孝武帝太元四年六月，大旱。去歲，氐賊圍南中郎將朱序於襄陽，又圍揚威將軍戴遁於彭城。桓嗣以江州之衆次郗援序，北府發三州民配何謙救遁。是春，襄陽、順陽、魏興城皆没。賊遂略淮南，向廣陵。征虜將軍謝石率水軍次涂中。兖州刺史謝玄督諸將破之。

太元八年六月，旱。夏初，桓沖征襄陽，遣冠軍將軍桓石虔進據樊城。朝廷又遣宣城內史胡彬次峽石爲沖聲勢也。

太元十年七月，旱饑。初，八年，破苻堅；九年，諸將略地，有事徐、豫；楊亮、趙統攻討巴、沔。是年正月，謝安又出鎮廣陵，使子琰進次彭城。

太元十三年六月，旱。去歲，北府遣戍胡陸，荆州經略河南。是年，郭銓置戍野王，又遣軍破黄淮。

太元十五年七月，旱。是春，丁零略兗、豫，鮮卑寇河上。朱序、桓不才等北至太行，東至滑臺，踰時攻討，又戍石門。

太元十七年秋，旱，至冬。是時茹千秋爲驃騎諮議，竊弄主相威福；又丘尼乳母親黨及婢僕之子，階緣近習，臨民領衆。又在所多上春竟囚，不以其辜，建康獄吏枉暴尤甚。此僭踰不從，冤濫之罰也。

晉安帝隆安四年五月，旱。去冬桓玄迫殺殷仲堪，而朝廷即授以荆州之任；司馬元顯又諷百僚悉使敬己。此皆陵僭之罰也。

隆安五年夏秋，大旱；十二月，不雨。去年夏，孫恩入會稽，殺内史謝琰；此年夏，略吴，又殺内史袁山松。軍旅東討，衆出過時。

晉安帝元興元年七月，大饑，九月、十月不雨。是年正月，司馬元顯以大衆將討桓玄，既而玄至，殺元顯。五月，又遣東征孫恩餘黨，十月，北討劉軌。

元興二年六月，不雨，冬，又旱。是時桓玄奢僭，十二月，遂篡位。

元興三年八月，不雨。是時王旅四伐，西夏未平。

晉安帝義熙六年九月，不雨。是時王師北討廣固，疆理三州。

義熙八年十月，不雨。是秋，王師西討劉毅，分遣伐蜀。

義熙十年九月，旱，十二月，又旱。井瀆多竭。

宋文帝元嘉二年夏，旱。

元嘉四年秋，京都旱。

元嘉八年五月，揚州諸郡旱。

元嘉十九年、二十年，南兗、豫州旱。

元嘉二十七年八月，不雨，至二十八年三月。時索虜南寇。

孝武帝大明七年、八年，東諸郡大旱，民飢死者十六七。先是江左以來，制度多闕，孝武帝立明堂，造五輅。是時大發徒衆，南巡校獵，盛自矜大，故致旱災。

後廢帝元徽元年八月，京都旱。

詩妖

魏明帝太和中，京師歌兜鈴曹子，其唱曰：「其奈汝曹何。」此詩妖也。其後曹爽見誅，曹氏遂廢。

魏明帝景初中，童謠曰：「阿公阿公駕馬車，不意阿公東渡河。阿公東還當奈何！」及宣王平遼東，歸至白屋，當還鎮長安。會帝疾篤，急召之。乃乘追鋒車東渡河，終翦魏室，如童謠之言也。

魏齊王嘉平中，有謠曰：「白馬素羈西南馳，其誰乘者朱虎騎。」朱虎者，楚王彪小字也。王淩、令狐愚聞此謠，謀立彪。事發，淩等伏誅，彪賜死。

吳孫亮初，童謠曰：「吁汝恪，何若若，蘆葦單衣篾鉤絡，於何相求成子閤〔一六〕。」成子閤者，反語石子堈也。鉤落，鉤帶也。及諸葛恪死，果以葦席裹身，篾束其要，投之石子堈。後聽恪故吏收斂，求之此堈云。

孫亮初，公安有白鼉鳴。童謠曰：「白鼉鳴，龜背平，南郡城中可長生，守死不去義無成。」南郡城可長生者，有急，易以逃也。明年，諸葛恪敗，弟融鎮公安，亦見襲。融刮金印龜，服之而死。鼉有鱗介，甲兵之象。又白兵祥也〔一七〕。

孫休永安二年，將守質子羣聚嬉戲，有異小子忽來，言曰：「三公鉏，司馬如。」又曰：

「我非人，熒惑星也。」言畢上升，仰視若曳一匹練，有頃沒。干寶曰，後四年而蜀亡，六年而魏廢，二十一年而吴平，於是九服歸晉。魏與吴、蜀，並爲戰國，「三公鉏，司馬如」之謂也。

孫晧初，童謡曰：「寧飲建業水，不食武昌魚；寧還建業死，不止武昌居。」晧尋遷都武昌，民泝流供給，咸怨毒焉。

孫晧遣使者祭石印山下妖祠。使者因以丹書巖曰：「楚九州渚，吴九州都。揚州士，作天子。四世治，太平矣〔一八〕。」晧聞之，意益張，曰：「從大皇帝至朕四世，太平之主，非朕復誰？」恣虐踰甚，尋以降亡。近詩妖也。

孫晧天紀中，童謡曰：「阿童復阿童，銜刀游渡江。不畏岸上虎，但畏水中龍。」晉武帝聞之，加王濬龍驤將軍。及征吴，江西衆軍無過者〔一九〕，而王濬先定秣陵。

晉武帝太康後，江南童謡曰：「局縮肉，數横目，中國當敗吴當復。」又曰：「宫門柱，且莫朽，吴當復，在三十年後。」又曰：「雞鳴不拊翼，吴復不用力。」于時吴人皆謂在孫氏子孫，故竊發亂者相繼。按横目者「四」字，自吴亡至晉元帝興，幾四十年，皆如童謡之言。元帝懦而少斷，局縮肉，直斥之也。干寶云「不知所斥」，諱之也。

太康末，京、洛始爲「折楊柳」之歌，其曲始有兵革苦辛之詞，終以禽獲斬截之事。是時三楊貴盛而族滅，太后廢黜而幽死。

晉惠帝永熙中，河内温縣有人如狂，造書曰：「光光文長，大戟爲牆。毒藥雖行，戟還自傷。」又曰：「兩火没地，哀哉秋蘭。歸形街郵，路人爲歎。」及楊駿居内府，以戟爲衞，死時，又爲戟所害。楊太后被廢，賈后絶其膳，八日而崩，葬街郵亭北，百姓哀之。兩火，武帝諱；蘭，楊后字也。

永熙中，童謡曰：「二月末，三月初，荆筆楊版行詔書，宫中大馬幾作驢。」楊駿初專權，楚王尋用事，故言「荆筆楊版」也。二人不誅，則君臣禮悖，故云「幾作驢」。

晉惠帝元康中，京、洛童謡曰：「南風起，吹白沙，遥望魯國何嵯峨，千歲髑髏生齒牙。」又曰：「城東馬子莫嚨哅，比至三月纏汝鬉。」南風，賈后字也。白，晉行也。沙門，太子小名也。魯，賈謐國也。言賈后將與謐爲亂，以危太子，而趙王因釁咀嚼豪賢，以成篡奪也。是時愍懷頗失衆望，卒以廢黜，不得其死。

元康中，天下商農通著大鄣日，童謡曰：「屠蘇鄣日覆兩耳，當見瞎兒作天子。」及趙王篡位，其目實眇焉。趙王倫既篡，洛中童謡曰：「虎從北來鼻頭汗，龍從南來登城看，水從西來何灌灌。」數月而齊王、成都、河間義兵同會誅倫。按成都西藩而在鄴，故曰「虎從北來」；齊東藩而在許，故曰「龍從南來」；河間水區而在關中，故曰「水從西來」。齊留輔政，居宮西，有無君之心，故言「登城看」也。

晉惠帝太安中，童謠曰：「五馬游度江，一馬化爲龍。」後中原大亂，宗藩多絶，唯琅邪、汝南、西陽、南頓、彭城同至江表，而元帝嗣晉矣。

司馬越還洛，有童謠曰：「洛中大鼠長尺二，若不蚤去大狗至。」及苟晞將破汲桑〔二〇〕，又謠曰：「元超兄弟大落度，上桑打椹爲苟作。」由是越惡晞，奪其兗州，隟難遂構。

晉愍帝建興中，江南歌謠曰：「訇如白阬破，合集持作甒。揚州破換敗，吳興覆瓿甊。」按白者晉行，阬器有口，屬瓮，瓦質剛，亦金之類也。「訇如白阬破」者，言二都傾覆，王室大壞也。「合集持作甒」者，言元皇帝鳩集遺餘，以主社稷，未能克復中原，偏王江南，故其喻小也。及石頭之事，六軍大潰，兵人抄掠京邑，爰及二宮。其後三年，錢鳳復攻京邑，阻水而守，相持月餘日，焚燒城邑，井堙木刊矣。鳳等敗退，沈充將其黨還吳興，官軍踵之，蹈藉郡縣。充父子授首，黨與誅者以百數。所謂「揚州破換敗，吳興覆瓿甊」。瓿甊，瓦器，又小於甒也。

晉明帝太寧初，童謠歌曰：「惻力惻力，放馬山側〔二一〕。大馬死，小馬餓，高山崩，石自破。」及明帝崩，成帝幼，爲蘇峻所逼，遷于石頭，御膳不足。「高山崩」，言峻尋死；「石」，峻弟蘇石也，峻死後，石據石頭，尋爲諸公所破也。

晉成帝之末，民間謡曰：「礚礚何隆隆，駕車入梓宮。」少日而宮車晏駕。

晉成帝咸康二年十二月，河北謡語曰：「麥入土，殺石虎。」後如謡言。

庾亮初出鎮武昌，出石頭，百姓於岸上歌曰：「庾公上武昌，翩翩如飛鳥。庾公還揚州，白馬牽旒旐。」又曰：「庾公初上時，翩翩如飛鳥。庾公還揚州，白馬牽流蘇。」後連徵不入，及薨，還都葬。

庾羲在吳郡〔三〕，吳中童謡曰：「寧食下湖荇，不食上湖蓴。庾吳没命喪，復殺王領軍。」無幾而庾羲、王洽相繼亡。

晉穆帝升平中，童子輩忽歌於道曰「阿子聞」，曲終輒云「阿子汝聞不」。無幾而穆帝崩，太后哭曰：「阿子汝聞不？」

升平末，民間忽作廉歌。有扈謙者聞之，曰：「廉者臨也。歌云『白門廉，宮廷廉』，内外悉臨，國家其大諱乎？」少時而穆帝晏駕。

晉哀帝隆和初，童兒歌曰：「升平不滿斗，隆和那得久！桓公入石頭，陛下徒跣走。」帝聞而惡之，復改年曰興寧。民復歌曰：「雖復改興寧，亦復無聊生。」哀帝尋崩，升平五年，穆帝崩。不滿斗，不至十年也。

晉海西公太和中，民歌曰：「青青御路楊，白馬紫游韁。汝非皇太子，那得甘露漿。」

白者金行;馬者國族;紫爲奪正之色,明以紫間朱也。海西公尋廢,三子非海西子,並死,縊以馬韁死之。明日,南方獻甘露。

太和末,童謡云:「犁牛耕御路,白門種小麥。」及海西被廢,處吴,民犁耕其門前,以種小麥,如謡言。

晉海西公生皇子,百姓歌云:「鳳皇生一雛,天下莫不喜。本言是馬駒,今定成龍子。」其歌甚美,其旨甚微。海西公不男,使左右向龍與内侍接,生子以爲己子。

桓石民爲荆州,鎮上明,民忽歌曰「黄曇子」。曲終又曰:「黄曇英,揚州大佛來上明。」頃之而石民死,王忱爲荆州。「黄曇子」乃是王忱之字也。忱小字佛大,是「大佛來上明」也。

太元末,京口謡曰:「黄雌雞,莫作雄父啼。一旦去毛衣,衣被拉颯栖。」尋王恭起兵誅王國寶,旋爲劉牢之所敗也。

司馬道子於東府造土山,名曰靈秀山。無幾而孫恩作亂,再踐會稽。會稽,道子所封。靈秀,恩之字也。

庾楷鎮歷陽,民歌曰:「重羅犁,重羅犁,使君南上無還時。」後楷南奔桓玄,爲玄所誅。

殷仲堪在荆州，童謠曰：「芒籠目，繩縛腹。殷當敗，桓當復。」無幾而仲堪敗，桓玄有荆州。

王恭鎮京口，舉兵誅王國寶，百姓謠云：「昔年食白飯，今年食麥䴸。天公誅讁汝，教汝捻嚨喉。嚨喉喝復喝，京口敗復敗。」「昔年食白飯」，言得志也。「今年食麥䴸」，麥䴸，麤穢〔一三〕，其精已去，明將敗也，天公將加譴讁而誅之也。「捻嚨喉」，氣不通，死之祥也。「敗復敗」，丁寧之辭也。恭尋死，京都大行咳疾，而喉並喝焉。

王恭在京口，民間忽云：「黄頭小人欲作賊，阿公在城下，指縛得。」又云：「黄頭小人欲作亂，賴得金刀作蕃扞。」「黄」字上，「恭」字頭也。「小人」，「恭」字下也。尋如謠者言焉。

晉安帝隆安中，民忽作懊惱歌，其曲中有「草生可攣結，女兒可攣抱」之言。桓玄既篡居天位，義旗以三月二日埽定京都，玄之宫女及逆黨之家子女伎妾，悉爲軍賞。東及甌、越，北流淮、泗，皆人有所獲焉。時則草可結，事則女可抱，信矣。

桓玄既篡，童謠曰：「草生及馬腹，烏啄桓玄目。」及玄敗走至江陵，五月中誅，如其期焉。

桓玄時，民謠語云：「征鐘落地桓迸走。」征鐘，至穢之服，桓，四體之下稱。玄自下居上，猶征鐘之厠歌謡，下體之詠民口也。而云「落地」，墜地之祥，迸走之言，其驗明矣。

司馬元顯時，民謡詩云：「當有十一口，當爲兵所傷。木亘當北度，走入浩浩鄉。」又云：「金刀既以刻，娓娓金城中。」此詩云襄陽道人竺曇林所作，多所道，行於世。孟顗釋之曰，「十一口」者，玄字象也。「木亘」，桓也。桓氏當悉走入關、洛，故云「浩浩鄉」也。「金刀」，劉也。倡義諸公，皆多姓劉。「娓娓」，美盛皃也。

桓玄得志，童謡曰：「長干巷，巷長干。今年殺郎君，明年斬諸桓。」及玄走而諸桓悉誅焉。郎君，司馬元顯也〔二四〕。

晉安帝義熙初，童謡曰：「官家養蘆化成荻，蘆生不止自成積。」其時官養盧龍，寵以金紫，奉以名州，養之已極，而不能懷我好音，舉兵内伐，遂成讎敵也。「蘆生不止自成積」，及盧龍作亂，時人追思童謡，惡其有成積之言。識者曰：「芟夷蘊崇之，又行火焉，是草之窮也。伐斫以成積，又以爲薪，亦蘆荻之終也。其盛既極，亦將芟夷而爲積焉。」龍既窮其兵勢，盛其舟艦，卒以滅亡，僵屍如積焉。

盧龍據有廣州，民間謡云：「蘆生漫漫竟天半。」後擁有上流數州之地，内逼京輦，應「天半」之言。

義熙三年中，小兒相逢於道，輒舉其兩手曰「盧健健」，次曰「鬬歎，鬬歎」，末復曰「翁年老，翁年老」。當時莫知所謂。其後盧龍內逼，舟艦蓋川，「健健」之謂也。既至查浦，屢剋期欲與官鬪，「鬪嘆」之應也。「翁年老」，羣公有期頤之慶，知妖逆之徒，自然消殄也。其時復有謠言曰：「盧橙橙，逐水流，東風忽如起，那得入石頭。」盧龍果敗，不得入石頭。

昔溫嶠令郭景純卜己與庾亮吉凶。景純云「元吉」。嶠語亮：「景純每筮，當是不敢盡言。吾等與國家同安危而曰元吉，事有成也。」於是協同討滅王敦〔二五〕。

苻堅中，童謠曰：「阿堅連牽三十年，後若欲敗時，當在江湖邊。」後堅敗於淝水，在僞位凡三十年。

苻堅中，謠語云：「河水清復清，苻詔死新城〔二六〕。」堅爲姚萇所殺，死於新城。

苻堅中，歌云：「魚羊田斗當滅秦。」「魚羊」，鮮也。「田斗」，卑也。堅自號秦，言滅之者鮮卑也。其羣臣諫堅，令盡誅鮮卑。堅不從。及淮南敗還，爲慕容沖所攻，亡奔姚萇，身死國滅。

毛蟲之孽

晉武帝太康六年，南陽送兩足虎，此毛蟲之孽也。識者爲其文曰：「武形有虧，金虎失儀，聖主應天，斯異何爲。」言兆亂也。京房易傳曰：「足少者，下不勝任也〔二七〕。」干寶曰：「虎者陰精，而居于陽。金獸也。南陽，火名也。金精入火，而失其形，王室亂之妖也。六，水數，言水數既極，火慝得作，而金受其敗也。至元康九年，始殺太子，距此十四年。二七十四，火始終相乘之數也。自帝受命，至愍懷之廢，凡三十五年。」

太康九年，荆州獻兩足獲。

太康七年十一月丙辰，四角獸見于河間，河間王顒獲以獻。角，兵象也。董仲舒以四角爲四方之象〔二八〕。後河間王數連四方之兵，作爲亂階，殆其應也。

晉懷帝永嘉五年，偃鼠出延陵，此毛蟲之孽也。郭景純筮之曰：「此郡東之縣，當有妖人欲稱制者，亦尋自死矣。」其後吴興徐馥作亂，殺太守袁琇，馥亦時滅，是其應也。

晉成帝咸和六年正月丁巳，會州郡秀孝於樂賢堂，有麏見於前，獲之。孫盛曰：「夫秀孝，天下之彥士，樂賢堂，所以樂養賢也。晉自喪亂以後，風教凌夷，秀無策試之才，孝乏四行之實。麏興於前，或斯故乎。」

晉哀帝隆和元年十月甲申，有麞入東海第。百姓讙言曰：「主入東海第。」識者怪之。及海西廢爲東海王，先送此第。

晉孝武太元十三年四月癸巳，祠祠畢，有兔行廟堂上。兔，野物也，而集宗廟之堂，不祥莫甚焉。

宋文帝元嘉二十四年二月，雍州送六足麞，刺史武陵王表爲祥瑞。此毛蟲之孽。

宋順帝昇明元年，象三頭度蔡洲，暴稻穀及園野。

犬禍

公孫淵家有犬冠幘絳衣上屋，此犬禍也。屋上亢陽高危之地。天戒若曰，淵亢陽無上，偷自尊高，狗而冠者也。及自立爲燕王，果爲魏所滅。京房易傳曰：「君不正，臣欲篡，厥妖狗出朝門。」

魏侍中應璩在直廬，欻見一白狗，問衆人，無見者。踰年卒。近犬禍也。

諸葛恪征淮南歸，將朝會，犬銜引其衣。恪曰：「犬不欲我行乎？」還坐，有頃復起，犬又銜衣。乃令逐犬。遂升車入而被害。

晉武帝太康九年，幽州有犬，鼻行地三百餘步。

晉惠帝元康中，吴郡婁縣民家聞地中有犬聲，掘視得雌雄各一。還置窟中，覆以磨石，宿昔失所在。元帝太興中，吴郡府舍又得二物頭如此。其後太守張茂爲吴興兵所殺。案夏鼎志曰：「掘地得狗名曰賈。」尸子曰：「地中有犬，名曰地狼。」同實而異名也。

晉惠帝永興元年，丹陽内史朱逵家犬生三子〔二九〕，皆無頭。後逵爲揚州刺史曹武所殺〔三〇〕。

晉孝懷帝永嘉五年，吴郡嘉興張林家狗人言云：「天下人餓死。」

晉安帝隆安初，吴郡治下狗恒夜吠，聚高橋上。人家狗有限，而吠聲甚衆。或有夜出覘之者，云一狗假有兩三頭，皆前向亂吠。無幾，孫恩亂於吴會。

桓玄將拜楚王，已設拜席，羣官陪位，玄未及出，有狗來便其席，萬衆眙愕，莫不驚怪。玄性猜暴，竟無言者，逐狗改席而已。

宋武帝永初二年，京邑有狗人言。

文帝元嘉二十九年，吴興東遷孟慧度婢蠻與狗通好如夫妻彌年。

孝武孝建初，顔竣爲左衛，於省内聞犬子聲在地中，掘焉得烏犬子。養久之，後自死。

明帝初，晉安王子勛稱僞號於尋陽，柴桑有狗與女人交，三日不分離。

明帝泰始中，秣陵張僧護家犬生豕子。

白眚白祥

晉武帝太康十年，洛陽宮西宜秋里石生地中，始高三尺，如香鑪形，後如偪人，盤薄不可掘。案劉向說，此白眚也。明年，宮車晏駕，王室始騷，卒以亂亡。京房易傳曰：「石立如人，庶人爲天下雄。」此近之矣。

晉成帝咸康初，地生毛，近白眚也。孫盛以爲民勞之異。是後胡滅而中原向化，將相皆甘心焉。於是方鎮屢革，邊戍仍遷，皆擁帶部曲，動有萬數，其間征伐徵賦，役無寧歲，天下擾動，民以疲怨。

咸康三年六月，地生毛。

晉孝武太元二年五月，京都地生毛。至四年而氐賊攻襄陽，圍彭城，向廣陵，征戍仍出，兵連不解。

太元十四年四月，京都地生毛。是時苻堅滅後，經略多事。

太元十七年四月，地生毛。

晉安帝隆安四年四月乙未，地生毛，或白或黑。

晉安帝元興三年五月，江陵地生毛。是後江陵見襲，交戰者數矣。

晉安帝義熙三年三月，地生白毛。

義熙十年三月，地生白毛[三一]。明年，王旅西討司馬休之。又明年，北埽關、洛。

魏明帝青龍三年正月乙亥，隕石于壽光。按左氏傳，隕石，星也。劉歆說曰：「庶民，惟星隕於宋者，象宋襄公將得諸侯而不終也。」秦始皇時有隕石。班固以爲石陰類，又白祥，臣將危君。是後司馬氏得政。

晉武帝太康五年五月丁巳，隕石于温及河陽各二。

太康六年正月，隕石于温三。

晉成帝咸和八年五月，星隕于肥鄉一。

咸和九年正月，隕石于涼州。

吳孫亮五鳳二年五月，陽羨縣離里山大石自立。按京房易傳曰：「庶士爲天子之祥也。」其說曰：「石立於山，同姓。平地，異姓〔三二〕。」干寶以爲孫晧承廢故之家得位，其應也。或曰孫休見立之祥也。

晉惠帝元康五年十二月，有石生于宜年里。

晉惠帝永康元年，襄陽郡上言得鳴石，撞之，聲聞七八里。

晉惠帝太安元年，丹陽湖熟縣夏架湖有大石浮二百步而登岸。民驚譟相告曰：「石來！」干寶曰：「尋有石冰入建業。」

晉武帝泰始八年五月，蜀地雨白毛。此白祥也。是時益州刺史皇甫晏冒暑伐汶山胡，從事何旅固諫，不從。牙門張弘等因衆之怨，誣晏謀逆，害之。京房易傳曰：「前樂後憂，厥妖天雨羽。」又曰：「邪人進，賢人逃，天雨毛。」其易妖曰：「天雨毛羽，貴人出走。」三占皆應也。

晉惠帝永寧元年，齊王冏舉義軍。軍中有小兒出於襄城繁昌縣，年八歲，髮體悉白，頗能卜。於洪範，則白祥也。

晉車騎大將軍東嬴王騰自并州遷鎮鄴〔三三〕，行次真定。時久積雪，而當門前方數尺獨消釋，騰怪而掘之，得玉馬高尺許，口齒缺。騰以馬者國姓，上送之以爲瑞。然論者皆云馬而無齒，則不得食，妖祥之兆，衰亡之徵。案占，此白祥也。是後騰爲汲桑所殺，而晉室遂亡。

宋文帝元嘉中，徐湛之爲丹陽尹。夜西門内有氣如練，西南指，長數十丈。又白光覆屋，良久而轉駃乃消。此白祥也。

前廢帝景和元年，鄧琬在尋陽〔三四〕，種紫花皆白，白眚也。

木沴金

魏齊王正始末，河南尹李勝治聽事，有小材激墮，檛受符吏石虎項斷之〔三五〕。此木沴金也。勝後旬日而敗。

晉惠帝元康八年三月〔三六〕，郊禖壇石中破爲二。此木沴金也。郊禖壇者，求子之神位，無故而自毁，太子將危之妖也。明年，愍懷廢死。

晉孝武帝太元十年四月，謝安出鎮廣陵，始發石頭，金鼓無故自破。此木沴金之異也。天意若曰，安徒揚經略之聲〔三七〕，終無其實，鉦鼓不用之象也。八月，以疾還，是月薨。

校勘記

〔一〕歷陽縣有巖穿似印　「歷陽」，原作「歷陵」，據南監本、北監本、殿本、局本、三國志卷四八吳書孫晧傳改。

〔二〕及後爲惠帝太子不終于位　「帝」字原闕，北監本作「及後爲惠□□□□□位」，今據南監本、汲本、殿本、局本、晉書卷二七五行志上補。

〔三〕淩愚被誅　據三國志卷二八魏書王淩傳，令狐愚於嘉平元年病卒，王淩嘉平三年飲藥死。

〔四〕即傾倒舁之　「傾」，原作「貨」，據南監本、北監本、汲本、殿本、局本改。

〔五〕「晉海西時庾晞四五年中喜爲挽歌」至「時人怪之後亦果敗」　晉書卷二八五行志中亦以此

爲庾晞事。據世説新語黜免劉峻注引司馬晞傳：「晞字道升，元帝第四子，初封武陵王，拜太宰。太宗即位，謀逆，徙新安。晞未敗四五年中，喜爲挽歌，自摇大鈴，使左右習和之。又燕會，倡妓作新安人歌舞離別之辭，其聲甚悲。後果徙新安。」則庾晞當是武陵王司馬晞，蓋本書原文之誤，而晉書五行志又襲本書之誤。

〔六〕魏明帝太和二年五月大旱　「太和」，原作「太初」，據局本改。按三國志卷三魏書明帝紀，太和二年「五月，大旱」。

〔七〕又李憙魯芝李胤等並在散職　「李憙」，原作「季憙」，據南監本、殿本、局本、晉書卷二八五行志中、卷三五裴秀傳改。

〔八〕去年九月　「年」字原闕，據殿本補。

〔九〕濟陰武陵旱　「濟陰」，原作「齊陰」，據局本、晉書卷二八五行志中改。

〔一〇〕去歲十二月司馬越棄京都　「十二月」，晉書卷二八五行志中作「十一月」。按晉書卷五孝懷帝紀亦繫於永嘉四年十一月。「十二月」疑爲「十一月」之訛。

〔一一〕王導固讓太傅　「王導」，原作「王遵」，據南監本、北監本、汲本、殿本、局本、晉書卷二八五行志中改。按晉書卷七成帝紀，時以王導爲太傅。

〔一二〕米斗直五百　「斗」字原闕，據南監本、殿本、局本、晉書卷七成帝紀、卷二八五行志中補。

〔一三〕征北將軍褚裒遣軍伐沛　「褚裒」，原作「褚褒」，據南監本、殿本、局本改。按晉書卷八穆帝紀、卷九三外戚褚裒傳並記褚裒是時所任爲征北大將軍。

〔一四〕又遣西中郎將陳逵進據壽陽　「陳逵」，原作「陳達」，據局本、晉書卷八穆帝紀、通鑑卷九八晉紀永和五年改。下並改。

〔一五〕蕭敬文盜涪　「蕭敬文」，原作「蕭敬」，據局本、晉書卷八穆帝紀、通鑑卷九七晉紀永和三年補正。

〔一六〕於何相求成子閣　「成子閣」，原作「楊子閣」，晉書卷二八五行志中作「常子閣」，今據殿本、三國志卷六四吳書諸葛恪傳、册府卷八九四、樂府詩集卷八八引宋書五行志改。按殿本考證云：「『成』一本作『揚』者，誤。」下同改。

〔一七〕又白兵祥也　原作「又曰白祥也」，據南監本、汲本、局本改。

〔一八〕太平矣　三國志卷四八吳書孫皓傳、建康實録卷四作「太平始」。

〔一九〕江西衆軍無過者　「軍」字原闕，據局本、晉書卷二八五行志中補。

〔二〇〕及苟晞將破汲桑　「苟晞」，原作「苟希」，據晉書卷二八五行志中、卷六一苟晞傳改。

〔二一〕惻力惻力放馬山側　晉書卷二八五行志中作「惻惻力力放馬山側」。世説新語容止劉峻注引靈鬼志作「側側力放馬出山側」。

〔二二〕庾義在吳郡　「庾義」，原作「庾羲」，據晉書卷七三庾亮傳附庾羲傳改。下並改。

〔二三〕麥孵麤穢　「麥孵」二字原闕，南監本、北監本、汲本、殿本、晉書卷二八五行志中、册府卷八八九四作「麳」，今據局本、樂府詩集卷八九引宋書五行志補。

〔二四〕司馬元顯也　「元顯也」三字原疊，據南監本、北監本、汲本、殿本、局本刪。

〔二五〕「昔温嶠令郭景純卜己與庾亮吉凶」至「於是協同討滅王敦」　按本條五十六字，原錯簡置於前條「『闘嘆』之應也」句下，今據局本、晉書卷二八五行志中，別爲一條。

〔二六〕河水清復清苻詔死新城　「苻詔」，南監本、北監本、汲本、殿本、局本、晉書卷二八五行志中作「苻堅」。按晉書卷一一四苻堅載記下：「初堅强盛之時，國有童謡云，河水清復清，苻詔死新城。」卷九九桓玄傳：「玄左右稱玄爲桓詔。桓胤諫曰：『詔者，施於辭令，不以爲稱謂也。漢、魏之主，皆無此言。唯聞北虜以苻堅爲苻詔耳。』」

〔二七〕京房易傳曰足少者下不勝任也　「任」，原作「狂」，據局本、晉書卷二八五行志中改。按本書卷三二五行志三、卷三四五行志五並引京房易傳云「足少者，下不勝任也」。

〔二八〕董仲舒以四角爲四方之象　「角」，原作「國」，據南監本、北監本、汲本、殿本、局本改。

〔二九〕丹陽内史朱逵家犬生三子　「朱逵」，原作「朱達」，據南監本、北監本、汲本、殿本、局本、晉書卷二八五行志中改。

〔三〇〕後逵爲揚州刺史曹武所殺　「逵」字原闕，據南監本、北監本、汲本、殿本、局本、晉書卷二八五行志中補。

〔三一〕地生白毛　「地」字原闕，據局本、晉書卷二八五行志中補。

〔二二〕石立於山同姓平地異姓　下一「姓」字，原作「性」，據南監本、北監本、汲本、殿本、局本、晉書卷二八五行志中改。

〔二三〕晉車騎大將軍東嬴王騰自并州遷鎮鄴　按晉書卷三七宗室高密文獻王泰傳，騰永嘉初，遷車騎將軍，無「大」字。又騰初封東嬴公，後進爵東燕王，又改封新蔡王。此云「東嬴王」誤。

〔二四〕鄧琬在尋陽　「鄧琬」，原作「鄧晼」，據殿本改。按鄧琬本書卷八四有傳。

〔二五〕檛受符吏石虎項斷之　「吏」字原闕，據三國志卷九魏書曹真傳裴注引魏略補。

〔二六〕晉惠帝元康八年三月　「三月」，晉書卷四惠帝紀、卷二八五行志中並作「五月」。

〔二七〕安徒揚經略之聲　「略」，原作「路」，據北監本、汲本、殿本、局本、晉書卷二八五行志中改。

宋書卷三十二

志第二十二

五行三

五行傳曰：「棄法律，逐功臣，殺太子，以妾爲妻，則火不炎上。」謂火失其性而爲災也。又曰：「視之不明，是謂不哲。厥咎舒，厥罰恒燠，厥極疾。時則有草妖，時則有蠃蟲之孽，時則有羊禍，時則有目痾，時則有赤眚、赤祥。惟水沴火。」蠃蟲，劉歆傳以爲羽蟲。

火不炎上

魏明帝太和五年五月，清商殿災。初，帝爲平原王，納河南虞氏爲妃。及即位，不以爲后，更立典虞車工卒毛嘉女，是爲悼皇后。后本仄微，非所宜升。以妾爲妻之罰也。

魏明帝青龍元年六月〔一〕，洛陽宮鞠室災。

二年四月，崇華殿災，延于南閣。繕復之。至三年七月，此殿又災。帝問高堂隆：「此何咎也？於禮寧有祈禳之義乎？」對曰：「夫災變之發，皆所以明教誡也。唯率禮脩德，可以勝之。易傳曰：『上不儉，下不節，孽火燒其室。』又曰：『君高其臺，天火爲災。』此人君苟飾宮室，不知百姓空竭，故天應之以旱，火從高殿起也。案舊占，災火之發，皆以臺榭宮室爲誡。今宜罷散民役，務從節約，清掃所災之處，不敢於此有所營造。蓂莆嘉禾，必生此地，以報陛下虔恭之德。」不從。遂復崇華殿，改曰九龍。以郡國前後言龍見者九，故以爲名。多棄法度，疲民逞欲，以妾爲妻之應也。

吳孫亮建興元年十二月，武昌端門災。改作端門，又災內殿。案春秋魯雉門及兩觀災，董仲舒以爲天意欲使定公誅季氏，若曰去其高顯而奢僭者也。漢武帝世，遼東高廟災，其說又同。今此與二事頗類也。且門者，號令所出，殿者，聽政之所。是時諸葛恪秉政，而矜慢放肆，孫峻總禁旅，而險害終著。武昌，孫氏尊號所始，天戒若曰，宜除其貴要之首者。恪果喪衆殄民，峻授政於綝，綝廢亮也。或曰孫權毀徹武昌，以增太初宮，諸葛恪有遷都意，更起門殿，事非時宜，故見災也。京房易傳曰：「君不思道，厥妖火燒宮。」

吳孫亮太平元年二月朔，建業火。人火之也。是秋，孫綝始秉政，矯以亮詔殺呂據、滕胤，明年，又輒殺朱異。棄法律、逐功臣之罰也。

吴孫休永安五年二月，白虎門北樓災。六年十月，石頭小城火，燒西南百八十丈。是時嬖人張布專擅國勢，多行無禮，而韋昭、盛沖終斥不用，兼遣察戰等爲使〔二〕，驚擾州郡，致使交趾反亂。是其咎也。

吴孫皓建衡二年三月，大火，燒萬餘家，死者七百人。案春秋，齊火。劉向以爲桓公好内，聽女口，妻妾數更之罰也。皓制令詭暴，蕩棄法度，勞臣名士，誅斥甚衆。後宫萬餘，女謁數行，其中隆寵佩皇后璽者又多矣。故有大火。

晉武帝太康八年三月乙丑，震災西閣楚王所止坊〔三〕，及臨商觀牕。十年四月癸丑，崇賢殿災。十一月庚辰〔四〕，含章鞠室、脩成堂前廡、丙坊東屋、煇章殿南閣火〔五〕。時有上書者曰：「漢王氏五侯兄弟迭任，今楊氏三公並在大位。天變屢見，竊爲陛下憂之。」楊珧由是乞退。是時帝納馮紞之間，廢張華之功，聽楊駿之讒，離衞瓘之寵。此逐功臣之罰也。明年，宫車晏駕。其後楚王承竊發之旨，戮害二公，身亦不免。震災其坊，又天意乎。

晉惠帝元康五年閏月庚寅，武庫火。張華疑有亂，先固守，然後救災。是以累代異寳，王莽頭，孔子履，漢高斷白蛇劍及二百萬人器械，一時蕩盡。是後愍懷見殺，殺太子之罰也。天戒若曰，夫設險擊柝，所以固其國，儲積戎器，所以戒不虞。今冢嗣將傾，社稷將泯，禁兵無所復施，皇旅又將誰衞。帝后不悟，終喪四海，是其應也。張華、閻纂皆曰，武庫火而氐、羌反，太子見廢，則四海可知矣。

元康八年十一月，高原陵火。是時賈后凶恣，賈謐擅朝，惡積辠稔，宜見誅絕。天戒若曰，臣妾之不可者，雖親貴莫比，猶宜忍而誅之，如吾燔高原陵也。帝旣眊弱，而張華又不納裴頠、劉卞之謀，故后遂與謐誣殺太子也。干寶云：「高原陵火，太子廢，其應也。」漢武帝世，高園便殿火，董仲舒對與此占同。

晉惠帝永康元年，帝納皇后羊氏。后將入宮，衣中忽有火，衆咸怪之。太安二年，后父玄之以成都之逼，憂死。永興元年，成都遂廢后，處之金墉城，而殺其叔父同之。是後還立，立而復廢者四，又詔賜死，荀藩表全之。雖末還在位，然憂逼折辱，終古未聞。此孽火之應。

晉惠帝永興二年七月甲午，尚書諸曹火，延崇禮闥及閣道。夫百揆王化之本，王者棄法律之應也。清河王覃入爲晉嗣，不終于位，又殺太子之罰也。

晉孝懷帝永嘉四年十一月，襄陽火，死者三千餘人。是時王如自號大將軍、司雍二州牧，衆四五萬，攻略郡縣，以爲己邑。都督力屈，嬰城自守，賊遂攻逼襄陽。此下陵上，陽失節，火灾出也。

晉元帝太興中，王敦鎮武昌。武昌火起，興衆救之。救於此而發於彼，東西南北數十處俱應，數日不絕。班固所謂濫炎妄起，雖興師不能救之之謂也。干寶曰：「此臣而君行，亢陽失節之災也。」

晉元帝永昌二年正月癸巳，京都大火。三月，饒安、東光、安陵三縣火，燒七千餘家，死者萬五千人。

晉明帝太寧元年正月，京都火〔六〕。是時王敦威侮朝廷，多行無禮，内外臣下，咸懷怨毒。極陰生陽，故有火災。與董仲舒説春秋陳火同事也。

晉穆帝永和五年六月，震災石虎太武殿及兩廂、端門，光爛照天，金石皆盡，火月餘乃滅。是年四月，石虎死矣。其後胡遂滅亡。

晉海西太和中，郗愔爲會稽。六月，大旱災，火燒數千家，延及山陰倉米數百萬斛。炎烟蔽天，不可撲滅。

晉孝武帝寧康元年三月，京都風，火大起。是時桓温入朝，志在陵上，少主踐位，人懷憂恐。此與太寧火同事。

晉孝武帝太元十年正月，立國子學。學生多頑嚚，因風放火，焚房百餘間。是後考課不厲，賞黜無章，有育才之名，無收賢之實。書云：「知人則哲。」此不哲之罰先兆也。

太元十三年十二月乙未，延賢堂災。丙申，螽斯則百堂及客館、驃騎庫皆災。于時朝多弊政，衰陵日兆。不哲之罰，皆有象類。主相不悟，終至亂亡云。

晉安帝隆安二年三月，龍舟二乘災。是水沴火也。

晉安帝元興元年八月庚子，尚書下舍曹火。

元興三年，盧循攻略廣州，刺史吴隱之閉城固守。是年十月壬戌夜，大火起。時民人避寇，盈滿城內。隱之懼有應賊，但務嚴兵，不先救火，由是府舍焚燒蕩盡，死者萬餘人，因遂散潰，悉爲賊擒。殆與襄陽火同占也。

晉安帝義熙四年七月丁酉，尚書殿中吏部曹火。

義熙十一年，京都所在大行火災，吴界尤甚。火防甚峻，猶自不絕。王弘時爲吴郡〔七〕，白日在聽事上，見天上有一赤物下，狀如信幡，徑集路南人家屋上，火即復大發。弘知天爲之災，不罪火主。

宋文帝元嘉五年正月戊子，京邑大火。

元嘉七年十二月乙亥，京邑火，延燒太社北牆。

元嘉二十九年三月壬午，京邑大火，風雷甚壯。

後廢帝元徽三年正月己巳，京邑大火。

元徽三年三月戊辰，京邑大火，燒二岸數千家。

恒燠

庶徵之恒燠，劉向、班固以冬亡冰及霜不殺草應之。京房易傳又曰：「夏則暑殺人，冬則物華實。」

吴孫亮建興元年九月，桃李華。孫權世，政煩賦重，民彫於役。是時諸葛恪始輔政，息校官，原逋責，除關梁，崇寬厚。此舒緩之應也。一說桃李寒華爲草妖，或屬華孽。

魏元帝景元三年十月〔八〕，桃李華。自高貴弑死之後，晉文王深樹恩德，事崇優緩，此其應也。

晉穆帝永和九年十二月，桃李華。是時簡文輔政，事多弛略，舒緩之應也。

宋順帝昇明元年十月，於灊桃、李、棕結實。

草妖

漢獻帝建安二十五年春正月，魏武帝在洛陽，將起建始殿，伐濯龍祠樹而血出〔九〕；

又掘徙梨，根傷亦血出。帝惡之，遂寢疾，是月崩。蓋草妖，又赤祥也。是歲，魏文帝黃初元年也。

吳孫亮五鳳元年六月，交趾稗草化爲稻。昔三苗將亡，五穀變種。此草妖也。其後亮廢。

蜀劉禪景耀五年，宮中大樹無故自折。譙周憂之，無所與之言，乃書柱曰：「衆而大，其之會，具而授，若何復。」言曹者衆也，魏者大也，衆而大，天下其當會也，具而授，如何復有立者乎。蜀果亡，如周言。此草妖。

吳孫晧天璽元年，吳郡臨平湖自漢末穢塞，是時一夕忽開，除無草。長老相傳，此湖塞，天下亂，此湖開，天下平。吳尋亡，而九服爲一。

吳孫晧天紀三年八月，建業有鬼目菜生工黃狗家，依緣棗樹，長丈餘，莖廣四寸，厚二分〔一〇〕。又有蕒菜生工吳平家，高四尺，如枇杷形，上圓徑一尺八寸，下莖廣五寸〔一一〕，兩邊生葉，綠色。東觀案圖，名鬼目作芝草，蕒菜作平慮。遂以狗爲侍芝郎，平爲平慮郎，皆銀印青綬。干寶曰：「明年晉平吳，王濬止船，正得平渚，姓名顯然，指事之徵也。黃狗者，吳以土運承漢，故初有黃龍之瑞，及其季年，而有鬼目之妖，託黃狗之家，黃稱不改，而貴賤大殊。天道精微之應也。」

晉惠帝元康二年春，巴西郡界竹生花，紫色，結實如麥，外皮青，中赤白，味甘。元康九年六月庚子，有桑生東宮西廂，日長尺餘；甲辰，枯死。此與殷太戊同妖。太子不能悟，故至廢戮也。班固稱「野木生朝而暴長，小人將暴居大臣之位，危亡國家，象朝將爲墟也」。是後孫秀、張林尋用事，遂至大亂。

晉惠帝永康元年四月丁巳，立皇孫臧爲皇太孫。五月甲子，就東宮。桑又生於西廂。明年，趙倫篡位，鴆殺臧。此與愍懷同妖也。

永康元年四月，壯武國有桑化爲柏。是月，張華遇害。

晉孝懷帝永嘉三年冬，項縣桑樹有聲如解材，民謂之桑林哭。案劉向說，桑者喪也，又爲哭聲，不祥之甚。是時京師虛弱，胡寇交逼，司馬越無衞上國之心，四年冬，委而南出，至五年春，薨于此城，石勒邀其衆，圍而射之，王公以下至庶人，死者十餘萬人，又剖越棺焚其尸。是敗也，中原無所請命，洛京尋没。桑哭之應也。

永嘉六年五月，無錫縣有四株茱萸樹，相樛而生，狀若連理。先是，郭景純筮延陵偃鼠，遇臨之益，曰：「後當復有妖樹生，若瑞而非，辛螫之木也。儻有此，東南數百里必有作逆者。」其後徐馥作亂。此草妖也，郭以爲木不曲直。

永嘉六年七月，豫章郡有樟樹久枯，是月忽更榮茂。與昌邑枯社復生同占。懷帝不終其祚，元帝由支族興之應也。

晉明帝太寧元年九月，會稽剡縣木生如人面。是後王敦稱兵作逆，禍敗無成。漢哀、靈之世，並有此妖，而人貌備具，故其禍亦大。今此但人面而已，故其變亦輕。

晉成帝咸和六年五月癸亥，曲阿有柳樹倒地六載，是月忽復起生〔三〕。咸和九年五月甲戌，吴雄家有死榆樹，是日因風雨起生。與漢上林斷柳起生同象。初，康帝爲吴王，于時雖改封琅邪，而猶食吴郡爲邑。是帝越正體饗國之象也。曲阿先亦吴地，象見吴邑雄舍，又天意也。

晉哀帝興寧三年五月癸卯，廬陵西昌縣脩明家有死栗樹，是日忽起生。時孝武年四歲，而簡文居蕃，四海宅心。及得位垂統，則祚隆孝武。識者竊曰西昌脩明之祥，帝諱實應之矣。是與漢宣帝頗同象也。

晉海西太和元年，涼州楊樹生松。天戒若曰，松不改柯易葉，楊者柔脆之木，此永久之業，將集危亡之地。是後張天錫降氐。

晉孝武太元十四年六月，建寧同樂縣枯木斷折，忽然自立相屬。京房易傳曰：「棄正作淫，厥妖木斷自屬。妃后有專，木仆反立。」是時治道方僻，多失其正。其後張夫人專寵，及帝崩，兆庶歸咎張氏焉。

晉安帝元興三年，荆、江二界生竹實如麥。

晉安帝義熙二年九月，揚州營揚武將軍營士陳蓋家有苦蕒菜〔一三〕，莖高四尺六寸，廣三尺二寸。此殆與吳終同象也。

義熙中，宮城上御道左右皆生蒺蔾。草妖也。蒺蔾有棘，不可踐而行，生宮牆及馳道〔一四〕，天戒若曰，人君拱嘿不能聽政，雖居宸極，猶若空宮，雖有御道，未嘗馳騁，皆生蒺蔾若空廢也。

義熙八年，太社生薰樹于壇側。薰於文尚黑，宋水德將王之符也。

羽蟲之孽

魏文帝黄初四年五月，有鵜鶘鳥集靈芝池。案劉向說，此羽蟲之孽，又青祥也。詔曰：「此詩人所謂汙澤者也。曹詩刺恭公遠君子，近小人。今豈有賢智之士，處于下位，否則斯鳥胡爲而至哉？其博舉天下儁德茂才，獨行君子，以答曹人之刺。」於是楊彪、管寧之徒，咸見薦舉。此謂覩妖知懼者也。雖然不能優容亮直，而多溺偏私矣。京房易傳曰：「辟退有德，厥妖水鳥集于國井。」

黄初末，宮中有鷰生鷹，口爪俱赤。此與商紂、宋隱同象。

景初元年，又有鷰生鉅鷇於衛國涓桃里李蓋家。形若鷹〔一五〕，吻似燕。案劉向說，此羽蟲之孽，又赤眚也。高堂隆曰：「此魏室之大異，宜防鷹揚之臣於蕭牆之內。」其後晉宣王起，遂有魏室。

漢獻帝建安二十三年，禿鶖鳥集鄴宮文昌殿後池。明年，魏武王薨〔一六〕。

魏文帝黃初三年，又集雒陽芳林園池。七年，又集。其夏，文帝崩。景初末，又集芳林園池。前世再至，輒有大喪，帝惡之。其年，明帝崩〔一七〕。

蜀劉禪建興九年十月，江陽至江州有鳥從江南飛渡江北，不能達，墮水死者以千餘。是時諸葛亮連年動衆，志吞中夏，而終死渭南，所圖不遂。又諸將分爭，頗喪徒旅。鳥北飛不能達，墮水死，皆有其象也。亮竟不能過渭，又其應乎。此與漢楚國烏鬬墮泗水物類矣。

魏明帝青龍三年，戴鵀巢鉅鹿人張臶家。臶博學有高節〔一八〕，不應袁紹、高幹之命，魏太祖辟亦不至，優游嘉遁，門徒數百，太守王肅雅敬焉。時年百餘歲，謂門人曰：「戴鵀陽鳥，而巢于門陰，此凶祥也。」乃援琴歌詠，作詩一首，旬日而卒。按占，羽蟲之孽也。

魏明帝景初元年，陵霄閣始構，有鵲巢其上。鵲體白黑雜色。此羽蟲之孽，又白黑祥也。帝以問高堂隆，對曰：「詩云：『惟鵲有巢，惟鳩居之。』今興起宮室，而鵲來巢，此宮室未成，身不得居之之象。天意若曰，宮室未成〔一九〕，將有它姓制御之，不可不深慮。」於是帝改容動色。

吳孫權赤烏十二年四月，有兩烏銜鵲墮東館。權使領丞相朱據燎鵲以祭。案劉歆說，此羽蟲之孽，又黑祥也。視不明，聽不聰之罰也。是時權意溢德衰，信讒好殺，二子將危，將相俱殆。覩妖不悟，加之以燎，昧道之甚者也。明年，太子和廢，魯王霸賜死，朱據左遷，陸議憂卒，是其應也。東館，典教之府，鵲墮東館，又天意乎。

吳孫權太元二年正月，封前太子和爲南陽王，遣之長沙。有鵲巢其帆檣。和故宮僚聞之，皆憂慘，以爲檣末傾危，非久安之象。是後果不得其死。

吳孫亮建興二年十一月，大鳥五見于春申。吳人以爲鳳皇，明年，改元爲五鳳。漢桓帝時，有五色大鳥。司馬彪云：「政治衰缺，無以致鳳，乃羽蟲孽耳。」孫亮未有德政，孫峻驕暴方甚，此與桓帝同事也。案瑞應圖，大鳥似鳳而爲孽者非一，疑皆是也。

吳孫晧建衡三年，西苑言鳳皇集，以之改元。義同於亮。

晉武帝泰始四年八月，翟雉飛上閶闔門。趙倫既篡，洛陽得異鳥，莫能名。倫使人持出，周旋城邑匝以問人。積日，宮西有小兒見之，逆自言曰：「服留鳥翳。」持者即還白倫。倫使更求小兒。至，又見之，將入宮，密籠鳥，閉兒戶中。明日視，悉不見。此羽蟲之孽，又妖之甚者也。

趙倫篡位，有鶉入太極殿，雉集東堂。按太極、東堂，皆朝享聽政之所，而鶉、雉同日集之者，天意若曰，不當居此位也。詩云「鶉之疆疆，鵲之奔奔。人之無良，我以爲君」。其此之謂乎。昔殷宗感雉雊，懼而脩德，倫覩二物，曾不知戒，故至滅亡也。

晉孝懷帝永嘉元年二月，洛陽東北步廣里地陷，有鵝出，蒼色者飛翔沖天，白者止焉。此羽蟲之孽，又黑白祥也。董養曰：「步廣，周之狄泉，盟會地也。白者金色，蒼爲胡象，其可盡言乎。」是後劉淵、石勒相繼擅華，懷、愍二帝淪滅非所。

晉孝懷帝世，周玘家有鵝在籠中，而頭斷籠外。玘亡後家誅。

晉明帝太寧三年八月庚戌，有鳥二，蒼黑色，翼廣一丈四尺。其一集司徒府，射而殺之；其一集市北家人舍，亦獲焉。此羽蟲之孽，又黑祥也。閏月戊子，帝崩。後有蘇峻、祖約之亂。

晉成帝咸和二年正月，有五鶌鳥集殿庭。此又白祥也。是時庾亮苟違衆謀，將召蘇峻，有言不從之咎，故白祥先見也。三年二月，峻果作亂，宮室焚毀，化爲汙萊，其應也。

晉成帝咸康八年七月，白鷺集殿屋。是時康帝始即位，此不永之祥也。後涉再朞而帝崩。劉向曰：「野鳥入處，宮室將空。」張瓘在涼州正朝，放隹雀諸鳥，出手便死；左右放者悉飛去。

晉孝武帝太元十六年正月，鵲巢太極東頭鴟尾，又巢國子學堂西頭。十八年，東宮始成，十九年正月，鵲又巢其西門。此殆與魏景初同占。學堂，風教所聚；西門，金行之祥也。

晉安帝義熙三年，龍驤將軍朱猗戍壽陽。婢炊飯，忽有羣烏集竈，競來啄噉，婢驅逐不去。有獵狗咋殺烏鵲，餘者因共啄狗即死，又噉肉，唯餘骨存。五年六月，猗死。

宋武帝永初三年，臨軒拜徐羨之爲司空〔一〇〕，百僚陪位，有二野鸛集太極鴟尾鳴呼。

少帝景平二年春，鸛巢太廟西鴟尾，驅去復還。

文帝元嘉二年春，有江鷗鳥數百，集太極殿前小階内。明年，誅徐羨之等。

羊禍

晉成帝咸和二年五月，司徒王導廄，羊生無後足。此羊禍也。京房易傳曰：「足少者，下不勝任也。」明年，蘇峻入京都，導與成帝俱幽石頭，僅乃免身。是其應也。

宋孝武帝大明七年，永平郡獻三角羊。羊禍也。

赤眚赤祥

公孫淵時，襄平北市生肉，長圍各數尺，有頭目口喙，無手足，而動搖。此赤眚也。占曰：「有形不成，有體無聲，其國滅亡。」淵尋爲魏所誅。

吴戍將鄧嘉殺猪祠神，治畢縣之，忽見一人頭往食肉，嘉引弓射中之，咋咋作聲，繞屋三日。近赤祥也。後人白嘉謀北叛，闔門被誅。京房易妖曰：「山見葆，江于邑，邑有兵，狀如人頭，赤色。」

吴諸葛恪將見誅，盥洗水血臭，侍者授衣，衣亦臭。此近赤祥也。

晉武帝太康七年十一月，河陰有赤雪二頃。此赤祥也。後涉四載而帝崩，王宫遂亂[二]。

晉惠帝元康五年三月，吕縣有流血，東西百餘步[三]。此赤祥也。元康末，窮凶極亂，僵尸流血之應也。干寶以爲後八載而封雲亂徐州，殺傷數萬人，是其應也。

晉惠帝永康元年三月，尉氏雨血。夫政刑舒緩，則有常燠赤祥之妖。此歲正月，送愍懷太子幽于許宫。天戒若曰，不宜緩恣姦人，將使太子冤死。惠帝愚眊不悟，是月愍懷遂斃。於是王室釁成，禍流天下。淖齒殺齊閔王日，天雨血沾衣，天以告也，此之謂乎。京房易傳曰：「歸獄不解，兹謂追非，厥咎天雨血，兹謂不親，民有怨心，不出三年，無其宗人。」又曰：「佞人祿，功臣戮，天雨血。」

晉愍帝建興四年十二月丙寅，丞相府斬督運令史淳于伯，血逆流上柱二丈三尺。此赤祥也。是時後將軍褚裒鎮廣陵〔二三〕，丞相揚聲北伐，伯以督運稽留及役使臧罪，依征軍法戮之。其息訴稱：「伯督運事訖，無所稽乏，受賕役使，罪不及死。兵家之勢，先聲後實，實是屯戍，非爲征軍。自四年以來，運漕稽停，皆不以軍興法論。」僚佐莫之理。及有此變，司直彈劾衆官，元帝又無所問。於是頻旱三年。干寶以爲冤氣之應也。郭景純曰：「血者水類，同屬於坎，坎爲法家。水平潤下，不宜逆流。此政有咎失之徵也。」

校勘記

〔一〕魏明帝青龍元年六月　「六月」，原作「九月」，據三國志卷三魏書明帝紀、晉書卷二七五行志上改。

〔二〕兼遣察戰等爲使　「察戰」，原作「蔡戰」，據三朝本、南監本、局本、晉書卷二七五行志上改。按三國志卷四八吴書孫休傳云永安五年「使察戰到交阯調孔爵、大豬」，裴注：「察戰，吴官名號。今揚都有察戰巷。」

〔三〕震災西閣楚王所止坊　「災」，原作「火」，據三朝本、南監本、北監本、殿本、局本改。

〔四〕十一月庚辰　「十一月」，原作「十月」，據晉書卷三武帝紀改。按是年十月壬辰朔，無庚辰，十一月壬戌朔，庚辰爲月之十九日。

〔五〕含章鞠室脩成堂前廡丙坊東屋煇章殿南閤火　「丙坊」，原作「内坊」，晉書卷二七五行志上作「景坊」，今據南監本改。按唐人諱「昺」，「丙」爲兼諱，故唐修晉書襲本書改「丙坊」作「景坊」。是本書本作「丙坊」，後又訛「丙」爲「内」。

〔六〕晉明帝太寧元年正月京都火　上條云「晉元帝永昌二年正月癸巳，京都大火」。按元帝永昌元年閏十一月薨，明帝繼位，次年三月戊寅朔，改元太寧，是太寧元年即永昌二年。疑此條重出。

〔七〕王弘時爲吴郡　「王弘」，原作「王引」，據南監本、北監本、汲本、殿本、局本、晉書卷二七五行志上改。按本書卷四二王弘傳，王弘時爲吴國内史。

〔八〕魏元帝景元三年十月　「魏元帝」，原作「魏少帝」，據局本改。按景元爲魏元帝曹奐年號，魏少帝即高貴鄉公曹髦。

〔九〕伐濯龍祠樹而血出　「祠」字原闕，據局本、三國志卷一魏書武帝紀裴注引世語補。

〔一〇〕莖廣四寸厚二分　「四寸」，原作「四尺」，據局本、三國志卷四八吴書孫晧傳、晉書卷二八五行志中、建康實録卷四改。「二分」，三國志孫晧傳、建康實録作「三分」。

〔一一〕下莖廣五寸　「下」字原闕，據三國志卷四八吴書孫晧傳補。

〔三〕曲阿有柳樹倒地六載是月忽復起生　「是月」，晉書卷二八五行志中作「是日」。按上文云五月癸亥，疑作「是日」是。

〔三〕揚州營揚武將軍營士陳蓋家有苦蕒菜　「營士」二字原闕，據晉書卷二八五行志中補。

〔四〕生宮牆及馳道　「宮」字原闕，據局本、晉書卷二八五行志中補。

〔五〕形若鷹　「形」，原作「刑」，據三朝本、南監本、北監本、殿本、局本改。

〔六〕明年魏武王薨　此誤。按三國志卷一魏書武帝紀、後漢書卷九孝獻帝紀，魏武王曹操卒於建安二十五年正月。

〔七〕其年明帝崩　原作「其明年崩」，據局本、晉書卷二八五行志中訂正。

〔八〕戴鵀巢鉅鹿人張鵀家鵀博學有高節　「家鵀」二字原闕，據殿本、局本補。

〔九〕宮室未成　「宮」字原闕，據三國志卷二五魏書高堂隆傳、晉書卷二八五行志中補。

〔一〇〕臨軒拜徐羨之爲司空　「司空」，原作「司徒」，據局本改。按羨之永初三年正月癸丑拜司空，元嘉元年進位司徒。

〔二〕王宮遂亂　晉書卷二八五行志中作「王室遂亂」，疑是。

〔三〕晉惠帝元康五年三月呂縣有流血東西百餘步　「五年」，晉書卷四惠帝紀繫此事於元康六年三月。「呂縣」上，晉書惠帝紀有「彭城」二字。

〔三〕是時後將軍褚裒鎮廣陵　陸錫熊炳燭偶鈔云：「志所云後將軍褚裒鎮廣陵事，必有誤。裒爲康獻皇后父，蘇峻構逆時，始爲郗鑒參軍。其見郭璞筮卜時，年纔總角，何得有建興末鎮廣陵事。元帝子琅邪孝王裒以宣城公拜後將軍，志或以名同致誤。」按晉書卷四九阮籍傳附阮孚傳、卷七六王舒傳並有琅邪王裒鎮廣陵事。張森楷校勘記云：「按是時後將軍爲元帝子裒，非褚裒也。『褚』字衍文。」張説是。

宋書卷三十三

志第二十三

五行四

五行傳曰：「簡宗廟，不禱祠，廢祭祀，逆天時，則水不潤下。」謂水失其性而爲災也。又曰：「聽之不聰，是謂不謀。厥咎急，厥罰恒寒，厥極貧〔一〕。時則有鼓妖，時則有魚孽，時則有豕禍〔二〕，時則有耳痾，時則有黑眚、黑祥。惟火沴水。」魚孽，劉歆傳以爲介蟲之孽，謂蝗屬也。

水不潤下

魏文帝黃初四年六月，大雨霖，伊、洛溢至津陽城門，漂數千家，流殺人。初，帝即位，自鄴遷洛，營造宮室，而不起宗廟，太祖神主猶在鄴。嘗於建始殿饗祭如家人之禮，終黃初不復還鄴，而圓丘、方澤、南北郊、社、稷等神位，未有定所。此簡宗廟，廢祭祀之罰也。京房易傳曰：「顓事有知〔三〕，誅罰絕理，厥災水。其水也，雨殺人已隕霜，大風天黃。饑而不損，茲謂泰。厥災水殺人〔四〕。避遏有德，茲謂狂。厥災水〔五〕，水流殺人也；已水則地生蟲。歸獄不解，茲謂追非。厥水寒殺人。追誅不解，茲謂不理。厥水五穀不收。大敗不解，茲謂皆陰。厥水流入國邑，隕霜殺穀。」

吳孫權赤烏八年夏，茶陵縣鴻水溢出，流漂二百餘家；十三年秋，丹陽故鄣等縣又鴻水溢。案權稱帝三十年，竟不於建業創七廟，但有父堅一廟，遠在長沙，而郊禋禮闕。嘉禾初，羣臣奏宜郊祀，又弗許。末年雖一南郊，而北郊遂無聞焉。且三江、五湖、衡、霍、會稽，皆吳、楚之望，亦不見秩，反禮羅陽妖神，以求福助。天意若曰，權簡宗廟，不禱祠，廢祭祀，示此罰，欲其感悟也。

太元元年，又有大風涌水之異。是冬，權南郊。疑是鑒咎徵乎。還而寢疾。明年四月，薨。一曰，權時信納譖訴，雖陸議勳重，子和儲貳，猶不得其終。與漢安帝聽讒、免楊震、廢太子同事也。且赤烏中無年不用兵，百姓愁怨。八年秋，將軍馬茂等又圖逆云。

魏明帝景初元年九月，淫雨過常，冀、兗、徐、豫四州水出，没溺殺人，漂失財產。帝自初即位，便淫奢極欲，多占幼女，或奪士妻，崇飾宫室，妨害農戰，觸情恣欲，至是彌甚，號令逆時，饑不損役。此水不潤下之應也。

吴孫亮五鳳元年夏，大水。亮即位四年，乃立權廟，又終吴世，不上祖宗之號，不脩嚴父之禮，昭穆之數有闕。亮及休、晧又並廢二郊，不秩羣神。此簡宗廟，不祭祀之罰也。又是時，孫峻專政，陰勝陽之應乎。

吴孫休永安四年五月，大雨，水泉涌溢。昔歲作浦里塘，功費無數，而田不可成，士卒死叛，或自賊殺，百姓愁怨，陰氣盛也。休又專任張布，退盛沖等，吴人賊之之應也。

吴孫休永安五年八月壬午，大雨震電〔六〕，水泉涌溢。

晉武帝泰始四年九月，青、徐、兗、豫四州大水；七年六月，大雨霖，河、洛、伊、沁皆溢，殺二百餘人。帝即尊位，不加三后祖宗之號，泰始二年，又除明堂南郊五帝坐，同稱昊天上帝，一位而已。又省先后配地之禮。此簡宗廟，廢祭祀之罰，與漢成帝同事。一曰，昔歲及此年，藥蘭泥、白虎文秦涼殺刺史胡烈、牽弘，遣田璋討泥。又司馬望以大衆次淮北禦孫晧。内外兵役，西州饑亂，百姓愁怨，陰氣盛也。咸寧初，始上祖宗號，太熙初，還復五帝位。

晉武帝咸寧元年九月，徐州水；二年七月癸亥，河南魏郡暴水，殺百餘人；八月，荆州郡國五大水。去年采擇良家子女，露面入殿，帝親簡閱，務在姿色，不訪德行。有蔽匿者，以不敬論。搢紳愁怨，天下非之。陰盛之應也。

咸寧三年六月，益、梁二州郡國八暴水，殺三百餘人；七月，荆州大水；九月，始平郡大水；十月，青、徐、兗、豫、荆、益、梁七州又水。是時賈充等用事日盛，而正人疏外者多。

咸寧四年七月，司、冀、兗、豫、荆、揚郡國二十大水。

晉武帝太康二年六月，泰山、江夏大水。泰山流三百家，殺六千餘人〔七〕；江夏亦殺人。是時平吴後，王濬爲元功，而詆劾妄加；荀、賈爲無謀，而並蒙重賞。收吴姬五千，納之後宫。此其應也。

太康四年七月，司、豫、徐、兗、荆、揚郡國二十大水，傷秋稼，壞屋室，有死者。

太康六年三月，青、涼、幽、冀郡國十五大水。

太康七年九月，西方安定等郡國八大水。

太康八年六月，郡國八大水。

晉惠帝元康二年，有水灾。

元康五年五月，潁川、淮南大水；六月，城陽、東莞大水殺人；荆、揚、徐、兗、豫五州又大水。是時帝即位已五載，猶未郊祀，烝嘗亦多不身親近。簡宗廟，廢祭祀之罰也。班固曰：「王者即位，必郊祀天地，望秩山川。若乃不敬鬼神，政令違逆，則霧水暴至，百川逆溢，壞鄉邑，溺人民，水不潤下也。」

元康六年五月，荆、揚二州大水。按董仲舒說，水者陰氣盛也。是時賈后亂朝，寵樹賈、郭。女主專政之應也。

元康八年五月，金墉城井水溢。漢成帝時有此妖，班固以爲王莽之象。及趙倫篡位，即此應也。倫廢帝於此城，井溢所在，又天意乎。

元康八年九月，荆、揚、徐、兗、冀五州大水。是時賈后暴戾滋甚，韓謐驕猜彌扇，卒害太子，旋亦禍滅。

元康九年四月，宮中井水沸溢。

晉惠帝永寧元年七月，南陽、東海大水。是時齊王冏秉政專恣。陰盛之應。

晉惠帝太安元年七月，兗、豫、徐、冀四州水。時將相力政，無尊主心。

晉孝懷帝永嘉四年四月，江東大水。是時王導等潛懷翼戴之計。陰氣盛也。

晉元帝太興三年六月，大水。是時王敦内懷不臣，傲佷作威。後終夷滅。

太興四年七月，大水。明年有石頭之敗。

晉元帝永昌二年五月〔八〕，荆州及丹陽、宣城、吴興、壽春大水。是時王敦疾害忠良，威權震主。尋亦誅滅。

晉明帝太寧元年五月，丹陽、宣城、吴興、壽陽大水。

晉成帝咸和元年五月，大水。是時嗣主幼沖，母后稱制，庾亮以元舅民望，決事禁中。陰勝陽也。

咸和二年五月戊子，京都大水。是冬，蘇峻稱兵，都邑塗炭。

咸和四年七月，丹陽、宣城、吴興、會稽大水。是冬，郭默作亂，荆、豫共討之，半歲乃定。

咸和七年五月，大水。是時帝未親務，政在大臣。陰勝陽也。

晉成帝咸康元年八月，長沙、武陵大水。是年三月，石虎掠騎至歷陽，四月，圍襄陽。於是加王導大司馬，集徒旅；又使趙胤、路永、劉仕、王允之、陳光五將軍，各帥衆戍衛〔九〕。百姓愁怨。陰氣盛也。

晉穆帝永和四年五月，大水。是時幼主沖弱，母后臨朝，又將相大臣，各爭權政。與咸和初同事也。

永和五年五月，大水。

永和六年五月，大水。

永和七年七月甲辰夜，濤水入石頭，死者數百人。去年殷浩以私忿廢蔡謨，遐邇非之。又幼主在上，而殷、桓交惡，選徒聚甲，各崇私權。陰勝陽之應也。一説濤入石頭，江右以爲兵占。是後殷浩、桓温、謝尚、荀羨連年征伐。

晉穆帝升平二年五月，大水。是時桓温權制朝廷，征伐是專。

升平五年四月，大水。

晉海西太和六年六月，京都大水，平地數尺，侵及太廟。朱雀大航纜斷，三艘流入大江。丹陽、晉陵、吴國、吴興、臨海五郡又大水，稻稼蕩没，黎庶饑饉。初四年，桓温北伐敗績，十喪其九；五年，又征淮南，踰歲乃克。百姓愁怨之應也。

晉簡文帝咸安元年十二月壬午，濤水入石頭。明年，妖賊盧竦率其屬數百人入殿，略取武庫三庫甲仗，游擊將軍毛安之討滅之。

晉孝武帝太元三年六月，大水。是時孝武幼弱，政在將相。

太元五年，大水。去年氐賊攻没襄陽，又向廣陵。於是逼徙江、淮民悉令南渡，三州失業，道饉相望。謝玄雖破俱難等〔一○〕，自後征戍不已。百姓愁怨之應也。

太元六年六月，荆、江、揚三州大水。

命。

太元十年夏，大水。初八年，破苻堅，自後有事中州，役無已歲。兵民愁怨之應也。

太元十三年十二月，濤水入石頭。明年，丁零、鮮卑寇擾司、兗鎮戍，西、北疲於奔命。

太元十五年七月，兗州大水。是時緣河紛爭，征戍勤悴。

太元十七年六月甲寅，濤水入石頭，毀大航，漂船舫，有死者；京口西浦，亦濤入殺人。永嘉郡潮水涌起，近海四縣人民多死。後四年帝崩，而王恭再攻京師。京師亦發大衆以禦之。

太元十九年七月，荊州、彭城大水傷稼。

太元二十年，荊州、彭城大水〔一一〕。

太元二十一年五月癸卯，大水。是時政事多弊，兆庶非之。

晉安帝隆安三年五月，荊州大水。去年殷仲堪舉兵向京都。是年春，又殺郗恢。陰盛作威之應也。仲堪尋亦敗亡。

隆安五年五月，大水。是時司馬元顯作威陵上，又桓玄擅西夏，孫恩亂東國。陰勝陽之應也。

晉安帝元興二年十二月，桓玄簒位。其明年二月庚寅夜，濤水入石頭。是時貢使商旅，方舟萬計，漂敗流斷，骸胔相望。江左雖有濤變，未有若斯之甚。三月，義軍克京都，玄敗走。遂夷滅。

元興三年二月己丑朔夜，濤水入石頭，漂没殺人，大航流敗。

晉安帝義熙元年十二月己未，濤水入石頭。

義熙二年十二月己未夜，濤水入石頭。明年，駱球父環潛結桓胤、殷仲文等謀作亂，劉稚亦謀反〔二〕，凡所誅滅數十家。

義熙三年五月丙午，大水。

義熙四年十二月戊寅，濤水入石頭。明年，王旅北討鮮卑。

義熙六年五月丁巳，大水。乙丑，盧循至蔡洲。

義熙八年六月，大水。

義熙九年五月辛巳，大水。

義熙十年五月丁丑，大水；戊寅，西明門地穿涌水出，毁門扉及限；七月乙丑，淮北災風，大水殺人。

義熙十一年七月丙戌，大水，淹漬太廟，百官赴救。明年，王旅北討關、河。

宋文帝元嘉五年六月，京邑大水。七年，右將軍到彦之率師入河。

元嘉十一年五月，京邑大水。十三年，司空檀道濟誅。

元嘉十二年六月，丹陽、淮南、吴、吴興、義興五郡大水，京邑乘船。

元嘉十八年五月，江水汎溢，没居民，害苗稼。明年，右軍將軍裴方明率雍、梁之衆伐仇池。

元嘉十九年、二十年，東諸郡大水〔一三〕。

元嘉二十九年五月，京邑大水。

孝武帝孝建元年八月，會稽大水，平地八尺。後二年，虜寇青、冀州，遣羽林軍卒討伐。

孝武帝大明元年五月，吴興、義興大水。

大明四年八月，雍州大水。

大明四年，南徐、南兖州大水。

後廢帝元徽元年六月，壽陽大水。

順帝昇明元年七月，雍州大水，甚於關羽樊城時。

昇明二年二月，於潛翼異山一夕五十二處水出，流漂居民。七月丙午朔，濤水入石頭，居民皆漂没。

恒寒

庶徵之恒寒，劉歆以爲「大雨雪、及未當雨雪而雨雪、及大雨雹、隕霜殺菽草，皆常寒之罰也」。京房易傳曰：「有德遭險，茲謂逆命。厥異寒。誅罰過深，當燠而寒，盡六日，亦爲雹。害正不誅，茲謂養賊。寒七十二日，殺飛禽。道人始去，茲謂傷。其寒物無霜而死，涌水出。戰不量敵，茲謂辱命。其寒雖雨物不茂。」

吳孫權嘉禾三年九月朔，隕霜傷穀。按劉向說，「誅罰不由君出，在臣下之象也」。是時校事呂壹專作威福，與漢元帝時石顯用事隕霜同應。班固書九月二日，陳壽言朔，皆明未可以傷穀也。壹後亦伏誅。京房易傳曰：「興兵妄誅，茲謂亡法，厥災霜，夏殺五穀，冬殺麥。誅不原情，茲謂不仁，其霜夏先大雷風，冬先雨，乃隕霜，有芒角。賢聖遭害，其霜附木不下地。佞人依刑，茲謂私賊，其霜在草根土隙間。不教而誅，茲謂虐，其霜反在草下。」

嘉禾四年七月，雨雹，又隕霜。案劉向說，「雹者陰脅陽」。是時呂壹作威用事，詆毁重臣，排陷無辜。自太子登以下，咸患毒之，而壹反獲封侯寵異。與春秋公子遂專任，雨雹同應也。漢安帝信讒，多殺無辜，亦雨雹。董仲舒曰「凡雹皆爲有所脅，行專壹之政」故也。

吳孫權赤烏四年正月，大雪，平地深三尺，鳥獸死者太半。是年夏，全琮等四將軍攻略淮南、襄陽，戰死者千餘人。其後權以讒邪，數責讓陸議，議憤恚致卒。與漢景、武大雪同事也。

赤烏十一年四月，雨雹。是時權聽讒，將危太子。其後朱據、屈晃以迕意黜辱，陳象以忠諫族誅，而太子終廢。此有德遭險，誅罰過深之應也。

晉武帝泰始六年冬，大雪。

泰始七年十二月，大雪。明年，有步闡、楊肇之敗，死傷甚衆。

泰始九年四月辛未，隕霜。是時賈充親黨比周用事。與魯定公、漢元帝時隕霜同應也。

晉武帝咸寧三年八月，平原、安平、上黨、秦郡霜害三豆。

咸寧三年八月，河間暴風寒冰，郡國五隕霜傷穀。是後大舉征吳，馬隆又帥精勇討涼州。

咸寧五年五月丁亥，鉅鹿、魏郡雨雹傷禾、麥；辛卯，雁門雨雹傷秋稼。

咸寧五年六月庚戌，汲郡、廣平、陳留、滎陽雨雹；丙辰，又雨雹，損傷秋麥千三百餘頃，壞屋百三十餘間；癸亥，安定雨雹；七月丙申，魏郡又雨雹；閏月壬子，新興又雨雹；八月庚子〔一四〕，河東、弘農又雨雹，兼傷秋稼三豆。

晉武帝太康元年三月，河東、高平霜雹，傷桑、麥；四月，河南、河內、河東、魏郡、弘農雨雹，傷麥、豆；五月，東平、平陽、上黨、鴈門、濟南雨雹，傷禾、麥、三豆。

太康元年四月庚午，畿內縣二及東平范陽縣雨雹〔一五〕；癸酉，畿內縣五又雨雹。是時王濬有大功，而權戚互加陷抑，帝從容不斷。陰脅陽之應也。

太康二年二月辛酉，殞霜于濟南、琅邪，傷麥；壬申，琅邪雨雪傷麥；三月甲午，河東隕霜害桑。

太康二年五月丙戌，城陽、章武、琅邪傷麥〔一六〕，庚寅，河東、樂安、東平、濟陰、弘農、濮陽、齊國、頓丘、魏郡、河內、汲郡、上黨雨雹，傷禾稼。

太康二年六月，郡國十六雨雹。

太康三年十二月，大雪。

太康五年七月乙卯，中山、東平雨雹，傷秋稼。

太康五年七月甲辰，中山雨雹；九月，南安大雪，折木。

太康六年二月，東海霜傷桑、麥。

太康六年三月戊辰，齊郡臨菑、長廣不其等四縣，樂安梁鄒等八縣，琅邪臨沂等八縣，河間易城等六縣，高陽北新城等四縣，隕霜傷桑、麥。

太康六年六月，滎陽、汲郡、雁門雨雹。

太康八年四月，齊國、天水二郡隕霜。十二月，大雪。

太康九年正月，京都大風雨雹，發屋拔木；四月，隴西隕霜。

太康十年四月，郡國八隕霜。

晉惠帝元康二年八月，沛及湯陰雨雹。

元康三年四月，滎陽雨雹；六月弘農湖、華陰又雨雹，深三尺〔一七〕。是時賈后凶淫專恣，與春秋魯桓夫人同事。陰氣盛也。

元康五年六月，東海雨雹，深五寸；十二月，丹陽雨雹。

元康五年十二月，丹陽建業大雪〔一八〕。

元康六年三月，東海隕霜殺桑、麥。

元康七年五月，魯國雨雹；七月，秦、雍二州隕霜殺稼。

元康九年三月旬有八日，河南、滎陽、潁川隕霜傷禾；五月，雨雹。是時賈后凶躁滋甚，是冬遂廢愍懷。

晉惠帝永寧元年七月，襄城雨雹。是時齊王冏專政。十月，襄城、河南、高平、平陽風雹，折木傷稼。

晉惠帝光熙元年閏八月甲申朔，霰雪。劉向曰：「盛陽雨水湯熱，陰氣脅之，則轉而爲雹。盛陰雨雪凝滯，陽氣薄之，則散而爲霰。」今雪非其時，此聽不聰之應也。

晉孝懷帝永嘉元年十二月冬，雪平地三尺。

永嘉七年十月庚午，大雪。

晉愍帝建興元年十一月戊午，會稽大雨震電。己巳夜，赤氣曜於西北，是夕，大雨震電。庚午，大雪。案劉向説，「雷以二月出，八月入」。此月雷電者，陽不閉藏也。既發泄而明日便大雪，皆失節之異也。是時劉載僭號平陽，李雄稱制於蜀，九州幅裂，西京孤微。爲君失時之象。

晉元帝太興二年三月丁未，成都風雹殺人。

太興三年三月，海鹽郡雨雹。是時王敦陵上。

晉元帝永昌二年十二月，幽、冀、并三州大雪〔一九〕。

晉明帝太寧元年十二月，幽、冀、并州大雪。

太寧二年四月庚子，京都大雨雹，燕雀死。

太寧三年三月丁丑，雨雹；癸巳，隕霜；四月，大雨雹。是年帝崩，尋有蘇峻之亂。

晉成帝咸和六年三月癸未，雨雹。是時帝幼弱，政在大臣。

咸和九年八月，成都雪。其日李雄死〔二〇〕。

晉成帝咸康二年正月丁巳，皇后見于太廟〔二一〕。其夕雨雹。

晉康帝建元元年八月，大雪。是時政在將相，陰氣盛也。與春秋魯昭公時季孫宿專政同事。劉向曰：「凡雨，陰也，雪又雨之陰也。出非其時，迫近象也。」

晉穆帝永和三年八月，冀方大雪，人馬多凍死。

永和五年六月，臨漳暴風震靂〔二二〕，雨雹大如升。

永和十年五月，涼州雪。明年八月，枹罕護軍張瓘帥宋混等攻滅張祚〔二三〕，更立張耀靈弟玄靚〔二四〕。京房易傳曰：「夏雨雪〔二五〕，戒臣爲亂。」

永和十一年四月壬申朔，雪；十二月戊午，靁；己未，靁。是時帝幼，母后稱制，政在大臣。

晉穆帝升平二年正月，大雪。

晉孝武帝太元二年四月己酉，雨雹；十二月，大雪。是時帝幼弱，政在將相。

太元十二年四月己丑，雨雹。是時有事中州，兵役連歲。

太元二十年五月癸卯，上虞雨雹。

太元二十一年四月丁亥，雨雹。是時張夫人專幸，及帝暴崩，兆庶尤之。

太元二十一年十二月，連雪二十三日。是時嗣主幼沖，冢宰專政。

晉安帝隆安二年三月乙卯〔二六〕，雨雹。是秋，王恭、殷仲堪入伐〔二七〕，終皆誅。

晉安帝元興二年十二月，酷寒過甚。是時桓玄篡位，政事煩苛，是其應也。晉氏失在舒緩〔二八〕，玄則反之〔二九〕。劉向曰：「周衰無寒歲，秦滅無燠年。」此之謂也。

元興三年正月甲申，霰雪，又霝。霝霰不應同日，失節之應也。二月，義兵起，玄敗。

元興三年四月丙午，江陵雨雹。是時安帝蒙塵。

晉安帝義熙元年四月壬申，雨雹。是時四方未一，鉦鼓日戒。

義熙五年三月己亥，雪深數寸〔三〇〕。

義熙五年五月癸巳，溧陽雨雹；九月己丑，廣陵雨雹。明年，盧循至蔡洲。

義熙五年九月己丑，廣陵雨雹。

義熙六年正月丙寅，雪，又雷〔三一〕。

義熙六年五月壬申，雨雹〔三二〕。

義熙八年四月辛未朔，雨雹；六月癸亥，雨雹，大風發屋。是秋，誅劉蕃等。

義熙十年四月辛卯，雨雹。

宋文帝元嘉九年春，京都雨雹，溧陽、盱眙尤甚，傷牛馬，殺禽獸。

元嘉十八年三月，雨雹。二十五虜寇青州〔三三〕。

元嘉二十五年正月，積雪冰寒。

元嘉二十九年五月，盱眙雨雹，大如鷄卵。三十年，國家禍亂，兵革大起。

孝武帝大明元年十二月庚寅，大雪，平地二尺餘。明年，虜侵冀州，遣羽林軍北討。

明帝泰始五年四月壬辰，京邑雨雹。

後廢帝元徽三年五月乙卯，京邑雨雹。

雷震

魏明帝景初中，洛陽城東橋、洛水浮橋桓楹，同日三處俱震；尋又震西城上候風木飛烏。時勞役大起，帝尋晏駕。

吳孫權赤烏八年夏〔三四〕，震宮門柱；又擊南津大橋桓楹。

孫亮建興元年十二月朔，大風震電；是月又雷雨。義同前說。亮終廢。

晉武帝太康六年十二月甲申朔，淮南郡震電。

太康七年十二月己亥，毗陵雷電，南沙司鹽都尉戴亮以聞。

太康十年十二月癸卯，廬江、建安雷電大雨。

晉惠帝永康元年六月癸卯，震崇陽陵標西南五百步，標破爲七十片。是時賈后陷害鼎輔，寵樹私戚。與漢桓帝時震憲陵寢同事也。后終誅滅。

晉惠帝永興二年十月丁丑，雷電。

晉懷帝永嘉四年十月，震電。

晉元帝永昌二年七月丙子朔，雷震太極殿柱〔三五〕。

永昌二年十一月，會稽、吴郡雨震電。

晉明帝太寧元年七月丙子朔，震太極殿柱。

晉成帝咸和元年十月己巳，會稽郡大雨震電。

咸和三年六月辛卯，臨海大雷，破郡府内小屋柱十枚，殺人。

咸和三年九月二日立冬，會稽震電。

咸和四年十二月，吴郡、會稽震電。

咸和四年十二月，丹陽震電。

晉穆帝永和七年十月壬午〔三六〕，雷雨、震電。

晉穆帝升平元年十一月庚戌，雷；乙丑，又雷。

升平五年十月庚午，雷發東南。

晉孝武帝太元五年六月甲寅，雷震含章殿四柱。

太元五年十二月，雷聲在南方。

太元十四年七月甲寅，震宣陽門西柱。

晉安帝隆安二年九月壬辰，雨雷。

晉安帝元興三年，永安皇后至自巴陵。將設儀導入宮，天雷，震人馬各一俱殪。

晉安帝義熙四年十一月辛卯朔，西北疾風；癸丑，雷。

義熙五年六月丙寅，震太廟，破東鴟尾，徹壁柱。

義熙六年正月丙寅，雷又雪〔三七〕。

義熙六年十二月壬辰，大雷。

義熙九年十一月甲戌，雷；乙亥，又雷〔三八〕。

宋文帝元嘉四年十一月癸丑，雷。

元嘉五年六月丙寅，震太廟，破東鴟尾，徹壁柱。

元嘉六年正月丙寅，雷且雪。

元嘉七年十月丙子，雷。

元嘉八年十二月庚辰，雷。

元嘉九年十一月甲戌，雷且雪。

元嘉十四年，震初寧陵口標，四破至地。十七年，廢大將軍彭城王義康。骨肉相害，自此始也。

前廢帝景和元年九月甲午，雷震。

明帝泰始二年九月辛巳，雷震。

泰始四年十月辛卯，雷震。

泰始四年十一月癸卯朔，雷震。

泰始五年十一月乙巳，雷震。

泰始六年十一月庚午，雷。

後廢帝元徽三年九月戊戌，雷。

元徽三年九月丁未，雷。

元徽三年九月戊午，雷震。

元徽三年十月辛未，雷；甲戌，又雷。

從帝昇明三年二月二十四日丙申，震建陽門。

鼓妖

晉惠帝元康九年三月，有聲若牛，出許昌城。十二月，廢太子，幽于許宮。按春秋晉文公柩有聲如牛，劉向以爲鼓妖。其說曰：「聲如此，怒象也。將有急怒之謀，以生兵甲之禍。」此其類也。明年，賈后遣黄門孫慮殺太子，擊以藥杵，聲聞于外。

蘇峻在歷陽，外營將軍鼓自鳴，如人弄鼓者。峻手自斫之，曰：「我鄉土時有此，則城空矣。」俄而作亂夷滅。此聽不聰之罰，鼓妖先作也。

石虎末，洛陽城西北九里，石牛在青石趺上，忽鳴喚，聲聞四十里。虎遣人打落兩耳及尾，鐵釘釘四脚。

晉孝武太元十五年三月己酉朔，東北有聲如雷。案劉向說以爲「雷當託於雲，猶君託於臣。無雲而雷，此君不恤下，下民將叛之象也」。及帝崩而天下漸亂，孫恩、桓玄交陵京邑。

吴興長城縣夏架山有石鼓，長丈餘，面徑三尺所，下有盤石爲足，鳴則聲如金鼓，三吴有兵。晉安帝隆安中大鳴，後有孫靈秀之亂。

魚孽

魏齊王嘉平四年五月，有二魚集于武庫屋上。此魚孽也。王肅曰：「魚生於淵，而亢於屋，介鱗之物，失其所也。邊將其殆有棄甲之變乎。」後果有東關之敗〔三九〕。干寶又以爲高貴公兵禍之應。二説皆與班固旨同。

晉武帝太康中，有鯉魚二見武庫屋上。干寶曰：「武庫兵府，魚有鱗甲，亦兵類也。魚既極陰，屋上太陽，魚見屋上，象至陰以兵革之禍干太陽也。」至惠帝初，誅楊駿，廢太后，矢交館閣。元康末，賈后謗殺太子，尋亦誅廢。十年間，母后之難再興，是其應也。自是禍亂構矣。京房易妖曰：「魚去水，飛入道路，兵且作。」

蝗蟲

魏文帝黄初三年七月，冀州大蝗，民饑。案蔡邕說：「蝗者，在上貪苛之所致也。」是時孫權歸從，帝因其有西陵之役，舉大衆襲之，權遂背叛。

晉武帝泰始十年六月，蝗。是時荀、賈任政，疾害公直。

晉孝懷帝永嘉四年五月，大蝗，自幽、并、司、冀至于秦、雍〔四〇〕，草木牛馬毛鬣皆盡〔四一〕。是時天下兵亂，漁獵生民〔四二〕，存亡所繫，唯司馬越、苟晞而已，而競爲暴刻，經略無章。

晉愍帝建興四年六月，大蝗。去歲胡寇頻攻北地、馮翊，麴允等悉衆禦之。是時又禦劉曜，爲曜所破，西京遂潰。

晉元帝太興元年六月，蘭陵合鄉蝗，害禾稼。乙未，東莞蝗蟲縱廣三百里，害苗稼。

太興元年七月，東海、彭城、下邳、臨淮四郡蝗蟲害禾、豆。

太興元年八月，冀、青、徐三州蝗食生草盡，至于二年。是時中州淪喪，暴亂滋甚。

太興二年五月，淮陵、臨淮、淮南、安豐、廬江諸郡蝗食秋麥。

太興二年五月癸丑，徐州及揚州江西諸郡蝗〔四三〕，吴民多餓死。去年，王敦并領荆州，苛暴之釁，自此興矣。又是年初，徐州刺史蔡豹帥衆伐周撫。

晉孝武帝太元十五年八月，兗州蝗。是時丁零寇兗、豫，鮮卑逼河南，征戍不已。

太元十六年五月，飛蝗從南來，集堂邑縣界，害苗稼。是年春，發取江州兵營甲士二千人、家口六七千人，配護軍及東宮，後尋散亡殆盡；又邊將連有征役。

豕禍

吳孫晧寶鼎元年，野豕入右大司馬丁奉營〔四四〕。此豕禍也。後奉見遣攻穀陽，無功反，晧怒，斬其導軍。及舉大衆北出，奉及萬彧等相謂曰：「若至華里，不得不各自還也。」此謀泄，奉時雖已死，晧追討穀陽事，殺其子溫，家屬皆遠徙。豕禍之應也。襲遂曰：「山野之獸，來入宮室，宮室將空。」又其象也。

晉孝懷帝永嘉中，壽春城內有豕生兩頭而不活。周馥取而觀之。時通數者竊謂曰：「夫豕，北方之畜，胡、狄象也。兩頭者，無上也。生而死，不遂也。天意若曰，勿生專利之謀，將自致傾覆也。」周馥不悟，遂欲迎天子，令諸侯，俄爲元帝所敗。是其應也。石勒亦尋渡淮，百姓死者十八九。

晉愍帝建武元年〔四五〕，有豕生八足。聽不聰之罰也。京房易傳曰：「凡妖作，各象其類。足多者，所任邪也。」是後有劉隗之變。

晉成帝咸和六年六月，錢塘民家豭豕生兩子，皆人面，如胡人狀，其身猶豕。京房易妖曰：「豕生人頭豕身者，邑且亂亡。」此豭豕而產，異之甚者也。

晉孝武帝太元十年四月，京都有豕，一頭二身八足。十三年，京都民家豕產子，一頭二身八足。並與建武同妖也。是後宰相沈酗，不恤朝政，近習用事，漸亂國綱，至於大壞也。

黑眚黑祥

晉孝懷帝永嘉五年十二月，黑氣四塞。近黑祥也。

宋文帝元嘉二十六年三月，幸京口。有黑氣暴起，占有兵。明年，虜南寇至瓜步，飲馬于江。

火沴水

晉武帝太康五年六月，任城、魯國池水皆赤如血。案劉向說，近火沴水也。聽之不聰之罰也。京房易傳曰：「淫於色，賢人潛，國家危，厥異水流赤。」

晉穆帝升平三年二月，涼州城東池中有火；四年四月，姑臧澤水中又有火。此火沴水之妖也。明年，張天錫殺中護軍張邕。邕，執政臣也。

晉安帝元興二年十月，錢塘臨平湖水赤。桓玄諷吴郡使言開除，以爲己瑞。俄而玄敗。

校勘記

〔一〕厥咎急厥罰恒寒厥極貧　「厥咎急」三字原闕，據局本、漢書卷二七中之下五行志中之下、續漢書五行志三補。

〔二〕時則有魚孽時則有豕禍　「魚孽」、「豕禍」原互倒，據局本乙正。按漢書卷二七中之下五行志中之下、續漢書五行志三、晉書卷二九五行志下引五行傳並作「時則有魚孽時則有豕禍」。

〔三〕顓事有知　原作「顓事者加」，據漢書卷二七上五行志上、續漢書五行志三改。

〔四〕厥災水殺人　「災」，原作「大水」二字，據漢書卷二七上五行志上改。

〔五〕厥災水　「災」字原闕，據漢書卷二七上五行志上補。

〔六〕吴孫休永安五年八月壬午大雨震電　「電」，原作「雹」，據三國志卷四八吴書孫休傳、晉書卷二七五行志上改。下同改，不另出校。

〔七〕殺六千餘人　「六千」，晉書卷二七五行志上作「六十」。按晉書卷三武帝紀載泰始七年六月大水，「流居人四千餘家，殺三百餘人」，與此相類。今流三百餘家而曰殺六千餘人，於情理不合，疑「六千」乃「六十」之形訛。

〔八〕晉元帝永昌二年五月　按永昌元年冬，元帝死，明帝繼位。永昌二年三月朔，改元太寧，三月以後事，應稱太寧。下條又有「晉明帝太寧元年五月，丹陽、宣城、吴興、壽陽大水」，二條一事重出。

〔九〕又使趙胤路永劉仕王允之陳光五將軍各帥衆戍衛　「趙胤」，原作「趙鳳」；「劉仕王允之」，原作「劉允之」，並據晉書卷七成帝紀訂正。五將軍祇舉四人之名，按晉書成帝紀，咸康元年夏四月癸卯，「石季龍寇歷陽」，癸丑，「分命諸將，遣將軍劉仕救歷陽，平西將軍趙胤屯慈湖，龍驤將軍路永戍牛渚，建武將軍王允之戍蕪湖。司空郗鑒使廣陵相陳光帥衆衛京師」。正合五將之數。

〔一〇〕謝玄雖破俱難等　「俱難」，南監本、北監本、汲本、殿本、局本作「句難」。按晉書「句難」、「俱難」雜出，卷九孝武帝紀、卷七九謝安傳、卷八四劉牢之傳作「句難」，卷一一三苻堅載記上作「俱難」。

〔一一〕太元二十年荆州彭城大水　按此條原在下條「太元二十一年五月癸卯大水」之後，今據殿本乙正。

〔一二〕劉稚亦謀反　「劉稚」，殿本、晉書卷八五劉毅傳作「劉雅」。

〔一三〕東諸郡大水　「東」下原衍「都」字，今删。按時稱會稽、東陽、臨海、永嘉、新安等郡爲東諸郡。本書卷七前廢帝紀載大明八年，「東諸郡大旱，甚者米一升數百」；卷六三沈演之傳載元嘉十二年，「東諸郡大水，民人饑饉」，是其例。

〔一四〕癸亥安定雨雹七月丙申魏郡又雨雹閏月壬子新興又雨雹八月庚子　「丙申」，晉書卷二九五行志下作「庚申」。按是年六月壬辰朔，無癸亥日；七月壬戌朔，無丙申日，亦無庚申日；八月辛酉朔，無庚子日。以上日干支誤。

〔一五〕畿内縣二及東平范陽縣雨雹　「東平范陽縣」，晉書卷二九五行志下作「東平范陽」。按晉書卷一四地理志上，東平有范縣，别有范陽國，所屬有范陽縣，未知孰是。

〔一六〕城陽章武琅邪傷麥　「傷麥」二字原闕，據晉書卷二九五行志下補。

〔一七〕六月弘農湖華陰又雨雹深三尺　「六月」二字原闕，據晉書卷二九五行志下補。按晉書卷四惠帝紀云是年六月弘農郡雨雹，深三尺。

〔一八〕丹陽建業大雪　原作「楊建大」，據南監本、北監本、汲本、殿本、局本補正。按晉書卷二九五行志下作「丹楊建鄴」。

〔一九〕晉元帝永昌二年十二月幽冀并三州大雪　下條又有「晉明帝太寧元年十二月，幽、冀、并州大雪」。按永昌元年冬，元帝死，明帝繼位。永昌二年三月朔，改元太寧，三月以後事，應稱太寧。二條實一事。

〔二〇〕其日李雄死　「其日」，晉書卷二九五行志下作「是歲」。按晉書卷七成帝紀、御覽卷一二三引崔鴻十六國春秋蜀録皆記李雄死於晉成帝咸和九年六月。疑作「是歲」是。

〔二一〕晉成帝咸康二年正月丁巳皇后見于太廟　按是月甲子朔，無丁巳日。晉書卷七成帝紀云是歲「夏四月丁巳，皇后見于太廟」。建康實録卷七亦云是歲「夏四月，皇后見于太廟」。是年四月壬辰朔，丁巳爲二十六日。疑「正月」乃「四月」之訛。

〔二二〕臨漳暴風震霆　「風」字原闕，據晉書卷二九五行志下補。「霆」，晉書五行志下作「電」。

〔一三〕枹罕護軍張瓘帥宋混等攻滅張祚　「宋混」，原作「宗混」，據魏書卷九九張軌傳、晉書卷八穆帝紀、卷二九五行志下、卷八六張軌傳、御覽卷一二四引崔鴻十六國春秋前涼録改。

〔一四〕更立張耀靈弟玄靚　「張耀靈」，原作「張曜」，據魏書卷九九張軌傳、晉書卷八穆帝紀、卷二九五行志下、卷八六張軌傳、御覽卷一二四引崔鴻十六國春秋前涼録補正。

〔一五〕夏雨雪　「雨」字原闕，據漢書卷二七中之下五行志中之下、晉書卷二九五行志下補。

〔一六〕晉安帝隆安二年三月乙卯　「乙卯」，原作「己卯」，據晉書卷二九五行志下改。按是月癸巳朔，二十三日乙卯，無己卯。

〔一七〕是秋王恭殷仲堪入伐　「入伐」，南監本、北監本、殿本、晉書卷二九五行志下作「内侮」。

〔一八〕晉氏失在舒緩　「緩」，原作一字空格，據三朝本、南監本、北監本、汲本、殿本、局本、晉書卷二九五行志下補。

〔一九〕玄則反之　「玄」，原作「女」，據三朝本、南監本、北監本、汲本、殿本、局本、晉書卷二九五行志下改。

〔二〇〕雪深數寸　「數寸」，晉書卷一〇安帝紀、卷二九五行志下、建康實録卷一〇作「數尺」，疑是。

〔二一〕雪又雷　原作「又雪」，據南監本、北監本、殿本、局本、晉書卷二九五行志下補正。

〔二二〕雨雹　「雹」，原作「雪」，據南監本、北監本、殿本、局本、晉書卷二九五行志下改。

〔二三〕二十五虜寇青州　「二十五」三字，文義費解，或有訛奪。按本書卷五文帝紀，魏攻青州在元嘉二十三年三月。疑「二十五」是「二十三年三月」之訛。

〔三四〕吳孫權赤烏八年夏　「八年」，原作「三年」，據三國志卷四七吳書吳主傳、晉書卷二九五行志下改。

〔三五〕晉元帝永昌二年七月丙子朔雷震太極殿柱　此與又下條「晉明帝太寧元年七月丙子朔，震太極殿柱」實一事。永昌元年冬，元帝死，明帝繼位。永昌二年三月朔，改元太寧。永昌二年即太寧元年。三月以後，應稱太寧，本書分爲二條。

〔三六〕晉穆帝永和七年十月壬午　「十月」，原作「七月」，據晉書卷八穆帝紀、卷二九五行志下改。按是年七月甲午朔，無壬午。十月壬戌朔，二十一日壬午。

〔三七〕雷又雪　原作「雷又雷」，殿本、局本作「雷丁卯又雷」，今據晉書卷二九五行志下改。

〔三八〕義熙九年十一月甲戌雷乙亥又雷　「乙亥」，原作「乙丑」，據殿本、晉書卷二九五行志下改。按是年十一月壬戌朔，十三日甲戌，十四日乙亥。乙丑爲初四日，不當在十三日甲戌之下。

〔三九〕後果有東闗之敗　「有」字原重，據南監本、北監本、汲本、殿本、局本、晉書卷二九五行志下删。

〔四〇〕自幽并司冀至于秦雍　「至」，原作一字空格，據南監本、北監本、汲本、殿本、局本、晉書卷二九五行志下補。

〔四一〕草木牛馬毛鬣皆盡　「牛」，原作一字空格，據南監本、北監本、汲本、殿本、局本、晉書卷二九五行志下補。

〔四二〕漁獵生民　「漁」，原作一字空格，據南監本、北監本、汲本、殿本、局本、晉書卷二九五行志下補。

〔四三〕太興二年五月癸丑徐州及揚州江西諸郡蝗　「二年」，原作「三年」，據晉書卷二九五行志下改。按晉書卷六元帝紀亦作太興二年五月。本條下文「去年王敦并領荊州」，晉書元帝紀記在太興元年十一月，足證作「二年」是。太興二年五月辛丑朔，癸丑爲月之十三日，三年五月甲子朔，無癸丑。

〔四四〕野豕入右大司馬丁奉營　「大」字原闕，據三國志卷五五吳書丁奉傳、晉書卷二九五行志下補。

〔四五〕晉愍帝建武元年　「愍帝」，原作「武帝」，晉書卷二九五行志下作「元帝」。按晉元帝稱晉王，改元建武，時愍帝尚在匈奴庭，元帝亦未正位稱帝，故本書志例稱晉愍帝建武元年。今仍其例，改作「愍帝」。

宋書卷三十四

志第二十四

五行五

五行傳曰：「治宮室，飾臺榭，内淫亂，犯親戚，侮父兄，則稼穡不成。」謂土失其性而爲灾也。又曰：「思心不叡，是謂不聖。厥咎霿，厥罰恒風，厥極凶短折。時則有脂夜之妖，時則有華孽，時則有牛禍，時則有心腹之痾〔一〕，時則有黃眚、黃祥，時則有金木水火沴土。」班固曰：「不言『惟』而獨曰『時則有』者，非一衝氣所沴，明其異大也。」華孽，劉歆傳以爲贏蟲之孽，謂螟屬也。

稼穡不成

吴孫晧時，嘗歲無水旱，苗稼豐美，而實不成，百姓以饑，闔境皆然，連歲不已。吴人以爲傷露，非也。按劉向春秋說曰：「水旱當書，不書水旱〔二〕，而曰大無麥禾者，土氣不養，稼穡不成。」此其義也。晧初遷都武昌，尋還建業，又起新館，綴飾珠玉，壯麗過甚，破壞諸宫，增脩苑囿，犯暑妨農，官民疲怠。月令，「季夏不可以興土功」。晧皆冒之。此治宫室飾臺榭之罰，與春秋魯莊公三築臺同應也。班固曰：「無水旱之灾，而草木百穀不熟，皆爲稼穡不成。」

晉穆帝永和十年，三麥不登，至關西亦然。自去秋至是夏，無水旱，無麥者，如劉向說也。又俗云，「多苗而不實爲傷」，又其義也。

恒風

魏齊王正始九年十一月，大風數十日，發屋折樹；十二月戊子晦，尤甚，動太極東閤。

魏齊王嘉平元年正月壬辰朔〔三〕，西北大風，發屋折木，昏塵蔽天。按管輅說此爲時刑，大風，執政之憂也。是時曹爽區瞀自專，驕僭過度，天戒數見，終不改革。此思心不叡，恒風之罰也。後踰旬而爽等滅。京房易傳曰：「衆逆同志，至德乃潛，厥異風。其風也，行不解，物不長，雨小而傷。政悖德隱，茲謂亂。厥風先風不雨，大風暴起，發屋折木。守義不進，茲謂耗。厥風與雲俱起，折五穀莖。臣易上政，茲謂不順。厥風大飈發屋。賦斂不理，茲謂禍。厥風絶經紀，止即温，温即蟲。侯專封，茲謂不統。厥風疾而樹不摇，穀不成。辟不思道利，茲謂無澤。厥風不摇木，旱無雲，傷禾。公常於利，茲謂亂。厥風微而温，生蟲蝗，害五穀。棄正作淫，茲謂惑。厥風温，螟蟲起，害有益人之物。侯不朝，茲謂叛。厥風無恒，地變赤，雨殺人。」

吴孫權太元元年八月朔，大風，江海涌溢，平地水深八尺，拔高陵樹二株〔四〕，石碑蹉動，吴城兩門飛落〔五〕。按華覈對，役繁賦重，區瞀不叡之罰也。明年，權薨。

吴孫亮建興元年十二月丙申，大風震電。是歲，魏遣大衆三道來攻，諸葛恪破其東興軍，二軍亦退。明年，恪又攻新城，喪衆太半，還伏誅。

吴孫休永安元年十一月甲午，風四轉五復，蒙霧連日。是時孫綝一門五侯，權傾吴主，風霧之災，與漢五侯、丁、傅同應也。十二月丁卯夜，又大風，發木揚沙。明日，綝誅。

晉武帝泰始五年五月辛卯朔，廣平大風折木。

晉武帝咸寧元年五月，下邳、廣陵大風，壞千餘家，折樹木。

咸寧元年五月甲申，廣陵、司吾、下邳大風折木。

咸寧三年八月，河間大風折木。

晉武帝太康二年五月，濟南大風，折木傷麥。

太康二年六月，高平大風折木，發壞邸閣四十餘區。

太康八年六月，郡國八大風。

太康九年正月，京都風雹，發屋拔木。後二年，宮車晏駕。

晉惠帝元康四年六月，大風雨拔樹。

元康五年四月庚寅夜，暴風，城東渠波浪；七月，下邳大風，壞廬舍；九月，雁門、新興、太原、上黨災風傷稼。明年，氐、羌反叛，大兵西討。

元康九年六月，飇風吹賈謐朝服飛數百丈。明年，謐誅。

元康九年十一月甲子朔，京都連大風，發屋折木。十二月，太子廢。

晉惠帝永康元年二月，大風拔木。三月，愍懷被害。己卯，喪柩發許還洛，是日，大風雷電，幃蓋飛裂。

永康元年四月，張華第舍飇風折木，飛繒軸六七。是月，華遇害。

永康元年十一月戊午朔，大風從西北來，折木飛石。明年正月，趙王倫篡位。

晉惠帝永寧元年正月癸酉，趙王倫祠太廟〔六〕，災風暴起，塵沙四合。其年四月，倫伏辜。

晉元帝永昌元年七月丙寅，大風拔木，屋瓦皆飛。永昌元年八月，暴風壞屋，拔御道柳樹百餘株。其風縱橫無常，若風自八方來者。十一月，宮車晏駕。

晉成帝咸康四年三月壬辰，成都大風，發屋折木。四月，李壽襲殺李期。

晉康帝建元元年七月庚申，晉陵、吴郡災風。

晉穆帝升平元年八月丁未，策立皇后何氏。是日疾風。

升平五年正月戊戌朔，疾風。

晉海西公太和六年二月，大風迅急。

晉孝武帝寧康元年三月戊申朔〔七〕，暴風迅起，從丑上來，須臾轉從子上來，飛沙揚礫。

晉孝武帝太元二年二月乙丑朔〔八〕，暴風折木。

太元二年閏三月甲子朔〔九〕，暴風疾雨俱至，發屋折木。

太元二年六月，長安大風拔苻堅宫中樹。其後堅再南伐，身戮國亡。

太元四年八月乙未，暴風。

太元十二年正月壬子夜〔一〇〕，暴風。

太元十二年七月甲辰〔一一〕，大風拔木。

太元十七年六月乙卯〔一二〕，大風折木。

晉安帝元興二年二月甲辰，大風雨，大航門屋瓦飛落。明年，桓玄篡位，由此門入。

元興三年正月〔一三〕，桓玄遊大航南，飄風飛其輲輗蓋。三月，玄敗。

元興三年五月〔一四〕，江陵大風折木。是月，桓玄敗於崢嶸洲，身亦屠裂。

元興三年十一月丁酉，大風，江陵多死者〔一五〕。

晉安帝義熙四年十一月辛卯朔，西北疾風起。

義熙五年閏十月丁亥，大風發屋。明年，盧循至蔡洲。

義熙六年五月壬申，大風拔北郊樹，樹幾百年也。琅邪、揚州二射堂倒壞。是日，盧循大艦漂没。甲戌，又風，發屋折木。是冬，三帥南討〔一六〕。

義熙十年四月己丑朔，大風拔木。

義熙十年六月辛亥，大風拔木。明年，西討司馬休之。

宋少帝景平二年正月癸亥朔旦，暴風發殿庭，會席翻揚數十丈〔一七〕。五月，帝廢。

文帝元嘉二十六年二月庚申，壽陽驟雨，有回風雲霧，廣三十許步，從南來，至城西回散滅。當其衝者，室屋樹木摧倒。

元嘉二十九年三月，大風，拔木飛瓦。

元嘉三十年正月，大風拔木，雨凍殺牛馬，雷電晦冥。二月，宮車晏駕。

孝武帝大明七年，風吹初寧陵隧口左標折。鍾山通天臺新成，飛倒，散落山澗。明年閏五月，帝崩。

前廢帝永光元年正月乙未朔，京邑大風。

明帝泰始二年三月丙申，京邑大風。

泰始二年四月甲子，京邑大風。

泰始二年五月丁未，京邑大風。

泰始二年五月己酉，京邑大風。

泰始二年九月乙巳，京邑大風。

後廢帝元徽二年七月甲子，京邑大風。

元徽三年三月丁卯，京邑大風。

元徽三年六月甲戌，京邑大風。

元徽四年十一月辛卯，京邑大風。

元徽五年三月庚寅，京邑大風，發屋折木。

元徽五年六月甲寅，京邑大風。

夜妖

魏高貴鄉公正元二年正月戊戌〔一八〕，大風晦暝，行者皆頓伏。近夜妖也。劉向曰：「正晝而暝，陰爲陽，臣制君也。」時晉景王討毌丘儉，是日始發。

魏元帝景元三年十月，京都大震，晝晦。此夜妖也。班固曰：「夜妖者，雲風並起而杳冥，故與常風同象也。」劉向春秋說云：「天戒若曰，勿使大夫世官，將令專事，冥晦。明年，魯季友卒，果世官而公室卑矣。」魏見此妖〔一九〕，晉有天下之應也。

晉孝武帝太元十三年十二月乙未，大風晦暝。其後帝崩，而諸侯違命，干戈內侮，權奪於元顯，禍成於桓玄。是其應也。

贏蟲之孽

晉武帝咸寧元年七月〔二〇〕，郡國螟；九月，青州又螟。

咸寧元年七月，郡國有青蟲食禾稼。

咸寧四年，司、冀、兗、豫、荆、揚郡國皆螟。

晉武帝太康四年，會稽彭蜞及蟹皆化爲鼠，甚衆，覆野，大食稻爲災。

太康九年八月，郡國二十四螟。螟説與蝗同。是時帝聽讒訴。

太康九年九月，蟲傷稼。

晉惠帝元康二年九月，帶方、含資、提奚、南新、長岑、海冥、列口蟲食禾葉蕩盡〔二一〕。

晉惠帝永寧元年七月，梁、益、涼三州螟。是時齊王冏秉政。貪苛之應也。

永寧元年十月，南安、巴西、江陽、太原、新興、北海青蟲食禾葉，甚者十傷五六。

永寧元年十二月，郡國八螟。

牛禍

晉武帝太康九年，幽州塞北有死牛頭語。近牛禍也。是時帝多疾病，深以後事爲念，而託付不以至公，思心瞀亂之應也。師曠曰：「怨讟動於民，則有非言之物而言。」又其義也。

晉惠帝太安中，江夏張騁所乘牛言曰：「天下方亂，乘我何之！」騁懼而還，犬又言曰：「歸何蚤也。」尋後牛又人立而行。騁使善卜者卦之。謂曰：「天下將有兵亂，爲禍非止一家。」其年張昌反，先略江夏，騁爲將帥。於是五州殘亂，騁亦族滅。京房易妖曰：「牛能言，如其言占吉凶。」易萌氣樞曰：「人君不好士，走馬被文繡，犬狼食人食，則有六畜祆言。」時天子諸侯不以惠下爲務，又其應也。

晉愍帝建武元年，曲阿門牛生犢〔三〕，一體兩頭。

元帝太興元年，武昌太守王諒牛生子，兩頭八足兩尾共一腹。三年後死。又有牛生一足三尾，皆生而死。按司馬彪說，兩頭者，政在私門，上下無別之象也。京房易傳曰：「足多者，所任邪也。足少者，下不勝任也。」其後皆有此應。

晉元帝太興四年十二月，郊牛死。按劉向說春秋郊牛死曰，宣公區瞀昏亂，故天不饗其祀。元帝中興之業，實王導之謀也。劉隗探會主意，以得親幸，導見疏外。此區瞀不叡之禍也。

晉成帝咸和二年五月，護軍牛生犢，兩頭六足。是冬，蘇峻作亂。

咸和七年，九德民袁榮家牛產犢，兩頭八足二尾共身。京房易傳：「殺無辜，則牛生妖。」

桓玄之國，在荆州詣刺史殷仲堪，行至鶴穴，逢一老公，驅青牛，形色瓌異。桓玄即以所乘牛易取。乘至零陵涇溪，駿駛非常，因息駕飲牛。牛徑入江水不出。玄遣人覘守，經日無所見。

宋文帝元嘉三年，司徒徐羨之大兒喬之行欲入廣莫門。牛徑將入廷尉寺，左右禁捉不能禁。入方得出。明日被收。

元嘉二十九年，晉陵送牛，角生右脅，長八尺。明年二月，東宮爲禍。

孝武帝大明三年，廣州刺史費淹獻三角水牛。

黃眚黃祥

蜀劉備章武二年，東伐。二月，自秭歸進屯夷道。六月，秭歸有黃氣見，長十餘里，廣數十丈。後踰旬，備爲陸議所破。近黃祥也。

魏齊王正始中，中山王周南爲襄邑長。有鼠從穴出，語曰：「王周南，爾以某日死。」周南不應。鼠還穴。後至期，更冠幘皂衣出，語曰：「周南，汝日中當死。」又不應。鼠復入，斯須更出，語如向。日適欲日中，鼠入復出，出復入，轉更數語如前。日適中，鼠曰：「周南，汝不應，我復何道。」言絕，顛蹶而死，即失衣冠。取視，俱如常鼠。案班固說，此黃祥也。是時曹爽秉政，競爲比周，故鼠作變也。

宋孝武大明七年春，太湖邊忽多鼠。其年夏，水至，悉變成鯉魚。民人一日取，轉得三五十斛。明年，大飢。

晉元帝太興四年八月，黃霧四塞，埃氣蔽天。案楊宣對，近土氣，亂之祥也。

晉元帝永昌二年正月癸巳，黃霧四塞。

晉穆帝永和七年三月，涼州大風拔木，黃霧下塵。是時張重華納譖，出謝艾爲酒泉太守，而所任非其人。至九年死，嗣子見弑。是其應也。京房易傳曰：「聞善不予，茲謂不知。厥異黃，厥咎聾，厥災不嗣。黃者，有黃濁氣四塞天下，蔽賢絶道，故災至絶世也。」

晉安帝元興元年十月丙申朔，黃霧昏濁，不雨。

宋文帝元嘉十八年秋七月，天有黃光，洞照于地。太子率更令何承天謂之榮光，太平之祥，上表稱慶。

地震

吳孫權黃武四年，江東地連震。是時權受魏爵命，爲大將軍、吳王，改元專制，不脩臣迹。京房易傳曰：「臣事雖正，專必震。」董仲舒、劉向並云：「臣下彊盛，將動而爲害之應也〔二三〕。」

魏明帝青龍二年十一月，京都地震，從東來〔二四〕，隱隱有聲，屋瓦搖。

魏明帝景初元年六月戊申，京都地震。是秋，吴將朱然圍江夏，荆州刺史胡質擊退之。又公孫淵自立爲燕王，改年，置百官。明年，討平之。

吴孫權嘉禾六年五月，江東地震。

赤烏二年正月，地又再震。是時吕壹專政，步騭上疏曰：「伏聞校事，吹毛求瑕，趣欲陷人，成其威福，無辠無辜，横受重刑，雖有大臣，不見信任。如此，天地焉得無變。故嘉禾六年、赤烏二年，地連震動，臣下專政之應也。冀所以警悟人主，可不深思其意哉。」壹後卒敗。

魏齊王正始二年十一月〔二五〕，南安郡地震。

正始三年七月甲申，南安郡地震；十二月，魏郡地震。

正始六年二月丁卯，南安郡地震。是時曹爽專政，遷太后于永寧宫，太后與帝相泣而别。連年地震，是其應也。

吴孫權赤烏十一年二月，江東地仍震。是時權聽讒，尋黜朱據，廢太子。

蜀劉禪炎興元年，蜀地震。時宦人黄皓專權。按司馬彪説，奄宦無陽施，猶婦人也。此皓見任之應，與漢和帝時同事也。是冬蜀亡。

晉武帝泰始五年四月辛酉，地震。是年冬，新平氐、羌叛。明年，孫晧大遣衆入渦口。

叛虜寇秦、涼，刺史胡烈、蘇愉並爲所害。

泰始七年六月丙申，地震。武帝世，始於賈充，終於楊駿，阿黨昧利，苟專權寵，終喪天下，由是也。末年所任轉嫩，故亦一年六震，是其應也。裴叔則曰：「晉德所以不比隆堯、舜者，以有賈充諸人在朝。」

晉武帝咸寧二年八月庚辰，河南、河東、平陽地震〔二六〕。

咸寧四年六月丁未，陰平、廣武地震；甲子，陰平、廣武地又震。

晉武帝太康二年二月庚申，淮南、丹陽地震。

太康五年二月壬辰〔二七〕，地震。

太康六年七月己丑，地震。

太康七年七月，南安、犍爲地震；八月，京兆地震。

太康八年五月壬子，建安地震；七月，陰平地震；八月，丹陽地震。

太康九年正月，會稽、丹陽、吳興地震；四月辛酉，長沙、南海等郡國八地震；七月至于八月，地又四震，其三有聲如雷。

太康十年十二月己亥，丹陽地震。

晉武帝太熙元年〔二八〕，地震。

晉惠帝元康元年十二月辛酉，京都地震。

元康四年二月，蜀郡山崩殺人；上谷、上庸、遼東地震。五月壬子，壽春山崩，洪水出，城壞，地墜方三十丈。六月，壽春大雷震，山崩地坼，家人陷死，上庸郡亦如之。八月，上谷地震，水出，殺百餘人。居庸地裂〔二九〕，廣三十六丈，長八十四丈，水出，大饑。上庸四處山崩地陷，廣三十丈，長百三十丈，水出殺人。十月，京都地震；十一月，滎陽、襄城、汝陰、梁國、南陽地皆震；十二月，京都又震。是時賈后亂朝，據權專制，終至禍敗之應也。漢鄧太后攝政時，郡國地震。李固以爲：「地，陰也，法當安靜。今乃越陰之職，專陽之政，故應以震。」此同事也。京房易傳曰：「無德專祿，茲謂不順。厥震動，丘陵涌水出。」又曰：「小人剥廬，厥妖山崩。茲謂陰乘陽，弱勝彊。」又曰：「陰背陽，則地裂。父子分離，夷、羌叛去。」

元康五年五月丁丑，地震；六月，金城地震。

元康六年正月丁丑，地震。

元康八年正月丙辰，地震。

晉惠帝太安元年十月，地震。是時齊王冏專政。

太安二年十二月丙辰，地震。是時長沙王專政。

晉孝懷帝永嘉三年十月，荆、湘二州地震。時司馬越專政。

永嘉四年四月，兗州地震。

晉愍帝建興二年四月甲辰，地震。是時幼主在上，權傾於下，四方雲擾，兵亂不息。

建興三年六月丁卯，長安地震。

晉元帝太興元年四月，西平地震，涌水出；十二月，廬陵、豫章、武昌、西陵地震，山崩。干寶曰：「王敦陵上之應。」

太興二年五月癸丑，祁山地震，山崩殺人。是時相國南陽王保在祁山稱晉王，不終之象也。

太興三年五月庚寅〔三〇〕，丹陽、吴郡、晉陵地震。其年，南平郡山崩，出雄黄數千斤。

晉成帝咸和二年三月，益州地震；四月己未，豫章地震。是年，蘇峻作亂。

咸和九年三月丁酉，會稽地震。是時政在臣下。

晉穆帝永和元年六月癸亥，地震。是時嗣主幼沖，母后稱制，政在臣下，所以連年地震。

永和二年十月，地震。

永和三年正月丙辰，地震。

永和四年十月己未，地震。
永和五年正月庚寅，地震。
永和九年八月丁酉，京都地震，有聲如雷。
永和十年正月丁卯〔三一〕，地震，有聲如雷，雞雉鳴呴。
永和十一年四月乙酉，地震；五月丁未，地震。
晉穆帝升平五年八月，涼州地震。
晉哀帝隆和元年四月甲戌，地震。是時政在將相，人主南面而已。
隆和元年四月丁丑，涼州地震，浩亹山崩〔三二〕。張天錫降亡之象也。
隆和二年二月庚寅〔三三〕，江陵地震。是時桓溫專征。
晉海西太和元年二月，涼州地震水涌。
晉簡文帝咸安二年十月辛未，安成地震。
晉孝武帝寧康元年十月辛未，地震。是時嗣主幼沖，政在將相。
寧康二年七月甲午，涼州地震山崩。
晉孝武帝太元二年閏月壬午，地震；五月丁丑，地震。
太元十一年六月己卯，地震。是後緣河諸將，連歲兵役。

太元十五年三月己酉朔夜，地震。

太元十七年六月癸卯，地震；十二月己未，地又震。是時羣小弄權，天下側目。

太元十八年正月癸亥朔，地震；二月乙未，地震。

晉安帝隆安四年九月癸酉，地震。是時幼主沖昧，政在臣下。

晉安帝義熙四年正月壬子夜，地震有聲；十月癸亥，地震。

義熙五年正月戊戌夜，尋陽地震，有聲如雷。明年，盧循下。

義熙八年，自正月至四月，南康、廬陵地四震。明年，王旅西討荆、益。

宋文帝元嘉七年四月丙辰，地震。時遣軍經略司、兗。

元嘉十二年四月丙辰，京邑地震。

元嘉十五年七月辛未〔三四〕，地震。

元嘉十六年，地震。

孝武帝大明二年四月辛丑，地震。

大明六年七月甲申，地震，有聲自河北來，魯郡山摇地動，彭城城女牆四百八十丈墜落，屋室傾倒，兗州地裂泉涌，二年不已。其後虜主死，兗州刺史夏侯祖權卒。

明帝泰始二年四月，地震。

泰始四年七月己酉，東北有聲如雷，地震。

明帝泰豫元年閏七月甲申，東北有聲如雷，地震。

後廢帝元徽二年四月戊申，地震。

元徽五年五月戊申，地震。七月，帝殞。

宋文帝元嘉二十五年，青州城南地，遠望見地中如水有影，人馬百物皆見影中，積年乃滅。

山崩地陷裂

吳孫權赤烏十三年八月，丹楊、句容及故鄣、寧國諸山崩〔三五〕，鴻水溢。按劉向說，「山，陽，君也；水，陰，民也。天戒若曰，君道崩壞，百姓將失其所也」。與春秋梁山崩，漢齊、楚衆山發水同事也。「夫三代命祀，祭不越望，吉凶禍福，不是過也」。吳雖帝，其實列國，災發丹楊，其天意矣。國主山川，山崩川竭，亡之徵也。後二年而權薨，薨二十六年而吳亡。

魏元帝咸熙二年二月，太行山崩。此魏亡之徵也。其冬，晉有天下。

晉武帝泰始三年三月戊子，太行山崩。

泰始四年七月，泰山崩，墜三里。此晉之咎徵也。至帝晏駕，而祿去王室，懷、愍淪胥於北，元帝中興於南，是其應也。京房易傳曰：「自上下者爲崩，厥應泰山之石顛而下，聖王受命，人君虜。」

晉武帝太康五年丙午，宣帝廟地陷。

太康六年三月，南安新興縣山崩，涌水出。

太康七年七月，朱提之大瀘山崩，震壞郡舍；陰平之仇池崖隕。

太康八年七月，大雨。殿前地陷，方五尺，深數丈。

晉惠帝元康四年五月壬子，地陷，方三十丈，殺人。史闕其處。

元康四年八月，居庸地裂，廣三十丈，長百三十丈，水出殺人。

晉孝懷帝永嘉元年三月，洛陽東北步廣里地陷。

永嘉二年八月乙亥〔三六〕，鄄城城無故自壞七十餘丈，司馬越惡之，遷于濮陽。此見沴之異也。越卒陵上，終亦受禍。

永嘉三年七月戊辰，當陽地裂三所，所廣三丈，長二百餘步。京房易傳曰：「地坼裂者，臣下分離，不肯相從也。」其後司馬越、苟晞交惡〔三七〕，四方牧伯莫不離散，王室遂亡。

永嘉三年十月，宜都夷道山崩。

永嘉四年四月，湘東酃黑石山崩。

晉元帝太興四年八月，常山崩，水出，滹沱盈溢，大木傾拔。

晉成帝咸和四年十月，柴桑廬山西北崖崩。十二月，劉胤爲郭默所殺。

晉惠帝元康九年六月夜，暴雷雨。賈謐齋屋柱陷入地，壓謐牀帳。此木沴土，土失其性，不能載也。明年，謐誅。

晉惠帝光熙元年五月，范陽地然，可以爨〔三八〕。此火沴土也。是時禮樂征伐自諸侯出。

晉安帝義熙八年三月壬寅，山陰有聲如雷，地陷深廣各四尺。

義熙十年五月戊寅，西明門地穿，涌水出，毁門扇及限〔三九〕。此水沴土也。

五行傳曰：「皇之不極，是謂不建。厥咎眊，厥罰恒陰，厥極弱。時則有射妖，時則有龍蛇之孽，時則有馬禍，時則有下人伐上之痾，時則有日月亂行，星辰逆行。」

常陰

吴孫亮太平三年，自八月沈陰不雨，四十餘日。是時將誅孫綝，謀泄。九月戊午，綝以兵圍宮，廢亮爲會稽王。此常陰之罰也。

吴孫晧寶鼎元年十二月，太史奏久陰不雨，將有陰謀。晧深驚懼。時陸凱等謀因其謁廟廢之。及出，留平領兵前驅，凱語平，平不許，是以不果。晧既肆虐，羣下多懷異圖，終至降亡。

宋後廢帝元徽三年四月，連陰不雨。元徽三年八月，多陰。後二年〔四〇〕，廢帝殞。

射妖

蜀車騎將軍鄧芝征涪陵，見玄猿緣山，手射中之。猿拔其箭，卷木葉塞其創。芝曰：「嘻！吾違物之性，其將死矣。」俄而卒。此射妖也。一曰猿母抱子，芝射中之，子爲拔箭，取木葉塞創。芝歎息，投弓水中，自知當死矣。

晉恭帝之爲琅邪王時，好奇戲，嘗閉一馬於門内，令人射之，欲觀幾箭而死。左右有諫者，曰：「馬，國姓也。而今射之，不祥甚矣。」於是乃止，而馬已被十許箭矣。此蓋射妖也。俄而桓玄篡位。

龍蛇之孽

魏明帝青龍元年正月甲申，青龍見郟之摩陂井中。凡瑞興非時，則爲妖孽，況困於井，非嘉祥矣。魏以改年，非也。晉武不賀，是也。干寶曰：「自明帝終魏世，青龍黃龍見者，皆其主廢興之應也。魏土運，青，木色也，而不勝于金，黃得位，青失位之象也。青龍多見者，君德國運内相剋伐也。故高貴公卒敗于兵。案劉向說：『龍貴象，而困井中，諸侯將有幽執之禍也。』魏世龍莫不在井，此居上者逼制之應。高貴鄉公著潛龍詩，即此旨也。」

魏高貴公正元元年十月戊戌〔四一〕，黃龍見于鄴井中。

魏高貴鄉公甘露元年正月辛丑，青龍見軹縣井中；六月乙丑，青龍見元城縣界井中。

甘露二年二月，青龍見溫縣井中〔四二〕。

甘露三年，黃龍青龍仍見頓丘、冠軍、陽夏縣界井中。

景元三年二月〔四三〕，青龍見軹縣井中。

吴孫晧天冊中，龍乳於長沙民家，啖鷄鶵。京房易妖曰：「龍乳人家，王者爲庶人。」

其後晧降。

晉武帝咸寧二年六月丙申，白龍二見于九原井中。

晉武帝太康五年正月癸卯，二龍見于武庫井中。帝見龍，有喜色，百寮將賀。劉毅獨表曰：「昔龍漦夏庭，禍發周室；龍見鄭門，子產不賀。」帝答曰：「朕德政未脩，未有以膺受嘉祥。」遂不賀也。孫盛曰：「龍，水物也，何與於人，子產言之當矣。但非其所處，實爲妖災。夫龍以飛翔顯見爲美，則潛伏幽處，非休祥也。漢惠帝二年，兩龍見蘭陵井中，本志以爲其後趙王幽死之象也。武庫者，帝王威御之器所寶藏也，室宇邃密，非龍所處。後七年，蕃王相害，二十八年，果有二胡僭竊神器。勒、虎二逆皆字曰龍，此之表異，爲有證矣。」史臣案龍爲休瑞，而屈於井中，前史言之已詳。但兆幽微，非可臆斷，故五行、符瑞兩存之。

晉愍帝建興二年十一月，枹罕羌妓產一龍子，色似錦文，嘗就母乳，遙見神光，少得就視。

晉武帝咸寧中，司徒府有二大蛇，長十許丈，居聽事平橑上，數年而人不知，但怪府中數失小兒及猪犬之屬。後一蛇夜出，傷於刃，不能去，乃覺之。發徒攻擊，移時乃死。夫司徒五教之府，此皇極不建，故蛇孽見之。漢靈帝時，蛇見御座，楊賜以爲帝溺於色之應也。魏氏宮人猥多，晉又過之，宴游是湎，此其孽也。詩云：「惟虺惟蛇，女子之祥。」

晉惠帝元康五年三月癸巳，臨菑有大蛇長十餘丈，負二小蛇，入城北門，徑從市入漢城陽景王祠中不見〔四四〕。天戒若曰，齊方有劉章定傾之功，若不厲節忠慎，又將蹈章失職奪功之辱也。齊王冏不悟，雖建興復之功，而以驕陵取禍。負二小蛇出朝市，皆有象類也。

晉明帝太寧初，武昌有大蛇，常居故神祠空樹中，每出頭從人受食。京房易妖曰：「蛇見於邑，不出三年，有大兵。國有大憂。」其後討滅王敦及其黨與。

馬禍

晉武帝太熙元年，遼東有馬生角，在兩耳下，長三寸。按劉向說，此兵象也。及帝晏駕之後，王室毒於兵禍，是其應也。京房易傳曰：「臣易上，政不順〔四五〕，厥妖馬生角。」又有「天子親伐，馬生角」。呂氏春秋曰：「人君失道，馬有生角。」

晉惠帝元康元年十二月，皇太子將釋奠，太傅趙王倫驂乘〔四六〕，至南城門，馬止，力士推之不能動。倫入軺車，乃進。此馬禍也。天戒若曰，倫不知義方，終爲亂逆，非傅導行禮之人。倫不悟，故亡。

元康九年十一月戊寅冬，有牝騮馬驚奔至廷尉訊堂，悲鳴而死。是殆愍懷冤死之象也。見廷尉訊堂，又天意乎。

晉孝懷帝永嘉六年二月，神馬鳴南城門。

晉元帝太興二年，丹陽郡吏濮陽楊演馬生駒，兩頭自頸前別，生而死。按司馬彪說，政在私門，二頭之象也。是後王敦陵上。

晉成帝咸康八年五月甲戌，有馬色赤如血，自宣陽門直走入于殿前，盤旋走出，尋逐莫知所在。己卯，帝不豫，六月崩。此馬禍，又赤祥也。張重華在涼州，將誅其西河相張祚，祚廏馬數十匹，同時悉皆無後尾。

晉安帝隆安四年十月，梁州有馬生角，刺史郭銓送示都督桓玄。案劉向說，馬不當生角，由玄不當舉兵向上也。覩災不悟，故至夷滅。

人痾

魏文帝黃初初，清河宋士宗母化爲鼈，入水。

魏明帝太和三年，曹休部曲兵奚農女死復生。時人有開周世冢，得殉葬女子，數日而有氣，數月而能語。郭太后愛養之。又太原民發冢破棺，棺中有一生婦人，問其本事，不知也。視其墓木，可三十歲。案京房易傳，至陰爲陽，下人爲上，晉宣王起之象也。漢平帝、獻帝並有此異，占以爲王莽、曹操之徵。公孫淵炊，有小兒蒸死甑中，其後夷滅。

吴孫亮建興二年，諸葛恪將征淮南，有孝子著衰衣入其閤。詰問，答曰：「不自覺入也。」時中外守備，亦悉不見。衆皆異之。及還，果見殺。恪已被害，妻在室，使婢沃盥，聞婢血臰。又眼目視瞻非常，妻問其故，婢蹷然躍起，頭至棟，攘臂切齒曰：「諸葛公乃爲峻所殺。」

吴孫休永安四年，安吴民陳焦死七日，復穿冢出。干寶曰：「此與漢宣帝同事。烏程侯皓承廢故之家，得位之祥也。」

吴孫皓寶鼎元年，丹陽宣騫母，年八十，因浴化爲黿。兄弟閉户衞之，掘堂上作大坎，實水其中。黿入坎戲一二日，恒延頸外望，伺户小開，便輪轉自躍，入于遠潭，遂不復還。與漢靈帝時黄氏母事同。吴亡之象也。

魏元帝咸熙二年八月，襄武縣言有大人見，長三丈餘，跡長三尺二寸，髪白，著黄巾黄單衣，柱杖，呼民王始語曰：「今當太平。」尋晉代魏。

晉武帝泰始五年，元城人年七十，生角。案漢志説，殆趙王倫篡亂之象也。

晉武帝咸寧二年二月，琅邪人顔畿病死，棺斂已久，家人咸夢畿謂己曰：「我當復生，可急開棺。」遂出之。漸能飲食屈申視瞻，不能行語也。二年復死。其後劉淵、石勒遂亡晉室。

晉惠帝元康中，安豐有女子周世寧，年八歲，漸化爲男，至十七八，而氣性成。此劉淵、石勒蕩覆晉室之妖也。漢哀帝、獻帝時並有此異，皆有易代之兆。京房傳曰：「女子化爲丈夫，茲謂陰昌，賤人爲王。丈夫化爲女子，茲謂陰勝陽〔四七〕，厥咎亡。」

晉惠帝永寧初，齊王冏唱義兵，誅除亂逆，乘輿反正。忽有婦人詣大司馬門求寄產。門者詰之，婦人曰：「我截齊便去耳。」是時齊王冏匡復王室，天下歸功。識者爲其惡之。後果斬戮。

永寧元年十二月甲子，有白頭公入齊王冏大司馬府，大呼有大兵起，不出甲子旬。冏殺之。明年十二月戊辰，冏敗，即甲子旬也。

晉惠帝太安元年四月癸酉〔四八〕，有人自雲龍門入殿前，北面再拜曰：「我當作中書監。」即收斬之。干寶曰：「夫禁庭，尊祕之處，今賤人徑入，而門衞不覺者，宮室將虛，而下人踰之之妖也。」是後帝北遷鄴，又西遷長安，盜賊蹈藉宮闕，遂亡天下。

晉惠帝世，梁國女子許嫁，已受禮娉，尋而其夫戍長安，經年不歸。女家更以適人，女不樂行，其父母逼强，不得已而去，尋得病亡。後其夫還，問女所在，其家具說之。其夫徑至女墓，不勝哀情，便發冢開棺，女遂活，因與俱歸。後婿聞之，詣官爭之，所在不能決。祕書郎王導議曰：「此是非常事，不得以常理斷之，宜還前夫。」朝廷從其議。

晉惠帝世，杜錫家葬，而婢誤不得出。後十餘年，開冢祔葬，而婢尚生。其始如瞑，有頃漸覺。問之，自謂當一再宿耳。初婢之埋，年十五六，及開冢更生，猶十五六也。嫁之有子。

晉惠帝光熙元年，會稽謝真生子，大頭有鬢，兩蹠反向上，有男女兩體。生便作丈夫聲，經日死。

晉惠、懷之世，京、洛有兼男女體，亦能兩用人道，而性尤淫。案此亂氣之所生也。自咸寧、太康之後，男寵大興，甚於女色，士大夫莫不尚之，天下皆相放效，或有至夫婦離絕，怨曠妬忌者。故男女氣亂，而妖形作也。

元帝太興初，又有女子陰在腹上，在揚州，性亦淫。京房易妖曰：「人生子，陰在首，天下大亂；在腹，天下有事；在背，天下無後。」

晉孝懷帝永嘉元年，吳郡吳縣萬祥婢生子，鳥頭，兩足馬蹄，一手無毛，黄色，大如枕。

晉愍帝建興四年，新蔡縣吏任僑妻胡，年二十五，產二女，相向，腹心合同，自胸以上，齊以下，各分。此蓋天下未一之妖也。時内史吕會上言：「案瑞應圖，異根同體謂之連理，異苗同穎謂之嘉禾。草木之異，猶以爲瑞，今二人同心，易稱『二人同心，其利斷金』。嘉徵顯見，生於陜東之國，斯蓋四海同心之瑞，不勝喜踊，謹畫圖以上。」時有識者哂之。

晉中興初，有女子，其陰在腹，當齊下。自中國來江東，性甚淫，而不産。京房易妖曰：「人生子，陰在首，天下大亂；在腹，天下有事；在背，天下無後。」

晉元帝太興三年十二月，尚書騶謝平妻生女，墮地濞濞有聲，須臾便死。鼻目皆在頂上，面處如項，口有齒，都連爲一，胸如鼈，手足爪如鳥爪，皆下句。京房易妖曰：「人生他物，非人所見者，皆爲天下大兵。」後二年，有石頭之敗。

晉明帝太寧二年七月，丹陽江寧侯紀妻死，三日復生。

晉成帝咸康四年十一月辛丑〔四九〕，有何一人詣南止車門，自列爲聖人所使。録付光禄外部檢問，是東海郯縣吕暢，辭語落漠，髠鞭三百，遣。

咸康五年四月，下邳民王和僑居暨陽。息女可，年二十，自云：「上天來還，得徵瑞印綬，當母天下。」晉陵太守以爲妖，收付獄。至十一月，有人持柘杖，絳衣，詣止車門，口列爲聖人使，求見天子。門候受辭，列姓吕名錫。云王和女可，右足下有七星，星皆有毛，長七寸，天今命可爲天下母。奏聞，即伏誅。并下晉陵誅可。

晉康帝建元二年十月，衞將軍營督過望所領兵陳瀆女壹，有文在足，曰「天下之母」。灸之逾明。京都諠譁。有司收繫以聞。俄自建康縣獄亡去。

石虎末，大武殿前所圖賢聖人像人頭，忽悉縮入肩中。

晉孝武帝寧康初，南郡州陵女人唐氏，漸化爲丈夫。

晉安帝義熙七年，無錫人趙朱，年八歲，一旦暴長八尺，髭鬚蔚然，三日而死。

義熙中，東陽人黄氏生女不養，埋之。數日於土中啼，取養遂活。

義熙末，豫章吴平人有二陽道，重累生。

晉恭帝元熙元年，建安人陽道無頭正平，本下作女人形體。

宋文帝元嘉十七年，劉斌爲吴郡。婁縣有一女，忽夜乘風雨，怳忽至郡城内。自覺去家正炊頃，衣不沾濡。曉在門上求通，言：「我天使也。」斌令前，因曰：「府君宜起迎我，當大富貴。不爾，必有凶禍。」斌問所以來，亦不自知也。謂是狂人，以付獄，符其家迎之。數日乃得去。後二十日許，斌誅。

孝武帝大明中，張暢爲會稽郡，妾懷孕，兒於腹中啼，聲聞於外。暢尋死。

大明末，荆州武寧縣人楊始歡妻，於腹中生女兒。此兒至今猶存。

明帝泰豫元年正月，巨人見太子西池水上，跡長三尺餘。

後廢帝元徽中，南東莞徐坦妻懷孕，兒在腹中有聲。

元徽中，暨陽縣女人於黄山穴中得二卵，如斗大，剖視有人形。

魏文帝黄初四年三月，宛、許大疫，死者萬數。

魏明帝青龍二年四月，大疫。

青龍三年正月，京都大疫。

吴孫權赤烏五年，大疫。

吴孫亮建興二年四月，諸葛恪圍新城。大疫，死者太半。

吴孫晧鳳皇二年，疫。

晉武帝泰始十年，大疫。吴土亦同。

晉武帝咸寧元年十一月，大疫，京都死者十萬人。

晉武帝太康三年春，疫。

晉惠帝元康二年十一月，大疫。

元康七年五月，秦、雍二州疾疫。

晉孝懷帝永嘉四年五月，秦、雍州饑疫至秋。

永嘉六年，大疫。

晉元帝永昌元年十一月，大疫，死者十二三。河朔亦同。

晉成帝咸和五年五月，大饑且疫。

晉穆帝永和九年五月，大疫。

晉海西太和四年冬，大疫。

晉孝武帝太元五年五月，自冬大疫，至于此夏。多絶户者。

晉安帝義熙元年十月，大疫，發赤班乃愈。

義熙七年春，大疫。

宋文帝元嘉四年五月，京都疾疫。

孝武帝大明元年四月，京邑疾疫。

大明四年四月，京邑疾疫。

日蝕

魏文帝黄初二年六月戊辰晦，日有蝕之。有司奏免太尉。詔曰：「灾異之作，以譴元首，而歸過股肱，豈禹、湯罪己之義乎？其令百官各虔厥職。後有天地眚，勿復劾三公。」

黄初三年正月丙寅朔，日有蝕之；十一月庚申晦，又日有蝕之。

黃初五年十一月戊申晦，日有蝕之。後二年，宮車晏駕。

魏明帝太和初，太史令許芝奏日應蝕，與太尉於靈臺祈禳〔五〇〕。帝詔曰：「蓋聞人主政有不得，則天懼之以災異，所以譴告使得自脩也。故日月薄蝕，明治道有不當者。朕即位以來，既不能光明先帝聖德，而施化有不合於皇神，故上天有以寤之。宜勵政自脩，以報於神明。天之於人，猶父之於子，未有父欲責其子，而可獻盛饌以求免也。今外欲遣上公與太史令具禳祠，於義未聞也。羣公卿士，其各勉脩厥職。有可以補朕不逮者，各封上之。」

魏明帝太和五年十一月戊戌晦，日有蝕之。

太和六年正月戊辰朔，日有蝕之。見吳曆〔五一〕。

魏明帝青龍元年閏月庚寅朔，日有蝕之。

魏齊王正始元年七月戊申朔，日有蝕之。紀無。

正始三年四月戊戌朔，日有蝕之。紀無。

正始六年四月壬子，日有蝕之；十月戊寅朔，又日有蝕之〔五二〕。

正始八年二月庚午朔，日有蝕之。是時曹爽專政，丁謐、鄧颺等轉改法度。會有日蝕變，詔羣臣問得失。蔣濟上疏曰：「昔大舜佐治，戒在比周；周公輔政，慎於其朋。齊侯問災，晏子對以布惠；魯君問異，臧孫答以緩役。塞變應天，乃實人事。」濟旨譬甚切，而君臣不悟，終至敗亡矣。

正始九年正月乙未朔，日有蝕之。

魏齊王嘉平元年二月己未，日有蝕之。

魏高貴公甘露四年七月戊子朔，日有蝕之。

甘露五年正月乙酉朔，日有蝕之。按谷永說，正朝，尊者惡之。京房占曰：「日蝕乙酉，君弱臣强。司馬將兵，反征其王。」五月，有成濟之變。

魏元帝景元二年五月丁未朔，日有蝕之。

景元三年十一月己亥朔，日有蝕之〔五三〕。

晉武帝泰始二年七月丙午晦，日有蝕之。

泰始七年五月庚辰，日有蝕之。

泰始八年十月辛未朔，日有蝕之。

泰始九年四月戊辰朔，日有蝕之。

泰始十年三月癸亥，日有蝕之。

晉武帝咸寧元年七月甲申晦，日有蝕之。

咸寧三年正月丙子朔，日有蝕之。

晉武帝太康四年三月辛丑朔，日有蝕之。

太康六年八月丙戌朔，日有蝕之。

太康七年正月甲寅朔，日有蝕之。乙亥，詔曰：「比年災異屢發，邦之不臧，實在朕躬。震蝕之異，其咎安在？將何施行，以濟其愆？」太尉亮、司徒舒、司空瓘遜位，弗許。

太康八年正月戊申朔，日有蝕之。

太康九年六月庚子朔，日有蝕之。後二年，宮車晏駕。

晉惠帝元康九年十一月甲子朔〔五四〕，日有蝕之。

晉惠帝永康元年四月辛卯朔，日有蝕之。

晉惠帝永寧元年閏三月丙戌朔，日有蝕之。

晉惠帝光熙元年正月戊子朔，日有蝕之。尊者惡之。七月乙酉朔，又日有蝕之既。占曰：「日蝕盡，不出三月，國有凶。」十一月，宮車晏駕。十二月壬午朔，又日有蝕之。

晉孝懷帝永嘉元年十一月戊申，日有蝕之。

永嘉二年正月丙午朔，日有蝕之。

永嘉六年二月壬子朔，日有蝕之。明年，帝崩于平陽。

晉愍帝建興四年六月丁巳朔，日有蝕之。十一月，帝爲劉曜所虜。十二月乙卯朔，又日有蝕之。明年，帝崩于平陽。

晉元帝太興元年四月丁丑朔，日有蝕之。

晉明帝太寧三年十一月癸巳朔，日有蝕之。

晉成帝咸和二年五月甲申朔，日有蝕之。

晉成帝咸康元年十月乙未朔，日有蝕之。

咸康七年二月甲子朔，日有蝕之。

咸康八年正月己未朔，日有蝕之。正朝，尊者惡之。六月，宮車晏駕。

晉穆帝永和七年正月丁酉朔，日有蝕之。

永和十二年十月癸巳朔，日有蝕之。

晉穆帝升平四年八月辛丑朔，日有蝕之，不盡如鉤。明年，宮車晏駕。

晉哀帝隆和元年十二月戊午朔，日有蝕之。

晉海西公太和三年三月丁巳朔，日有蝕之。

太和五年七月癸酉朔，日有蝕之。明年，廢爲海西公。

晉孝武帝寧康三年十月癸酉朔，日有蝕之。

晉孝武帝太元四年閏月己酉朔，日有蝕之。

太元六年六月庚子朔，日有蝕之。

太元九年十月辛亥朔，日有蝕之。

太元十七年五月丁卯朔，日有蝕之。

太元二十年三月庚辰朔，日有蝕之。明年，宮車晏駕。海西時有此變。又曰，臣有蔽主明者〔五五〕。

晉安帝隆安四年六月庚辰朔，日有蝕之。

晉安帝元興二年四月癸巳朔，日有蝕之。

晉安帝義熙三年七月戊戌朔，日有蝕之。

義熙十年九月丁巳朔，日有蝕之；七月辛亥晦，日有蝕之〔五六〕。

義熙十三年正月甲戌朔，日有蝕之。明年，宮車晏駕。

晉恭帝元熙元年十一月丁亥朔，日有蝕之。

宋少帝景平二年二月癸巳朔，日有蝕之。

文帝元嘉四年六月癸卯朔，日有蝕之。

元嘉六年五月壬辰朔，日有蝕之。十一月己丑朔，又日有蝕之，不盡如鉤，蝕時星見，晡方没，河北地闇。

元嘉十二年正月乙未朔，日有蝕之〔五七〕。

元嘉十七年四月戊午朔，日有蝕之。

元嘉十九年七月甲戌晦，日有蝕之。

元嘉二十三年六月癸未朔，日有蝕之。

元嘉三十年七月辛丑朔，日有蝕之，既，星辰畢見。

孝武帝孝建元年七月丙申朔，日有蝕之〔五八〕，既，列宿粲然。

孝武帝大明五年九月甲寅朔，日有蝕之。

明帝泰始四年八月丙子朔，日有蝕之〔五九〕；十月癸酉，又日有蝕之。

泰始五年十月丁卯朔，日有蝕之。

後廢帝元徽元年十二月癸卯朔，日有蝕之。

順帝昇明二年九月乙巳朔，日有蝕之。

昇明三年三月癸卯朔，日有蝕之。

吴孫權赤烏十一年二月，白虹貫日，時地又頻震。權發詔深戒懼天眚。

晉武帝泰始五年七月甲寅，日暈再重，白虹貫之。

晉武帝太康元年正月己丑朔，五色氣冠日，自卯至酉。占曰：「君道失明。丑主斗、牛，斗、牛爲吴地。」是時孫晧淫暴，四月降。

晉惠帝元康九年正月，日中有若飛鵲者，數月乃消。王隱以爲愍懷廢死之徵也。

晉惠帝永康元年十月乙未，日鬬〔六〇〕，黄霧四塞。占曰：「不及三年，下有拔城大戰。」

晉惠帝永寧元年九月甲申，日有黑子。按京房占：「黑者，陰也。臣不掩君惡，令下見百姓惡君則有此變。」又曰，臣有蔽主明者〔六一〕。

晉惠帝永興元年十一月，黑氣分日〔六二〕。

晉惠帝光熙元年五月癸巳，日散，光流如血，所照皆赤。甲午，又如之。占曰：「君道失明。」

晉孝懷帝永嘉元年十一月乙亥，黄黑氣掩日，所炤皆黄。案河圖占曰：「日薄也。」其說曰：「凡日蝕皆於晦朔，有不於晦朔者，爲日薄。雖非日月同宿，時陰氣盛，掩薄日光也。占類蝕。」

永嘉二年二月癸卯，白虹貫日，青黄暈五重。占曰：「白虹貫日，近臣不亂，則諸侯有兵，破亡其地。」明年，司馬越殺繆播等，暴蔑人主。五年，胡破京都，帝遂見虜。一說王者有兵圍之象。

永嘉五年三月庚申，日散，光如血，下流，所照皆赤，日中有若飛鵲者。

晉愍帝建武元年正月庚子，白虹彌天，三日並照，日有重暈，左右兩珥。占曰：「白虹，兵氣也。三、四、五、六日俱出並爭，天下兵作，王立亦如其數。」又曰：「三日並出，不過三旬，諸侯爭爲帝〔六三〕。日重暈，天下有立王。暈而珥，天下有立侯〔六四〕。」故陳卓曰：「當有大慶，天下其參分乎。」三月而江東改元朔，胡亦改元朔，跨曹、劉疆宇。於是兵連積世。

晉元帝太興四年三月癸亥，日有黑子。四月辛亥〔六五〕，帝親録訊囚徒。

晉元帝永昌元年十月辛卯〔六六〕，日有黑子。

晉明帝太寧元年正月己卯朔〔六七〕，日暈無光。癸巳，黄霧四塞。占曰：「君道失明，臣有陰謀。」是時王敦陵上，卒伏其辜。

晉成帝咸康元年七月，白虹貫日〔六八〕。

咸康八年正月壬申，日中有黑子。丙子，乃滅。

晉海西公太和四年四月戊辰，日暈厚密，白虹貫日中。

太和六年三月辛未，白虹貫日，日暈五重。十一月，桓温廢帝。張重華在涼州，日暴赤如火，中有三足烏，形見分明，數旦乃止。

晉安帝元興元年二月甲子，日暈，白虹貫日。明年，桓玄篡位。

晉安帝義熙元年五月庚午，日有采珥。

義熙十一年，日在東井，有白虹十餘丈，在南干日。依司馬彪説，則災在分野，羌亡之象也。

晉恭帝元熙二年正月壬辰，日暈，東西有直珥各一丈，白氣貫之交匝。

晉孝懷帝永嘉五年三月丙申夜，月蝕，既；丁酉夜，又蝕，既〔六九〕。占曰：「月蝕既盡，夫人憂。」又曰：「其國貴人死。」

安帝義熙九年十二月辛卯朔旦，月猶見東方〔七〇〕。按占謂之「側匿」。

宋文帝元嘉二十九年十一月己卯朔〔七一〕，日始出，色赤如血，外生牙，塊礨不圓。明年二月，宮車晏駕。

孝武帝大明七年十一月，日始出四五丈，色赤如血，未没四五丈，亦如之，至于八年春，凡三，謂日死。閏五月，帝崩。

後廢帝元徽三年三月乙亥，日未没數丈，日色紫赤無光。

元徽五年三月庚寅，日暈五重，又重生二直，一抱一背。

文帝元嘉中，有兩白虹見宣陽門外。

後廢帝元徽二年八月壬子夜，白虹見。

元徽四年正月己酉，白虹貫日。

從帝昇明元年九月乙未夜，白虹見東方。

校勘記

〔一〕時則有心腹之痾　「心腹」，原作「下體生上」，據局本、漢書卷二七下之上五行志下之上、續漢書五行志四改。

〔二〕水旱當書不書水旱　「不書」二字原闕，據漢書卷二七上五行志上、晉書卷二七五行志上補。

〔三〕魏齊王嘉平元年正月壬辰朔　按是年正月己丑朔，壬辰爲正月初四日。三國志卷二九魏書方伎管輅傳作「歲朝」。

〔四〕拔高陵樹二株　「二株」，晉書卷二九五行志下作「二千株」，建康實録卷二作「三千餘株」。按三國志卷四七吴書吴主傳云「吴高陵松柏斯拔」，「斯拔」者，「盡拔」也。疑「二」後佚「千」字。

〔五〕吴城兩門飛落　「兩門」，三國志卷四七吴書吴主傳作「南門」，建康實録卷二、御覽卷八七六引晉書作「兩門瓦」，吴金華宋書校點本偶記以爲當作「南門瓦」。

〔六〕晉惠帝永寧元年正月癸酉趙王倫祠太廟　「永寧」，原作「永興」。按晉書卷四惠帝紀、通鑑卷八四晉紀，趙王倫被殺在晉惠帝永寧元年四月。永興元年時倫已死數歲。永興元年正月己亥朔，無癸酉，永寧元年正月丁巳朔，癸酉爲月之十七日。今改正。又「趙王倫」三字原闕，據晉書卷二九五行志下補。

〔七〕晉孝武帝寧康元年三月戊申朔　「元年」，晉書卷二九五行志下作「三年」。按寧康元年三月戊子朔，二十一日戊申；三年三月丙午朔，初三日戊申。此二年戊申皆非朔日。

〔八〕晉孝武帝太元二年二月乙丑朔　「二年」，原作「元年」，據晉書卷二九五行志下改。按太元元年二月辛未朔，無乙丑，二年二月乙丑朔。

〔九〕太元二年閏三月甲子朔　「二年」，原作「元年」，據晉書卷二九五行志下改。按太元元年無閏月，二年閏三月甲子朔。

〔一〇〕太元十二年正月壬子夜　「壬子」，原作「壬午」，據晉書卷九孝武帝紀改。按是年正月戊戌朔，十五日壬子，無壬午。

〔一一〕太元十二年七月甲辰　「七月」，原作「正月」，據晉書卷二九五行志下改。按是年正月戊戌朔，初七日甲辰。七月乙未朔，初十日甲辰。前條「太元十二年正月壬子夜」爲太元十二年正月十五日，本條接其下，不容爲正月初七日甲辰。

〔一二〕太元十七年六月乙卯　「乙卯」，原作「乙未」，據晉書卷九孝武帝紀改。按是年六月丙申朔，二十日乙卯，無乙未。

〔一三〕元興三年正月　「三年」，原作「二年」，據晉書卷二九五行志下改。按桓玄以元興二年十二月稱帝，此當是三年正月事。

〔一四〕元興三年五月　「三年」，原作「二年」，據局本、晉書卷二九五行志下改。按下文云「是月，桓玄敗於崢嶸洲」，晉書卷一〇安帝紀繫其事於元興三年五月。

〔一五〕江陵多死者　「江陵」，原作「江川」，據晉書卷二九五行志下改。

〔一六〕三師南討　「三師」，晉書卷二九五行志下作「王師」。按王鳴盛十七史商榷卷四七：「帝紀：『秋七月，輔國將軍王仲德，廣川太守劉鍾，河間内史蒯恩追盧循。』即三師也。」

〔一七〕會席翻揚數十丈　「席」字原闕，據御覽卷八七六引沈約宋書補。

〔一八〕魏高貴鄉公正元二年正月戊戌　「戊戌」，晉書卷二景帝紀作「戊午」。按是年正月甲寅朔，無戊戌，初五日戊午。三國志集解引沈家本校本曰：「儉、欽以乙丑起兵，自淮至許必數日方得反問。又必粗爲部署，方能出師。（中略）晉紀亦誤，當是『戊寅』之訛，『戊寅』在癸未前，距乙丑十四日。」

〔一九〕魏見此妖　「見」字原闕，據晉書卷二九五行志下補。

〔二〇〕晉武帝咸寧元年七月　「晉武帝」，原作「晉孝武」，據晉書卷二九五行志下改。按咸寧爲晉武帝年號，晉書卷三武帝紀云咸寧元年「秋七月甲申晦，（中略）郡國螟」。

〔二一〕帶方含資提奚南新長岑海冥列口蟲食禾葉蕩盡　「含資」，原作「合資」，據局本改。按含資，漢書卷二八下地理志下屬樂浪郡，晉書卷一四地理志上屬帶方郡。

〔二二〕曲阿門牛生犢　「曲阿門牛」，晉書卷二九五行志下作「晉陵陳門才牛」，搜神記卷七作「晉陵東門有牛」。

〔二三〕將動而爲害之應也　「爲」字原闕，據漢書卷二七下之上五行志下之上、晉書卷二九五行志下補。

〔二四〕從東來　三國志卷三魏書明帝紀作「從東南來」。

〔二五〕魏齊王正始二年十一月　「十一月」，三國志卷四魏書齊王芳紀、晉書卷二九五行志下作「十二月」。

〔二六〕河南河東平陽地震　「平陽」，原作「平阿」，據晉書卷三武帝紀、卷二九五行志下改。按平阿，縣名。平陽，郡名。上平列之河南、河東皆郡名，則下宜是平陽。

〔二七〕太康五年二月壬辰　「二月」，原作「正月」，據晉書卷三武帝紀、卷二九五行志下改。按是年正月丙申朔，無壬辰。二月乙丑朔，二十八日壬辰。

〔二八〕晉武帝太熙元年　「太熙」，原作「太始」。晉書卷二九五行志下記有太熙元年正月地震事。按前十一條中，泰始二條，咸寧二條，太康七條，此條在太康之後，不當再見泰始，當是太熙之訛，今改正。

〔二九〕居庸地裂　「地裂」，原作「地震」，據南監本、殿本、局本、晉書卷二九五行志下改。

〔三〇〕太興三年五月庚寅　「五月」，原作「四月」，據晉書卷六元帝紀改。按是年四月乙未朔，無庚寅，五月甲子朔，二十七日庚寅。

〔三一〕永和十年正月丁卯　「丁卯」，原作「丁酉」，據晉書卷八穆帝紀、卷二九五行志下改。按是年正月己酉朔，十九日丁卯，無丁酉。

〔三二〕浩亹山崩　「亹」，原作「舋」，據殿本、晉書卷八哀帝紀改。

〔三三〕隆和二年二月庚寅　「隆和」，晉書卷二九五行志下作「興寧」，晉書卷八哀帝紀亦繫江陵地震於興寧二年二月庚寅。按隆和二年二月丁巳朔，無庚寅。興寧二年二月辛巳朔，初十日庚寅。疑作「興寧」是。

〔三四〕元嘉十五年七月辛未　「辛未」，原作「辛酉」，據局本、本書卷五文帝紀改。按是月己巳朔，初三日辛未，無辛酉。

〔三五〕丹楊句容及故鄣寧國諸山崩　「故鄣」，原作「故章」，據南監本、殿本、局本、三國志卷四七吳書吳主傳、晉書卷二九五行志下改。

〔三六〕永嘉二年八月乙亥　「二年」，原作「三年」，據晉書卷五孝懷帝紀、卷二九五行志下改。按三年八月丁酉朔，無乙亥。二年八月癸酉朔，初三日乙亥。

〔三七〕其後司馬越荀晞交惡　「荀晞」，原作「荀希」，據殿本、局本、晉書卷二九五行志下改。按晉書卷六一有荀晞傳。

〔三八〕可以爨　「爨」，原作「釁」，據殿本、局本、晉書卷四惠帝紀、晉書卷二九五行志下改。

〔三九〕毀門扇及限　「扇」，原作「房」，據晉書卷二七五行志上、二九五行志下改。

〔四〇〕後二年　「年」字原闕，據殿本、局本補。

〔四一〕魏高貴公正元元年十月戊戌　「十月」二字原闕，據局本、本書卷二八符瑞志中補。按三國志卷四魏書高貴鄉公紀亦繫此事於是年十月。

〔四二〕青龍見温縣井中　「中」字原闕，據局本、本書卷二八符瑞志中、三國志卷四魏書高貴鄉公紀、晉書卷二九五行志下補。

〔四三〕景元三年二月　「三年」，原作「元年」，據本書卷二八符瑞志中、三國志卷四魏書陳留王紀、晉書卷二九五行志下改。

〔四四〕徑從市入漢城陽景王祠中不見　「入」字原闕，據局本、晉書卷二九五行志下補。

〔四五〕政不順　「不順」二字原闕，據漢書卷二七下之上五行志下之上、晉書卷二九五行志下補。

〔四六〕晉惠帝元康元年十二月皇太子將釋奠太傅趙王倫驂乘　「元年」，晉書卷二九五行志下作「八年」。按晉書卷四惠帝紀、卷五九趙王倫傳，趙王倫於元康六年五月拜車騎將軍、太子太傅。則皇太子釋奠而趙王倫以太傅驂乘，似當在元康六年之後。

〔四七〕茲謂陰勝陽　「謂」字原闕，據局本、漢書卷二七下之上五行志下之上補。

〔四八〕晉惠帝太安元年四月癸酉　「元年」，原作「元帝」，據南監本、北監本、汲本、殿本、局本、晉書卷二九五行志下改。

〔四九〕晉成帝咸康四年十一月辛丑　「咸康」，原作「咸寧」，據南監本、局本改。按咸寧是晉武帝年號。

〔五〇〕與太尉於靈臺祈禳　「靈臺」，原作「靈星」，據北監本、汲本、殿本、局本、晉書卷一二天文志中改。

〔五一〕見吳曆　「吳曆」，原作「及曆」，據局本、晉書卷一二天文志中改。

〔五二〕十月戊寅朔又日有蝕之　按正始六年九月戊寅朔，十月戊申朔。

〔五三〕景元三年十一月己亥朔日有蝕之　「十一月」，原作「三月」，據晉書卷一二天文志中改。按是年三月壬寅朔，十一月己亥朔。

〔五四〕晉惠帝元康九年十一月甲子朔　「十一月」，原作「十月」，據晉書卷四惠帝紀、卷一二天文志中改。按是年十月甲午朔，十一月甲子朔。

〔五五〕臣有蔽主明者　本條之下，原接「晉惠帝永興元年十一月，黑氣分日」條，以晉書卷一二天文志中對校，知是錯簡，今據訂正。

〔五六〕義熙十年九月丁巳朔日有蝕之七月辛亥晦日有蝕之　「丁巳」，原作「己巳」，據晉書卷一〇安帝紀、卷一二天文志中改。按是年九月丁巳朔。「七月辛亥晦」上，晉書天文志中有「十一年」三字，安帝紀記事於義熙十一年，義熙十年七月丁亥晦，十一年七月辛亥晦。「七月辛亥晦」上疑脱「十一年」三字。

〔五七〕元嘉十二年正月乙未朔日有蝕之　按元嘉十二年正月己未朔，元嘉十一年正月乙未朔。

〔五八〕孝武帝孝建元年七月丙申朔日有蝕之　「丙申」，原作「丙戌」，據本書卷六孝武帝紀改。按是年七月丙申朔，非丙戌朔。

〔五九〕明帝泰始四年八月丙子朔日有蝕之　按是年八月甲戌朔，丙子爲八月初三日。

〔六〇〕日鬭　晉書卷一二天文志中作「日闘」，疑「鬭」字有誤。

〔六一〕令下見百姓惡君則有此變又曰臣有蔽主明者　「令下見百姓惡君」下，三朝本、南監本、北監本、汲本、殿本、局本並有奪文錯簡。今據晉書卷一二天文志中補「則有此變又曰臣有蔽主明者」十二字。

〔六二〕晉惠帝永興元年十一月黑氣分日　本條至「晉愍帝建武元年正月庚子」條之「諸侯爭爲帝」，原接「太元二十年三月庚辰朔日有蝕之」條下，以晉書卷一二天文志中對校，知是錯簡，今據訂正。

〔六三〕又曰三日並出不過三旬諸侯爭爲帝　本條下原接「晉安帝隆安四年六月庚辰朔，日有蝕之」條，以晉書卷一二天文志中對校，知本條未完，又下有錯簡。今據以移正至此。

〔六四〕暈而珥天下有立侯　「珥」，原作「弭」，據殿本、晉書卷一二天文志中改。

〔六五〕四月辛亥　「四月」二字原闕，據晉書卷六元帝紀補。按上有「三月癸亥」。是年三月庚申朔，初四日癸亥，無辛亥；四月己丑朔，二十三日辛亥。

〔六六〕晉元帝永昌元年十月辛卯　「十月」，原作「十一月」，據晉書卷一二天文志中改。按是年十月辛巳朔，十一日辛卯。十一月庚戌朔，無辛卯。

〔六七〕晉明帝太寧元年正月己卯朔　「己卯」，原作「己丑」，據晉書卷一二天文志中改。按是年正月己卯朔，非己丑朔。

〔六八〕晉成帝咸康元年七月白虹貫日　「咸康」，原作「咸寧」，局本作「咸和」，今據晉書卷一二天文志中改。按咸寧爲晉武帝年號。

〔六九〕晉孝懷帝永嘉五年三月丙申夜月蝕既丁酉夜又蝕既　晉書卷一二天文志中云：「孝懷帝永嘉五年三月壬申丙夜，月蝕，既。丁夜又蝕，既。」按是年三月戊午朔，無丙申，亦無丁酉，十五日壬申，疑晉志是。

〔七〇〕月猶見東方　「月」字原闕，據晉書卷一二天文志中補。

〔七一〕宋文帝元嘉二十九年十一月己卯朔　按是年三月己卯朔；十一月丙子朔，初四日己卯。